*Terror y miseria
en el primer franquismo*

Letras Hispánicas

José Sanchis Sinisterra

*Terror y miseria
en el primer franquismo*

Edición de Milagros Sánchez Arnosi

CÁTEDRA
LETRAS HISPÁNICAS

1.ª edición, 2003

Ilustración de cubierta: Moisés Rojas, *La estética de los 40*
(fragmento)

Reservados todos los derechos. El contenido de esta obra está protegido por la Ley, que establece penas de prisión y/o multas, además de las correspondientes indemnizaciones por daños y perjuicios, para quienes reprodujeren, plagiaren, distribuyeren o comunicaren públicamente, en todo o en parte, una obra literaria, artística o científica, o su transformación, interpretación o ejecución artística fijada en cualquier tipo de soporte o comunicada a través de cualquier medio, sin la preceptiva autorización.

© José Sanchis Sinisterra, 2003
© Ediciones Cátedra (Grupo Anaya, S. A.), 2003
Juan Ignacio Luca de Tena, 15. 28027 Madrid
Depósito legal: M. 41.740-2003
I.S.B.N.: 84-376-2097-X
Printed in Spain
Impreso en Anzos, S. L.
Fuenlabrada (Madrid)

Índice

INTRODUCCIÓN	9
Presentación	11
Encuadre	14
Constantes estéticas del teatro de José Sanchis Sinisterra	17
Sobre el texto dramático y la palabra	18
Sobre la acción dramática	20
Sobre el receptor	21
Sobre el personaje	22
Sobre el espacio	23
Sobre el juego de oposiciones	24
Sobre el actor	25
Título, gestación y fechas de composición	28
La memoria y la historia	38
Intertextualidad	43
Ironía, humor y parodia	45
Temas, géneros, personajes y acotaciones	48
La puesta en escena	62
ESTA EDICIÓN	69
BIBLIOGRAFÍA	71
TERROR Y MISERIA EN EL PRIMER FRANQUISMO	79
Primavera 39	83
El sudario de tiza	91
Plato único	99
El anillo	111

Filas prietas	119
Intimidad	135
Dos exilios	143
El topo	159
Atajo	165

APÉNDICES 183

Algunos trabajos de alumnos de Bachillerato y ESO en torno a la memoria histórica	185
Algunos representantes de la cultura española recuerdan el franquismo	243
Mujeres de Getafe	263

Introducción

*A mis sobrinas Andrea Reina-mora,
Lara-Larita y Marta Miau-miau.
También a su madre, mi hermana, Paloma.
Y, como no, a Vicente Galiana, Guiller, Paz López,
Miguel Cubero, Roberto Mori y Pablo Sierra.*

M. S. A.

Presentación

> El éxito o el fracaso popular nunca me han importado mucho, de hecho me encuentro mejor con el último ya que he respirado profundamente sus aires vivificantes toda mi vida de escritor, excepto los dos últimos años.
>
> (Palabras de Beckett a Alan Schneider el 11 de enero de 1956.)

El hecho de que José Sanchis Sinisterra sea un escritor incansable, tremendamente prolífico, acuciado por constantes y sorprendentes ideas dramatúrgicas, supone un reto para aquellos que nos atrevemos a bucear en su riquísimo y original tejido creativo. Son muchas las páginas escritas por el autor valenciano, y sorprende que, todavía, no haya una edición de sus obras completas, en gran parte, inéditas; un estudio de su teatro; de sus libros teóricos y de sus dramaturgias sobre textos de otros autores: Sábato, Joyce, Calderón de la Barca, Melville, Beckett, Óscar Collazos, Córtazar, Sófocles, Kafka o Shakespeare, entre otros. Se han realizado montajes de sus obras en Turquía, Marruecos, Ghana, Portugal, Italia, Francia, Alemania, Dinamarca, Checoslovaquia, Holanda, Eslovenia, Bosnia, Suiza, Suecia, Grecia, Inglaterra..., y en gran parte de Latinoamérica y que se encuentran traducciones de su obra al griego, ruso, francés, italiano, sueco, árabe coloquial... En España ha sido el propio autor quien, sobre todo en la etapa del Teatro Fronterizo, ha montado sus propias obras. Un material no sólo ingente, sino de una complejidad y originalidad fuera de lo común y que, gracias a ello, ha vivificado y aireado el panorama teatral español con propuestas inteligentes a partir de la certidumbre de una «escena sin límites».

Sanchis Sinisterra es, sobre todo, un hombre fiel a sí mismo, un dramaturgo que realiza su trabajo a espaldas de la industria cultural, que jamás deja indiferente y que reivindica algo difícil de encontrar en la mayoría de los escritores: el derecho al fracaso. Asimismo hay que recordar que a Sanchis Sinisterra siempre le ha interesado y atraído lo marginal, el riesgo, lo antidogmático, lo indefinido, lo inestable, el misterio, la sugerencia, lo inacabado, lo fragmentario, la textualidad abierta y polisémica, porque cree que «nada es más irrelevante que la comodidad», como diría Peter Brook. Por otra parte, al estar convencido de que no podemos saber nada con certeza, de que las verdades últimas, sobre las que basamos nuestra conducta y en las que confiamos como fuente de justificación moral para nuestras acciones, están apoyadas en las más íntimas evidencias, que son, a menudo, contradictorias, se cuestiona tanto la teoría como la práctica teatral, cambiando planteamientos y afirmaciones. De ahí que el autor de *Los figurantes* constantemente proponga alternativas teatrales desde una búsqueda de las fronteras de la teatralidad que, para él, es el grado cero. Como se dice en *Mísero Próspero:*

> [...] aprendizaje permanente, cuestionamiento sin fin, necesarios antídotos contra la pretendida y pretenciosa adquisición de un «oficio» o saber teatral[1].

Hay, por tanto, una clara opción estética e ideológica en este autor al que le gusta articular materiales textuales diversos. Sanchis amplía incesantemente el campo de investigación y experimentación dramática, tanto en la teoría como en la práctica, y valora, de nuevo algo muy poco común, más la búsqueda que el alcance. De hecho los resultados de sus trabajos son siempre inciertos antes del estreno. Son propuestas en donde no todo está previsto y calculado.

---

[1] José Sanchis Sinisterra, *Mísero Próspero y otras breverías (Monólogos y diálogos)*, Madrid, La Avispa, 1995, pág. 10.

Como no le interesa lo convencional, se cuestiona todo, incluido el propio lenguaje, al que considera la pieza más importante. A pesar de ser valenciano y vivir en Barcelona, Sinisterra ha optado por el castellano a la hora de escribir su teatro. Una elección que recuerda a su admirado Beckett, un escritor que convencido de que en su lengua materna los reflejos culturales le podían llevar, involuntariamente, a la coherencia, eligió el francés, una lengua que no llegó a dominar del todo, y no el inglés. Sanchis, también, como el autor de *Esperando a Godot*, mantendrá con el lenguaje una lucha y un estado de alerta constante.

La diversidad creativa de Sanchis se ha nutrido en fuentes muy diversas. Su metodología ha pasado por el marxismo, la lingüística, la semiología, el minimalismo, el sistemismo y la teoría del caos, movimientos que han contribuido a formalizar su estética.

A su variado trabajo literario hay que añadir una larga lista de actividades paralelas, de las que reseñamos sólo algunas, realizadas a lo largo de muchos años: director del Teatro Español Universitario, creación del Teatro Fronterizo, inauguración de la Sala Beckett en Barcelona, creador y director del Grupo de Estudios Dramáticos, director del proyecto de Asociación Independiente de Teatros Experimentales, colaborador de la revista *Primer Acto*, colaborador y codirector del Aula de Teatro de la Facultad de Filosofía y Letras de Valencia, profesor de Literatura Española en esta última, ponente en coloquios internacionales y nacionales, catedrático de Literatura Española de Enseñanza Secundaria, profesor del Instituto del Teatro de Barcelona...

Radical en su oposición al franquismo, piensa que la única alternativa es la ruptura con el sistema que es intransformable. Es necesario decir que el autor recela de cualquier forma de encuadramiento político, lo que no excluye un decidido compromiso social como deja claro en la siguiente declaración:

> He preferido ser compañero de viaje. Cuando era profesor en la Universidad de Valencia explicaba la literatura desde el punto vista marxista. Intentaba elaborar lo que luego sería mi tesina *Sociología del hecho literario*, y predicaba una visión materialista de la historia. Éste es el tipo de compromiso que pue-

> do asumir: desde el mundo de las ideas y el mundo de la creación, tratando de ser coherente con lo que pienso de la sociedad, las injusticias y las desigualdades. Nunca he tenido una militancia, pero no oculto mis ideas políticas. Esto se refleja en mi teatro. Claro que pienso que la literatura puede cambiar cosas, pero no como creíamos en los años 60. Estoy convencido de que si el movimiento de las alas de una mariposa en Hong Kong puede provocar un vendaval en Nueva York, quizás la emoción de un adolescente cuando está viendo en Getafe, por ejemplo, una obra de teatro, pueda producir una revolución en Galicia. Nada opera mecanicistamente, la realidad no es newtoniana. En la mente del receptor, a través de procesos imposibles de verificar, pueden desencadenarse actitudes y comportamientos que cambien la realidad[2].

En definitiva, para este escritor, el teatro es una forma de estar en el mundo y una herramienta para comprenderlo. El teatro, como sostiene el autor de *¡Ay, Carmela!,* tiene que estar en conexión con todo lo que ocurre en el mundo del arte y del pensamiento. Pero también es consciente de que él, como creador, realiza un trabajo «público» que implica un contacto, una relación con el espectador y que por ello puede incidir en el pensamiento de los receptores.

ENCUADRE

> Nunca he creído en una verdad única, ni propia, ni ajena. Creo que todas las escuelas, todas las teorías pueden ser válidas en determinado lugar, en determinado momento. Pero, a la vez, he descubierto que uno sólo puede vivir si posee una absoluta y apasionada identificación con un punto de vista.
>
> *(Más allá del espacio vacío,* Peter Brook.)

José Sanchis Sinisterra se dio a conocer durante el periodo de la transición política española, lo mismo que Paco Melgares, Teófilo Calle, J. Luis Alonso de Santos, Ignacio Amestoy,

---

[2] Entrevista realizada al autor por Milagros Sánchez Arnosi el 12 de marzo de 2003, Madrid.

Fermín Cabal... Autores que hacían un teatro que permitía plantear temas que se habían ocultado hasta entonces. Hay que recordar que en los años de la transición el acontecimiento más importante fue la desaparición de la censura. Desde 1978 los únicos encargados de velar por la ética de los ciudadanos serían los tribunales de justicia. Es también el momento en que se crea el Centro Dramático Nacional, reflejo de lo que la democracia deseaba para la escena y que desde 1982, con la izquierda en el poder, la brillantez y espectacularidad en el teatro fue en aumento hasta convertirlo en un artículo de lujo. Como señala César Oliva:

> Los primeros años de gobierno socialista sirvieron para elevar el arte escénico a categoría de hecho cultural de Estado[3].

Algo que chocaba frontalmente con el despojamiento y desnudez escénicas defendidos por Sanchis y contra lo que el autor de *El lector por horas* no ha dejado de pronunciarse en diversas ocasiones:

> Para mí uno de los problemas fundamentales del teatro actual es la inflación de lo espectacular: montajes muy caros, unos medios técnicos y un acabado de los productos realmente extraordinario, pero sin sustancia interna, sin experimentación, sin motivación. Se hacen simplemente por la coyuntura de unas circunstancias y de unos millones[4].

Este ambiente teatral no era el más propicio para los intereses de Sinisterra, ya que se estrenaban indiscrimadamente a autores que habían estado en el exilio como Alberti o Arrabal, un modo de cubrir la mala conciencia de cuarenta años de silencio, señala César Oliva, pero, también, se buscaba hueco para aquellos autores que habían escrito en años ante-

---

[3] Darío Villanueva y otros, *Los nuevos nombres: 1975-1990*, en Francisco Rico (dir.), *Historia y crítica de la literatura española*, vol. 9, Barcelona, Crítica, 1992, pág. 438.
[4] Joan Casas, *Diálogo alrededor de un pastel bajo la mirada silenciosa de Beckett*, entrevista a J. Sanchis Sinisterra, *Primer Acto*, núm. 222, enero-febrero de 1998, pág. 36.

riores: Rodríguez Méndez, Olmo, Ruibal, Miralles... Como comenta César Oliva, había tres grupos de autores en la escena de los setenta:

1. Los que habían conseguido un lugar destacado antes de la transición política: Buero Vallejo, Antonio Gala o Alfonso Sastre, juntamente con los que continuaban cultivando la comedia burguesa y que tenían asegurado un lugar en la escena española como, por ejemplo, Ana Diosdado.
2. Un grupo de autores que se dieron a conocer en el periodo de la transición, pero que habían escrito, en su mayoría, en la dictadura franquista: Nieva, y una serie de dramaturgos con otra concepción del teatro entre los que podemos citar a José Sanchis Sinisterra, Paco Melgares, José Luis Alonso de Santos, Ignacio Amestoy, Domingo Miras..., y los llamados «jóvenes autores» con mayor presencia en los ochenta: Josep M.ª Benet i Jornet, entre otros.
3. Dramaturgos aparecidos una vez que el proceso democrático se había consolidado y que escribieron sin el condicionamiento de la censura: Maribel Lázaro, Miguel Alarcón, Antón Reixa, Ernesto Caballero, Paloma Pedrero, Leopoldo Alas, Sergi Belbel, Ignacio García May... Alguno de los cuales, como Ernesto Caballero, no sólo confiesa la deuda de su generación con Sanchis Sinisterra, en el sentido de haberle enseñado el componente teatral: «experimentalismo con voluntad de comunicación popular», sino que considera esta herencia imprescindible.

A pesar de esta acertada división, Sanchis Sinisterra ha seguido una trayectoria muy particular al margen de grupos o generaciones, un camino en solitario. Además, su rechazo a la comodidad, a la conformidad, a la esterilización de la creatividad, a anclarse en formas dramáticas convencionales y, por el contrario, su afán por ampliar los límites de la teatralidad o, mejor dicho, romperlos, su defensa de la integridad artística y su necesidad de innovar, dificultan su adscripción a un grupo concreto. Como él mismo explica:

> Me nutrí de las miasmas franquistas. Era considerado pedagogo. Sólo a partir de la creación del Teatro Fronterizo será

cuando se me empiece a considerar como un Director que manipulaba textos. Para mí esto era una especie de profilaxis que me ayudaba a quitarme de encima corsés y estereotipos. Hasta *¡Ay, Carmela!* no se me considera autor.

El hecho de ser un teórico, publicar ensayos, hacer investigación y estar en la docencia desdibujaba mi perfil en un contexto cultural de perfiles muy nítidos[5].

Sí podemos, sin embargo, señalar de acuerdo con María José Ragué-Arias tres corrientes en la abundante obra de Sanchis Sinisterra:

La de sus trabajos sobre obras clásicas, ya sean teatro o pertenezcan al género narrativo; la de sus visiones sobre periodos históricos; las experimentaciones sobre la ficcionalidad[6].

Cita que confirma que la variedad de la obra de este autor dificulta su encasillamiento y que sus textos eluden rígidas clasificaciones.

CONSTANTES ESTÉTICAS DEL TEATRO DE JOSÉ SANCHIS SINISTERRA

> Todo aquel que quiera brillar como poeta tiene que des-aprender su lengua nativa y volver a la mendicidad prístina de las palabras.
>
> (*De Constantia Philologiae*, De Vico.)

La facilidad, el interés, el entusiasmo y la necesidad con que Sanchis Sinisterra expresa sus opiniones estéticas, ya sea en artículos, ensayos y entrevistas, ayudan sobremanera a elaborar los principios en los que se asienta su teoría, nunca definitiva, del teatro. Una concepción fruto de la reflexión de un dramaturgo que además es profesor, escritor, pensador y director, facetas que hacen que su teatro tenga un sello inconfundible.

---

[5] Entrevista realizada por Milagros Sánchez Arnosi el 12 de marzo de 2003, en Madrid.

[6] María José Ragué-Arias, *El teatro de fin de milenio en España (de 1975 hasta hoy)*, Barcelona, Ariel, 1996, pág. 170.

Sinisterra sigue la máxima de Antoine Vitez: «Hacer teatro de todo.» De hecho el autor de *Ñaque* considera que todo texto es potencialmente teatral. Pero también tiene en cuenta lo que Eliot denominaba «la imaginación auditiva» y considera que la palabra, como pilar fundamental, debe mantener toda su fuerza sensorial y debe enriquecerse en la interacción humana.

El teatro de Sanchis exige una actitud desprejuiciada, un talante diferente ya que concibe la práctica teatral como un espacio de cuestionamiento permanente de los estereotipos que, desde la teatralidad vigente, esclerotizan, tanto la escritura dramática como la puesta en escena. En la elaboración de los principios que a continuación resumimos hemos tenido en cuenta las cuatro influencias de las que se ha empapado Sanchis (Brecht, Beckett, Pinter y Kafka), así como las reflexiones e indicaciones que el propio autor ha vertido en sus talleres de teatro y en sus libros teóricos.

A pesar de que Sanchis, como ya hemos señalado, varía, modifica y amplía su concepción del teatro, a pesar de que siempre propone diversidad de planteamientos temáticos y formales que dificultan llegar a una definición de su escritura y a una imposibilidad de acotarla, sí creemos que hay unas constantes estéticas, a las que el autor ha permanecido fiel, que nos han permitido aventurar una serie de puntos en los que se asienta la dramaturgia del autor de *Valeria y los pájaros* (perfectamente aplicables a *Terror y miseria en el primer franquismo*) y que tienen como base fundamental los elementos que constituyen la pragmática textual. Son los que a continuación se enumeran y que por razones de espacio sólo quedan someramente explicados:

Sobre el texto dramático y la palabra

Con la fundación, en 1977, del Teatro Fronterizo, Sanchis emprende una sistemática revisión de la forma y la función del texto dramático y del estatuto de la palabra en el teatro; y ello en un momento —años 60 y 70— en que la dimensión literaria del hecho teatral había quedado relegada, en los movimientos innovadores, a un papel secundario e incluso conservador, frente a la irrupción de los lenguajes no verbales, de las técnicas audiovisuales, de la creación colectiva más o menos ritualista y del predominio de lo espectacular.

En particular, los primeros montajes del Teatro Fronterizo exploran las fronteras entre narratividad y teatralidad, adaptando para la escena obras densamente literarias de autores como Joyce, Kafka, Sábato, Melville, Cortázar, Beckett, etc., cuestionando, mediante estructuras dramatúrgicas anómalas y procedimientos discursivos no convencionales, las nociones tradicionales de acción dramática, argumento o fábula, progresión, clímax, desenlace, monólogo, diálogo...

La palabra dramática —el «decir» de los personajes— es asimismo puesta en cuestión, al ser desprovista de su carácter transparente y autosuficiente y transmitir, por lo tanto, sólo una parte del significado contenido en el texto.

Esta «insuficiencia» de la palabra del personaje determina una serie de propiedades que podríamos sintetizar así:

• Cada personaje se caracteriza, entre otras cosas, por una manera particular de expresarse —su «idiolecto»—, no siempre literalmente perfecta ni semánticamente precisa, pero siempre motivada por la situación.

• El contenido de sus enunciados es inverificable y, por lo tanto, sólo el personaje es responsable de lo que dice (no el autor, que renuncia a expresarse por boca suya).

• Frecuentemente, el verdadero sentido de sus palabras yace más o menos oculto en el subtexto. La ambigüedad, el equívoco y el enigma impregnan a menudo la palabra del personaje, alterada también por vacilaciones, reiteraciones, contradicciones, etc.

• La pausa, el silencio, la frase inacabada, el mutismo..., lo no dicho, en fin, son frecuentemente tan significativos como la palabra (y a veces, más).

• Según el principio de la lingüística pragmática formulado por John Austin («Decir es hacer»), la palabra del personaje está habitada por la acción (o es, si no, meramente ilustrativa y retórica). Cada frase dicha contiene un «acto de habla» y pretende, en mayor o menor grado, afectar a otro(s) personaje(s) y/o modificar la situación.

Desde el punto de vista estilístico, el objetivo dramatúrgico que Sanchis persigue es establecer un equilibrio —o una tensión— entre pragmaticidad (la mencionada carga activa de la palabra) y poeticidad, entendida ésta como un grado de precisión formal y de apertura semántica que rescate al lenguaje de su función «prosaica», meramente comunicativa y/o transaccional.

El texto dramático es, pues, concebido como una compleja y polisémica partitura literaria, y no como un simple pretexto susceptible de ser manipulado y ahogado por los códigos de la representación.

No obstante esto, en el proceso de ensayos, sin apenas modificar dicha partitura, Sanchis explora con los actores todas las capas de significado que pueden esconderse bajo la superficie de la obra[7].

En esta indagación sobre la semiosis ilimitada del texto, Sanchis integra asimismo las aportaciones creativas del escenógrafo, del músico o sonidista, del figurinista, del iluminador, etc., así como las «lecturas» del público.

De hecho, cada ensayo y cada representación comportan variaciones más o menos sustanciales de ese universo de significados que todo texto contiene y que la práctica escénica permite explorar.

Sobre la acción dramática

A lo largo de toda su trayectoria, Sanchis ha tratado de interrogar la noción de acción dramática, liberándola de su

---

[7] Conviene decir que tanto el montaje como la escritura de algunas de las escenas fueron concebidas por Sinisterra para ser representadas por el Teatro del Común, colectivo formado por quince profesores de Secundaria de diferentes institutos de Madrid y periferia y por nueve alumnos. Grupo que estrenó la obra como más adelante señalaremos.

excesiva vinculación a la fábula o argumento, predominante en el teatro occidental desde Aristóteles hasta Bertold Brecht.

La cuestión podría plantearse así: ¿está el teatro obligado a «contar historias»? Dado que un sector fundamental de la dramaturgia europea de la segunda mitad del siglo XX (Beckett, Pinter, Handke, Müller, etc.) no lo hace, es necesario replantearse dónde radica pues la acción dramática de estas obras.

En el teatro de Sanchis, como hemos visto, es la palabra —o, más exactamente, la interacción verbal— el territorio en el que radica el dinamismo de la acción dramática.

Los personajes, al hablar, se «hacen cosas»..., o lo intentan. Todo enunciado proferido por un personaje es una tentativa, lograda o no, de modificar algo en el otro: su conducta, sus opiniones, sus sentimientos, su información, sus intenciones... A través de esta serie de tentativas, la situación se va alterando, va revelando una mayor complejidad, y su progresión determina la acción dramática..., aunque, objetivamente, «no ocurra nada».

Dado que la palabra del personaje no es siempre explícita, sincera, apropiada o transparente, los malentendidos y los equívocos pueden ser fuente de conflictos y/o enigmas que no siempre se resuelven ni se aclaran.

Las estrategias —frecuentemente inadecuadas y oblicuas— mediante las cuales los personajes tratan de conseguir sus objetivos dependen de su posición, de su «poder», de su conocimiento sobre las circunstancias, de su habilidad para usar las «armas» del lenguaje, etc., y ello genera movimiento dramático.

Pero el concepto de acción dramática, para Sanchis, no se manifiesta sólo en la interacción verbal de los personajes. Puede desplegarse también en la relación entre la palabra y la acción física, entre los distintos códigos escénicos (escenografía, sonido, iluminación...) y, fundamentalmente, entre el conjunto de significados que emite la representación y la actividad interpretativa del receptor.

Sobre el receptor

Otro objetivo fundamental de la dramaturgia de Sanchis Sinisterra consiste en devolver al receptor —es decir, al espectador teatral— su capacidad participativa en la construcción del sentido, como aclara en esta cita:

> Se trata de disponer las informaciones que el texto proporcione con muchas sombras para que el espectador —que debe transformarse en coautor— tenga que hacer un trabajo permanente de deducción, de interpretación [...], la realidad está llena de sombras, repleta de enigmas y la actividad del ser humano es una permanente interpretación[8].

Cuanto más abunden en el texto —hasta cierto punto— la alusión, lo implícito, lo sugerido, lo no dicho, etc., más intensa y dinámica será la interacción entre la escena y la sala.

Incluso la ambigüedad de los significados, susceptible de producir cierta perplejidad en el receptor, al diversificar las interpretaciones que el público hace de la obra, genera una experiencia estética compleja y múltiple. No es necesario que todos los espectadores «lean» lo mismo en la misma escena: como en la vida.

Esta voluntad de activación del receptor tiene en Sanchis una dimensión sociopolítica, ya que los medios audiovisuales al servicio del poder —el discurso del sistema dominante— tratan, por el contrario, de volver pasivo al ciudadano, ofreciéndole una lectura única, inequívoca y esquemática de la realidad (cuando no la falsifican simple y llanamente).

El teatro, piensa Sanchis, debe en cambio responsabilizar al espectador apelando a su imaginación, a su memoria histórica, a su sensibilidad, a su sentido crítico y a su desconfianza en las apariencias y en las palabras.

---

[8] Juan Manuel Joya, *Treinta años de experimentación teatral*, Nueva Revista de Política, Cultura y Arte, diciembre de 1999, pág. 150.

Sobre el personaje

Esta posición ideológica de Sanchis tiene su expresión estética, por ejemplo, en su concepción del personaje.

En primer lugar, el personaje no es una mónada, un sujeto autónomo, sino que se define y se constituye por su interacción con los demás, tanto presentes como ausentes (un personaje ausente es aquel que, sin aparecer en escena encarnado por un actor, forma parte del universo ficcional de la obra).

Los personajes no tienen por qué ser coherentes y monocromáticos (las personas no lo somos), sino que pueden estar habitados por contradicciones, manifestar reacciones paradójicas y sufrir inexplicables transformaciones.

Además, el autor no pretende saberlo todo de sus personajes. Como en el teatro de Harold Pinter, muchas de sus circunstancias son desconocidas y sus palabras, a menudo, inverificables. Por lo tanto, es nuevamente el espectador quien debe tratar de descifrar la relativa ambigüedad de su conducta y de su discurso.

También desde el punto de vista ético, sus personajes evitan el monolitismo esquemático. La clave de su dramaticidad radica frecuentemente en su vulnerabilidad. Un personaje invulnerable, sin fisuras, sin dudas, sin «talón de Aquiles», es difícil que genere interacciones interesantes y procesos imprevisibles.

Sobre el espacio

En la línea de despojamiento escénico que Beckett llevó hasta el límite, la teatralidad de Sanchis opta por la austeridad y la esencialidad de los recursos espectaculares.

Para el autor, la desnudez escenográfica implica ligereza y amplitud, y propone, como Peter Brook, «desvalijar y vaciar el escenario». En palabras de Yoshi Oida, «el vacío es más poderoso porque puede contener todo».

Efectivamente, apelando a la imaginacion del espectador, un espacio escénico despojado consigue evocar un mundo complejo que contiene todos los elementos del mundo real y sus relaciones.

Por otra parte, esta renuncia a lo espectacular es susceptible de provocar una relación más íntima y una interacción más directa entre actores y espectadores. Por este motivo, entre los factores de lo que Sanchis denomina una «teatralidad menor», figura su preferencia por espacios teatrales pequeños, que reduzcan la distancia entre la escena y la sala.

Ahora bien, la austeridad escénica no implica simplicidad espacial, ya que el espacio es una totalidad expresiva que puede generar una rica polisemia. En especial cuando el sentido del texto se apoya en lo que Sanchis denomina el espacio dramático, que es el conjunto de todos los referentes espaciales de una situación, incluida la proxemia (relación significativa de los personajes con el espacio).

El espacio dramático puede tener también una dimensión simbólica (o, cuanto menos, metafórica) que el análisis del texto puede revelar y que la puesta en escena debe potenciar.

Una dimensión importante del «ser» del personaje estriba en el modo como usa y vivencia un determinado espacio, ya sea propio o ajeno. El yo se proyecta sobre el lugar, y viceversa.

Sobre el juego de oposiciones

En el teatro de Sanchis Sinisterra es muy importante la existencia de dimensiones y/o elementos antitéticos, así como sus gradaciones y transiciones, con funciones dramáticas y significantes diversas:

> voz / silencio
> movimiento / inmovilidad
> presencia / ausencia
> luz / oscuridad
> humor / seriedad
> cotidiano / insólito
> vaguedad / precisión
> familiar / excepcional
> irreverente / serio
> lógico / ilógico
> fantástico / real

Estas oposiciones irrumpen en el texto sin distorsionar su consistencia. Tanto lo visionario y lo onírico, como lo simbólico, son factores que permiten evocar y captar zonas ocultas de la realidad, a la vez que sirven para «inquietar» al espectador y provocar en él una recepción activa y una escucha atenta. Pero, también, esta entrada de lo insólito o sobrenatural sirve al autor para romper la uniformidad figurativa y crear un marco de irrealidad que ponga en entredicho la supuesta coherencia racional del mundo.

Sobre el actor

El teatro de Sanchis Sinisterra se apoya fundamentalmente en el trabajo del actor (más que en los demás recursos espectaculares) y reclama de él un extremado esfuerzo interpretativo. De ahí que en la construcción de los personajes tenga en cuenta sus líneas de pensamiento, sus acciones físicas, sus motivaciones y todas aquellas circunstancias que puedan apoyar el proceso creativo del actor.

Como pedagogo y director de escena, Sanchis parte del supuesto de que «el arte del actor es el Arte de la Mentira», recalcando la importancia de la artisticidad y la exigencia de hacer convincente la mentira, «como si en ello le fuera la vida».

Otro modo de formular su opción: «La verdad es un efecto que dimana de la verosimilitud, y ésta es una construcción convencional compleja, distinta según la poética de cada obra y, en último término, operativa dentro de la lógica del personaje y aceptable para las lógicas del actor.»

Le interesa más la contención que el desbordamiento expresivo; el comportamiento externo del actor sólo ha de manifestar una mínima parte de lo que le ocurre al personaje (es oportuna la imagen del *iceberg).*

En este y en otros aspectos de su estética, rige el principio del arte minimalista: «Lo menos es más.»

En el proceso de construcción del personaje escénico —es decir, durante los ensayos—, Sanchis suele partir de la personalidad real del actor: su edad, su físico, su carácter, su voz..., ya que el personaje textual no tiene verdadera identidad: es poco más que un conjunto de enunciados verbales que sólo al ser encarnado por tal o cual actor comenzará a adquirir algo semejante a la vida.

El o los objetivos del personaje (qué quiere en cada momento) constituyen un primer nivel de organización del trabajo del actor, útil para tejer alrededor la línea múltiple de pensamiento, las circunstancias concretas pasadas y presentes y las diversas estrategias que constituyen su conducta escénica.

Cuanto más diversas e incluso contradictorias sean estas circunstancias y estrategias, más ofrecerá el actor una imagen «poliédrica» y compleja del personaje.

En todo caso, la herramienta fundamental que Sanchis pide al actor es la escucha del otro. Stanislavski, en la última etapa de su vida, decía a los actores: «No busquen nada dentro de sí mismos. Ahí no hay nada. Busquen en el otro, en los otros...»

No hay que tener prisa en obtener resultados. La búsqueda, la exploración, el desvío *(détour)*, el error incluso, son consustanciales a todo proceso creativo. «Ya decidiremos en la última semana», suele decir durante los ensayos.

Las acciones físicas son un territorio concreto y minucioso que Sanchis propone casi obsesivamente como apoyo para el actor y como arraigo del personaje en el mundo material. Estas acciones (u ocupaciones o tareas o tics...) pueden ser adecuadas o inadecuadas con respecto a la situación, funcionales o inútiles, compulsivas o triviales, significativas o enigmáticas, etc.

La invención, durante el proceso de ensayos, de intenciones, motivaciones, pensamientos secundarios, estados de ánimo, focos de atención, otros destinatarios (indirectos) de la palabra..., todo, en fin, lo que engloba la noción de subtexto, es una lucha —gozosa— por huir de la literalidad del texto, de su sentido manifiesto, de lo que la obra ya «dice» en primera instancia.

Todos los puntos anteriormente señalados han tratado de resumir la faceta de Sanchis Sinisterra como director y se completan con la siguiente declaración del autor:

Cuando escribo estoy concibiendo la puesta en escena y, por tanto, estoy escribiendo desde la escena, estoy teniendo en cuenta ritmos, intensidades, emociones, atmósferas... se registren o no en el texto, estén didascalizados o no. La relación entre escritura y puesta en escena completa lo que en el texto es vago. Mi escritura está muy situada en el escenario y en los lenguajes de la representación, muy especialmente en el actor. Siempre fui consciente de que nunca iba a tener grandes medios, por eso mi teatro está muy basado en el actor y en la palabra, de ahí mi obsesión por sistematizar los lenguajes del monólogo, de los diferentes tipos de diálogos, las catorce propiedades de la palabra dramática, las nueve modalidades del diálogo no conversacional... Creo que la puesta en escena es una actividad polifónica, una síntesis de las artes mestizadas por ese carácter secundario; porque la escenografía no es arquitectura, ni pintura; la música teatral no es música de concierto... Lo esencial para mí es el actor, éste es quien produce una determinada vibración en el espectador; si esto no sucede, todo se diluye. Hay que tener en cuenta que el actor es un ser humano bastante parecido a los que están sentados en el patio de butacas. Creo que la puesta en escena tiene que sustentarse sobre el trabajo del actor, en una relación de complementariedad. Es importante el aprendizaje del actor, pero lo interesante de su trabajo, la sustancia fundamental es la persona; con esa dimensión cualquier componente del actor puede ser realzado. El personaje textual es un conjunto de comportamientos verbales, de estructuras lingüísticas, de las cuales se pueden inferir un recuerdo, una imagen del ser humano, pero el personaje, en el fondo, se lo hace el espectador. Soy muy reacio a considerar que aquel esté ya preestablecido en el texto y que remita a una identidad humana. Por eso el trabajo con el actor en la puesta en escena consiste en buscar los comportamientos actorales en relación con esos mecanismos discursivos del texto, entonces podrá producirse una identidad compleja, variable, interesante, que producirá unos efectos al espectador y a ser posible, incluso, contradictorios. Odio al personaje unidimensional, que tiene una sola lectura. Además no tengo una imagen del resultado cuando dirijo. Es cierto que, a veces, he escrito para un actor o actriz. Así *Valeria y los pájaros*, para Verónica Forqué, por ejemplo; o *La raya del pelo de William Holden*, para Ana Torrent, pero en general escribo desde la voz del personaje. Siento que éste empieza a ser algo, a tomar consistencia poliédrica cuando noto que tiene una voz propia y eso lo descubrí de un modo casi catártico con *¡Ay, Carmela!* Es decir, las cosas que decía Carmela me sorprendían de una forma inquietante. Pero «¿quién ha dicho esto?, ¿cómo se me puede haber ocurrido esta réplica?», me preguntaba. Me sorprendía, también, que la gente me dijera que Carmela hablaba en andaluz. Yo creo que, efectivamente, apareció un idiolecto que se constituyó en unos mecanismos de hiperbolización y metaforización brusca que, supuestamente, están en la raíz del habla popular andaluza[9].

Título, gestación y fechas de composición

> Y no hay más Dios
> que Adolfo Hitler.
>
> (Bertolt Brecht.)

El título de un texto es su puerta de entrada, no hay duda de que el que nos ocupa causa un horizonte de expectativas y «constituye una información catafórica o condensadora del mensaje íntegro que pronuncia y al cual remite»[10].

Pero, también, el título actúa como anáfora en cuanto que recuerda a otro anterior. No es, por tanto, un título inocente ya que remite a preocupaciones ideológicas y sociales de un tiempo preciso: el primer franquismo. A la vez muestra la admiración de Sinisterra hacia Brecht, un escritor al que leyó y estudió y del que tomó la idea del teatro como conciencia social. El título nos proporciona, por ello, la filiación ideológica y estética de Sanchis.

Terror y miseria en el primer franquismo es una paráfrasis de la obra de Bertolt Brecht *Terror y miseria del Tercer Reich,* elección que explicita la intención del autor de ofrecer un friso —«Retablo de gestos», llamó Brecht a su obra— de la vida cotidiana durante un periodo histórico concreto. Pero además hay que señalar que el numeral «primer» otorgará una dimensión de continuidad, con lo cual el autor deja muy clara su posición ideológica al constatar que no puede hablarse de franquismo

---

[9] Entrevista de Milagros Sánchez Arnosi al autor, 12 de marzo de 2003, en Madrid.
[10] A. Marchese y J. Forradellas, *Diccionario de retórica (Crítica y terminología literaria),* Barcelona, Ariel, 1986, pág. 404.

en general y, sobre todo, no puede hablarse de esta etapa de la historia de España como algo acabado. El franquismo continúa: «se fue fragmentando», como sostiene Sinisterra, incluso, el poder actual manifiesta síntomas neofranquistas:

> No sólo en sus actitudes, sino en sus estrategias políticas, lo cual da la impresión de que cierta parte de la historia no ha pasado sus páginas definitivamente[11].

Por otro lado, al definirlo mediante los sustantivos «terror y miseria», el escritor valenciano da cuenta de lo que significaron estos primeros años para la mayoría de los españoles, que no fueron otros que los llamados «vencidos». Vemos que la elección del título no es fruto de la casualidad y que gracias a él Sinisterra quiere inducir en el receptor una actitud crítica o por lo menos advertirle de que aquello que verá en escena hablará de un periodo que es necesario «revisitar» para que no se disuelva en el olvido. Como dice Sanchis:

> La memoria es algo frágil, maleable, pero a la vez enormemente poderosa, peligrosa, incluso. Por eso, como dice Tzvetan Todorov, los sistemas políticos dictatoriales intentan suprimirla o, por lo menos, distorsionarla. Abolir el pasado —el contenido de la memoria— o maquillarlo ha sido siempre, y muy especialmente en el siglo XX, un objetivo prioritario de los totalitarismos[12].

La expresión «primer franquismo» designa un periodo histórico que comienza en 1939, triunfo del golpe militar encabezado por Franco, y termina en 1953, año en que Estados Unidos y España firman un acuerdo económico gracias al cual Estados Unidos podría instalar bases militares americanas en territorio español. Según Ángel Viñas:

---

[11] Declaraciones de José Sanchis Sinisterra en *El Mundo*, «El Cultural», Madrid, 14 de noviembre de 2002, pág. 45.
[12] José Sanchis Sinisterra, *Una propuesta del autor,* texto escrito para el Cuaderno Pedagógico elaborado por nueve profesores pertenecientes al Teatro del Común con motivo de la representación de *Terror y miseria en el primer franquismo,* editado por el Teatro del Común, Madrid, noviembre de 2002, pág. 9.

> [...] el aislamiento relativo de la economía, la contracción de los intercambios con el exterior y la mística autárquica y nacionalista configuraron lo que cabe caracterizar como primer franquismo, es decir, la aproximación más genuina a los orígenes del régimen y a la ideología fascistoide que permeabilizaba, en un principio, los aparatos del Estado[13].

Todas las piezas que conforman *Terror y miseria en el primer franquismo* quedan enmarcadas en estos años. A través de ellas descubriremos cómo la dictadura de Franco penetró en los ámbitos de la vida cotidiana, envenenando y asfixiando las relaciones humanas al crear un clima de miedo y horror.

Esta obra era un proyecto que, según los planes previos del autor, formaría parte de una trilogía constituida por un texto titulado *Asesinato en la colina de los chopos,* nombre con el que Juan Ramón Jiménez llamaba a la Residencia de Estudiantes, y que tendría como personajes a Dalí, Lorca, Pepín Bello, Buñuel, etc., y estaría ambientada durante la República. La trama se centraría en el asesinato de un residente no famoso, asesinato que se convertiría en una premonición de la barbarie del fascismo por venir. El autor comenzó a escribirla durante el año 1984, pero abandonó el proyecto para sumergirse en la redacción de *¡Ay, Carmela!,* ambientada durante la Guerra Civil, a la que seguiría *Terror y miseria en el primer franquismo,* proyecto, ya lo hemos señalado, comenzado en 1979, abandonado y retomado en 1998 y finalizado en 2002. Transcribimos, por cortesía del autor, la nota previa, inédita hasta ahora, que compuso en 1980 porque resume y aclara la configuración de la obra:

> Todo texto es —mal que les pese a algunos— circunstancial. Tejido *(textum)* de múltiples circunstancias concretas: hilos diversos que configuran su inextricable trama, hilos surgidos, a impulsos del azar y de la necesidad, desde la espesa prosa de la vida. Avatares del tiempo y del espacio, de días y lugares, segregan la sustancia que el autor —tejedor impaciente— organiza y dispone en relativa libertad (condicional).

---

[13] Ángel Viñas, *Historia económica, Historia 16, Historia de España,* 1982, pág. 94. Citado en el libro de Manuel Sabín, *La Dictadura franquista,* Madrid, Akal, 1997, pág. 122.

Diré pues —a quien pueda interesar— algunas circunstancias que configuran éste. Su modelo inmediato es, evidentemente, *Terror y miseria del Tercer Reich*, ese amplio fresco de la vida cotidiana bajo el nazismo que Bertolt Brecht escribió entre 1935 y 1938, a partir de testimonios directos e indirectos: escenas independientes de desigual extensión —algunas apenas sobrepasan las veinte líneas, otras son verdaderas obras en un acto— que oscilan, dentro del peculiar realismo brechtiano, entre la tragedia sofocada y el humor ácido.

Mi texto aspira asimismo a presentar un mosaico de situaciones autónomas que, extraídas y a veces transcritas de diversas fuentes, constituyan un extenso panorama de la España de postguerra en su más anónima cotidianeidad. Iniciado en 1979, escribiendo sin prisas pero con pausas, llevo concluidas cuatro escenas, muy avanzadas tres, otras tantas en diseño y un puñado de núcleos temáticos que irán tomando forma —así lo espero— con el tiempo.

A diferencia de la coherencia estética del texto brechtiano, intento en el mío jugar con la máxima diversidad dramatúrgica: cada escena, cada situación, remite a un estilo, a una modalidad teatral diferente. ¿Capricho formalista? Es posible. Pero también la íntima convicción de que lo que llamamos «forma» es una necesidad inherente al tema, a la trama, a la intención expresiva, incluso al talante instantáneo que empuja la mano trazadora de signos.

Otro factor circunstancial que condiciona *Terror y miseria...* —al menos algunos de los textos aquí publicados— procede de mi actividad pedagógica en el Instituto del Teatro de Barcelona: la necesidad de contar con textos breves pero completos, de pocos personajes, sin complicaciones escénicas y conteniendo problemas específicos de actuación para el trabajo de Talleres no es ajena al trazado de estas escenas.

Por último, quiero mencionar una circunstancia, ésta de carácter sociopolítico, que atraviesa axialmente todo el proceso creador: la constatación —¿errónea?— de que un gran sector de la sociedad española, en estos primeros años de (larga) marcha hacia la democracia, adopta ante los oscuros cuarenta una actitud, sin duda comprensible, de afanoso olvido. Y dado que para las últimas generaciones —las nacidas tras el «desarrollismo»— toda aquella sorda abyección va camino de confundirse con las guerras carlistas y la rendición de Breda, no es extraño que algunos aprovechen la niebla del olvido para difundir el gas letal de la nostalgia.

Brecht decía «a los hombres futuros»:

> Vosotros que surgiréis del marasmo
> en el que nosotros nos hemos hundido,
> cuando habléis de nuestras debilidades,
> pensad también en los tiempos sombríos
> de los que os habéis escapado.

Quizás convendría matizar que la brevedad de las escenas del texto de Sinisterra viene condicionada por otro factor que el autor no expresa en la nota anterior. Nos referimos a la voluntad, al interés de Sanchis en trabajar con materiales literarios cortos y documentales con el fin de subrayar y propiciar la dimensión escénica que persigue en su teatro como un lugar cercano que favorezca el encuentro entre actores y espectadores.

Como matriz estructural de *Dos exilios* y *Atajo* incluimos, por cortesía del autor, dos ejercicios elaborados por él.

Primer ejercicio: «La quinta Pared.» Usado en *Dos exilios*.

La estructura de este ejercicio se constituye en torno a una serie de monólogos entrelazados, su ruptura y encuentro de los personajes en escena para dar paso al diálogo.

Antecedentes
 — A y B tuvieron en el pasado una relación muy estrecha.
 — Dicha relación se rompió y ambos siguieron caminos distintos, lejos el uno del otro.
 — En los años transcurridos desde la ruptura, no hubo comunicación entre ellos.
 — Carecen, pues, de información mutua, salvo, tal vez, alguna vaga referencia.

Situación actual
 — A y B están en sus respectivos espacios, remotos geográficamente, contiguos escénicamente.
 — Ambos, felices o infelices, se hallan en una situación crucial.
 — Por un motivo (fortuito o esencial), el recuerdo del otro ha adquirido «hoy» particular relevancia.

— El sentimiento que tiñe el recuerdo es ambivalente.
— Ambos deben realizar una tarea física, relacionada o no con su situación crucial.

Desarrollo
— En el transcurso de la acción, ambos exteriorizan verbalmente sus pensamientos, interpelando al público en tanto que audiencia indeterminada (monólogos entrelazados).
— La figura del otro va a ir creciendo en el discurso de cada uno y con ella la necesidad de comunicarse.
— En algún momento, A y/o B pueden interpelar a (o ser interpelados por) un personaje extraescénico (contiguo o remoto).

Conclusión
— Llegados a este punto, la necesidad de comunicar es tan intensa que, franqueando el «muro» invisible que los separa (la quinta pared), se reencuentran en un espacio/tiempo virtual (diálogo simétrico).
— En el contacto comunicativo puede haber simultaneidad o desfase momentáneo.
— El reencuentro virtual es susceptible de producir cambios reales en la situación de ambos o de uno de los dos.
— El final puede producirse en el espacio/tiempo virtual o en la situación real de cada uno.

Segundo ejercicio: «Ahí al lado.» Usado en *Atajo*.

La estructura de este ejercicio tiene en cuenta tres aspectos: el diálogo, la interpelación y el monólogo interpelativo.

— A y B están sentados en un espacio en principio indeterminado.
— En un lateral hay una puerta abierta —u otro acceso cualquiera— que les permite visualizar la extraescena contigua.
— Comienzan a dialogar describiendo y comentando lo que ven allí.

- En el diálogo debe configurarse con la máxima concreción un LUGAR (accesible desde la escena), más tarde la presencia en él de un PERSONAJE 1 y, finalmente, la de un PERSONAJE 2.
- En principio, sus observaciones son coincidentes y complementarias, pero paulatinamente van discrepando sobre el SIGNIFICADO de lo que perciben.
- Las discrepancias empiezan a referirse también a LA NATURALEZA de lo que perciben.
- Debe configurarse, a través del diálogo entre A y B, una situación compleja, interesante y, naturalmente, ambigua, entre PERSONAJE 1 y PERSONAJE 2, en ese LUGAR que quizás no es lo que parecía.
- Por fin, B toma la decisión de intervenir en la situación y sale por la puerta o acceso, ingresando por tanto en la extraescena.
- Queda A en escena que, INTERPELANDO a B, continúa «construyendo» la situación extraescénica, ahora con la participación en ella de B.
- De la extraescena pueden llegar sonidos, pero no palabras inteligibles (el actor o actriz que interpreta A no debe ver al actor o actriz que interpreta B).
- Transcurrido un tiempo, B regresa junto a A; su aspecto y actitud han cambiado.
- Nuevo diálogo, en el que B trata de transmitir a A su EXPERIENCIA en la extraescena, que difiere sensiblemente de lo PERCIBIDO por A.
- Finalmente, a instancias de A y venciendo la resistencia de B, ambos van a la extraescena para «resolver» la situación.
- En el escenario vacío, puede percibirse durante un minuto la dimensión sonora de lo que ocurre en la extraescena, quizás con alguna intervención verbal de A o de B.

Gracias a que el autor conserva los cuadernos de todo lo que escribe sabemos la fecha, en algunos casos con absoluta exactitud, de casi todas las escenas que configuran esta obra. Se comprobará que la redacción más lejana se remonta a 1979. Dos de estas escenas, *Intimidad* y *El anillo*, se editaron en las páginas de *Galeradas* por la revista aragonesa *Andalán*, núm. 346, diciembre de 1981, págs. III-V y VI-VIII. Además, *Primavera 39, L'anell, Intimitat* y *El taup*, junto con otra de Jaume Melendres, *L'autarquía ben entesa (La autarquía bien entendida),* se editaron en catalán con el título de *Terror i misèria del primer franquisme,* por el Institut del Teatre, Barcelona, 1983, págs. 13-19, 21-27, 29-34, 35-40 y, las cinco, se representaron en un taller de teatro en el Instituto del Teatro de Barcelona el 29 de febrero de 1980. Además *El topo* ha sido publicado en la revista *Primer Acto*, núm. 297, Madrid, 2003, págs. 69-71. Hay que decir que sólo dos de ellas, *L'anell* y *Daguerre el bagul*, impresa como *El taup*, fueron estrenadas por el Aula de Teatro de la Universitat Autònoma de Barcelona en mayo de 1984. El orden que damos a continuación corresponde al cronológico-histórico.

Primavera 39: es la única escena que no está datada. Respecto al texto editado en catalán (ver el apartado de bibliografía) hay algo nuevo y es la siguiente inserción textual realizada por el autor el 23 de octubre de 2002:

LÍA. ¿Por qué?
MADÓ. Porque nací, porque crecí, porque viví, porque la siembra, porque la siega, porque el erial, porque la mula, porque el barbecho, porque el patrono, porque el mendrugo, porque la tiña...
LÍA. *(Tapándose los oídos.)* ¡Basta! ¡Basta! ¡Cállate!
MADÓ. ¿Quieres más sombras?
LÍA. ¿Y qué culpa tengo yo?
MADÓ. Alguna tendrás, seguro...
LÍA. Seguro: la culpa del jardín, ¿no?, la culpa del piano, ¿no?, la culpa de los tules y las sedas, ¿no?, de los espejos y de los besos y de la espuma, ¿no?, de los primores y los fulgores y los ardores y el esplendor...
MADÓ. *(Tapándose los oídos.)* ¡Cállate! ¡Basta! ¡Basta!
LÍA. *(Tras una pausa.)* ¿Y todo para esto?
MADÓ. *(Tras una pausa.)* Sí: todo para esto.
LÍA. Pero... algo sigue su curso.
MADÓ. Por poco tiempo.
LÍA. ¿Cuánto?
MADÓ. Poco.
LÍA. ¿Aquí?
MADÓ. Aquí y allá. Por todas partes.

LÍA. ¿Entonces...?
MADÓ. Entonces, ¿qué?
LÍA. ¿Ya te has decidido?
MADÓ. ¿A qué? *(Lía le indica el baúl y le señala a lo lejos.)* ¿Estás segura?
LÍA. Claro que sí. *(Pausa.)* ¿De qué?
MADÓ. ¿Y cómo sabes que después del puente no hay otro y otro y otro...?
LÍA. ¡No!
MADÓ. ¿Cómo lo sabes?
LÍA. ¡Del mismo modo que tú sabes que por aquí no hay nada tuyo, nada, nada...!
MADÓ. ¡Cállate! *(Se tapa los oídos.)* ¡No quiero oírte más!
LÍA. *(Se tapa los oídos.)* ¡Ni yo tampoco!
MADÓ. *(Con los oídos tapados, emite un fuerte siseo.)* ¿Oyes?

A pesar de la inconcreción deliberada de los personajes de esta escena, este añadido se hizo porque el autor pensó que aquellos resultaban demasiado abstractos e intentó dotarles de una identidad, de una adscripción social.

El sudario de tiza: comenzada el 18 del diciembre de 1981. Continuada el 22 de abril de 1998; se interrumpe y vuelve a ella el 2 de enero de 1999. Finalizada el 3 de enero de 1999.

Plato único: iniciada en 1980, proseguida el 3 de enero de 1999 y terminada el 30 de diciembre de 1999.

El anillo: empezada el 10 de octubre de 1979 y acabada el 13 de octubre de 1979.

Filas prietas: esta escena en principio se llamó *El extraño*, sin duda debido al individuo que irrumpe repentinamente en el lugar en el que la pandilla de jóvenes falangistas se han guarecido de la lluvia. El posterior y definitivo título parece más indicado al ser la frase pronunciada por el jefe del grupo. Comenzada en 1979 y concluida el 11 de diciembre de 2001.

Intimidad: comenzada el 14 de diciembre de 1979 y terminada el 18 de diciembre de 1979. También el autor añadió en la acotación final el ruido de puertas y cerrojos con el fin de que las dos mujeres, hasta entonces separadas anímica e ideológicamente, quedaran unidas ante la fatalidad e inminencia de la muerte.

Dos exilios: comenzada el 20 de julio de 2002, finalizada el 23 de septiembre de 2002.

El topo: sólo consta que el autor la finalizó en mayo de 1979. Una novedad respecto a la primera versión corresponde a la frase final de Julia. En ésta se leía:

> JULIA. [...] Ah, no te he dicho que está esperando un crío...

La definitiva queda así:

> JULIA. [...] Ah, ¿no te he dicho que está esperando un crío...?
> Sí, está esperando un crío.

De esta manera resulta más claro que Julia jamás podrá tener un hijo con Miguel ya que ello significaría delatarle.
Atajo: comenzada el 27 de septiembre de 2002 y terminada el 21 de octubre de 2002.
Por lo que se refiere a la fecha en que están situadas las escenas, cada una aporta datos e información temporal. Así, *Primavera 39*, indica el fin de la Guerra Civil; *El sudario de tiza*, la inmediata represión a los maestros; en *El anillo*, Marga dice que la guerra acabó hace tres años; *Filas prietas* alude a la División Azul; en *Intimidad*, Teresa recuerda que lleva tres años en la cárcel y que a su marido le fusilaron hace seis meses; el discurso de Churchill a que se hace referencia en *Dos exilios* lo pronunció en 1946, en *El topo* se dice que Miguel lleva escondido nueve años, y en *Atajo* uno de los personajes recuerda: «ganamos la guerra hace diez años». Podríamos establecer la siguiente periodización:

— *Primavera 39:* 1939.
— *Sudario de tiza:* 1940.
— *Plato único:* 1941.
— *El anillo:* 1942
— *Filas prietas:* 1943.
— *Intimidad:* 1944.
— *Dos exilios:* 1947.
— *El topo:* 1948.
— *Atajo:* 1949.

La memoria y la historia

> Porque somos semejantes, nos entendemos. Porque somos distintos, nos malinterpretamos.
>
> *(La selva del lenguaje,* José Antonio Molina.)

Franco y la Dictadura no son temas que hayan ocupado a nuestros dramaturgos, a pesar de que todavía hay muchos silencios en la historia española en torno al primer franquismo. Silencios que empiezan a ser convocados en nuestra literatura, sobre todo en narrativa como son buena muestra, por mencionar dos libros significativos, *La voz dormida* de Dulce Chacón, en torno a las cárceles franquistas de mujeres y *Las 13 rosas* de Jesús Ferrero, una reflexión en torno al primer fusilamiento de menores llevado a cabo el 5 de agosto de 1939.

Esta reserva quizás se explique porque la memoria siempre se ha considerado peligrosa por lo que puede entrañar de recordatorio y, en algunos casos, de rencor y venganza. Sinisterra está convencido de que la memoria debe cultivarse, máxime, como en lo referente al periodo que nos ocupa, cuando ha habido una intención de eludirla. Hay que recordar porque el olvido no ayuda a superar heridas, ni a crear un puente sobre el futuro. Se ha propiciado el silencio y por eso Sanchis recrea literariamente esa parcela de nuestra historia. Pero hay otra razón que el autor expresa:

> Lo malo es que los regímenes democráticos, fascinados por el cambio y la innovación, ávidos de conquistar el futuro y empeñados en no perder el tren del presente, descuidan a menudo la preservación, la recuperación del pasado, relegando la memoria a los museos, a los archivos y a los viejos. Ocurre entonces que se olvida la dañina labor del olvido. Y mucha gente se encuentra avanzando hacia donde le dicen, sin recordar de dónde viene y sin saber hacia dónde quería ir[14].

---

[14] VV.AA., *Cuaderno pedagógico, op. cit.,* pág. 9.

Sanchis Sinisterra, con los constituyentes del Teatro del Común,
en uno de los ensayos de *Terror y miseria en el primer franquismo*
en el I.E.S. Gregorio Marañón. Foto de Pablo Rogero.

El interés, por tanto, que Sanchis persigue con esta obra es ir en contra de la desmemoria interesada y la edulcoración de la historia. De esta doble conjunción nace el género de este texto que él denomina «teatro de la memoria» y que define del siguiente modo:

> [...] es uno de esos rincones en los que se pretende conjurar el olvido, [...] para entender un poco el presente, y quizá para ayudarnos a escoger un futuro [...] o incluso para luchar por él[15].

Un teatro, como se ve, que quiere denunciar el olvido de una época porque, como sostiene el autor, no se ha procurado una reparación por todas las injusticias y vilezas cometidas contra los españoles. La amnesia ha sido aterradora y Sanchis tiene muy en cuenta la frase de Gandhi: «Los pueblos que olvidan su pasado están condenados a repetirlo.» El propósito del autor de *Los figurantes* es muy claro:

> Quiero denunciar el olvido de esa época porque creo que no se ha procurado una reparación por todas las injusticias y vilezas cometidas contra la mitad de los españoles. Aquí aún no se ha pedido perdón por lo que sucedió, esa herida sigue abierta y sobre ella no se puede echar vaselina, ni cierta nostalgia. Está prohibido olvidar[16].

De este modo el autor permite actuar a la historia, pero, sobre todo, a la cotidianeidad que la sustenta. La actualiza con fidelidad como iluminadora del presente, como diría Buero Vallejo, y así crea «las posibilidades concretas para que los individuos perciban su propia existencia como algo condicionado históricamente y se den cuenta de que la historia es algo que interviene profundamente en su vida cotidiana, en sus intereses inmediatos»[17].

---

[15] VV.AA., *Cuaderno pedagógico, op. cit.*, pág. 9.
[16] Declaraciones del autor en *El Mundo*, «El Cultural», Madrid, 14 de noviembre de 2002, pág. 45.
[17] G. Lukács, *La novela histórica*, México, Era, 1977, pág. 22.

Sinisterra se siente atraído por la historia, algunas de sus obras se centran en momentos muy significativos: *¡Ay, Carmela!*, en la Guerra Civil; *El retablo de Eldorado* y *Lope de Aguirre, traidor*, en la destrucción llevada a cabo por los españoles en el continente americano. Sanchis considera que la revisión de la memoria ayuda a llegar a la verdad histórica. En *Terror y miseria en el primer franquismo* no pretende realizar una reconstrucción arqueológica, sino que tratará de reescribir la crónica de unos años concretos ya que el teatro «debe abrir nuevas vías de comprensión de la historia e inducir interpretaciones más exactas [...] Para lograrlo, el autor no tiene por qué ceñirse a una total fidelidad cronológica, espacial o biográfica respecto de los hechos comprobados [...]»[18].
Como dice Walter Benjamin:

> El presente tiene alguna responsabilidad para con el pasado y son los olvidados de la historia, los vencidos, quienes son capaces también de recordar a los olvidados del pasado[19].

De hecho Emilio Lledó ha interpretado la escritura como fármaco de la memoria. *Terror y miseria en el primer franquismo* aparece como un texto teatral representativo del impacto de este régimen una vez terminada la Guerra Civil española. La complicada, difícil y particular situación generada tras la victoria de los «nacionales» es el punto de inflexión de un texto que pretende apelar a la memoria histórica, pero desde una evocación muy personal. Las palabras de Blas Sánchez Dueñas a propósito de *¡Ay, Carmela!* serían, en este sentido, válidas para *Terror y miseria en el primer franquismo*:

> [...] los componentes históricos, sociales y políticos cobran una importancia decisiva para recrear el marco ambiental de

---

[18] Antonio Buero Vallejo, *Acerca del drama histórico*, *Primer Acto*, núm. 187, Madrid, 1980-1981, págs. 18-21.
[19] Citado por María José Ragué-Arias en José Romera Castillo y Francisco Gutiérrez Carbajo (eds.), *Teatro histórico (1975-1998), Texto y representaciones*, Madrid, Visor, 1999, pág. 217.

> la obra, fundamentando parte de su interés en su valor histórico y documental y su distanciamiento temporal [...] aspectos que permitirán a Sanchis Sinisterra entrelazar hechos y referentes de la realidad histórica española con una profunda y amarga crítica de la realidad [...] donde a la vez que se ridiculizan símbolos o mitos patrióticos, se ironiza sobre determinados ideales políticos [...][20].

Sinisterra cuenta la vida cotidiana de aquellos que sobrevivieron a las inmediatas consecuencias de la Guerra Civil: pérdidas enormes de vidas, el exilio, hundimiento del poder adquisitivo, el hambre, la cárcel, depuración de los maestros nacionales, racionamiento de alimentos, mercado negro, corrupción..., pero, también, cuenta la de aquellos que apoyaban al régimen. Recrea unas historias mínimas de gran intensidad con un referente histórico a partir de su memoria personal, de su biografía emocional afectada por «el terror y miseria» de este primer franquismo, como demuestran estas líneas del programa de mano de *Terror y miseria en el primer franquismo*:

> El teatro que siempre pretende hablar a sus contemporáneos, se vuelve a menudo hacia el pasado para nutrir el presente, para dotarlo de raíces, de sentido, de densidad. A las obras surgidas de esta mirada retrospectiva se suele llamar «históricas», pero a mí, francamente, esta denominación me parece un poco solemne y acartonada. En vez de usar el pretencioso término de «teatro histórico», prefiero hablar de «teatro de la memoria» [...].
>
> Pero debo hacer una aclaración: la memoria que se encarna en estas piezas no es la mía. No son mis recuerdos los que me propongo compartir con el público, con vosotros. Yo nací en 1940, y las nueve escenas que constituyen *Terror y miseria en el primer franquismo* transcurren entre 1939 y 1949. Y aunque mi padre, profesor de Física y Química, fue represaliado y encarcelado, no tengo recuerdos concretos de aquellos años sombríos. Por lo tanto, he debido «fabricar»

---

[20] Blas Sánchez Dueñas, *Realidad histórica, comicidad y crítica irónica político-social en «¡Ay, Carmela!»*, incluido en José Romera Castillo y Francisco Gutiérrez Carbajo (eds.), *op. cit.*, pág. 418.

la memoria que alienta en estas escenas. ¿Cómo? Hablando con parientes y amigos de mis padres, que vivieron como jóvenes o adultos ese «tiempo de silencio», escuchando a mis compañeros y profesores de Universidad y, sobre todo, leyendo, leyendo mucho: libros, revistas, documentos, cartas...[21].

INTERTEXTUALIDAD

> Todo hablante es de por sí un contestatario [...]. Cuenta con la presencia de ciertos enunciados anteriores, suyos y ajenos, con los cuales su enunciado determinado establece toda suerte de relaciones.
>
> *(Estética de la creación verbal,* Mijaíl Bajtín.)

Como sostiene Virtudes Serrano es éste uno de los mecanismos de la dramaturgia de Sanchis Sinisterra. Podemos comprobar que muchos de sus textos remiten a otros *(Hamlet, La Celestina, Ulises, El viaje entretenido,* los textos de los cronistas de Indias...). En el caso concreto de *Terror y miseria en el primer franquismo,* hay que decir que consideramos «intertextualidad» tanto las citas explícitas, las encubiertas, las alusiones, las paráfrasis, la ironía, la parodia, como las diferentes opciones estéticas que alientan en cada cuadro o escena. En esta obra Sinisterra utiliza fuentes documentales directas y, como Brecht, recreará conscientemente materiales literarios ajenos y de origen diverso ya que parte de la convicción siguiente:

> La compleja realidad contemporánea no puede ser captada, ni expresada íntegramente por medio de la intuición creadora: ésta [...] debe apoyarse en el esfuerzo creativo de otros, asumirlo y prolongarlo de acuerdo con las exigencias del momento histórico[22].

---

[21] José Sanchis Sinisterra, *De la memoria a la escena,* texto extraído del programa de mano realizado para *Terror y miseria en el primer franquismo.*
[22] José Sanchis Sinisterra, *La escena sin límites. Fragmentos de un discurso teatral, op. cit.,* pág. 97.

Sinisterra, convencido de que nadie escribe a partir de nada, buscará en la documentación que usa, la expresión de alguno de los conflictos que desea plasmar. En este autor el concepto de «intertextualidad» hay que aplicarlo —siguiendo a Culler— como un espacio discursivo en el que la obra se relaciona con varios códigos formado por un diálogo entre texto y lectura, que hacen que este texto contenga un plus de significación más allá de las frases que lo componen.

Terror y miseria en el primer franquismo es el resultado de un trabajo de lectura, transformación y copia textual. Desde el título cobra relieve lo brechtiano, a la vez que cada una de las escenas remiten a otras fuentes que lo convierten en un texto «polifónico». Sinisterra no duda en tomar de otros lo que le interesa, en manipular textos, en integrar todo tipo de materiales en su creación porque opina, como afirma Steiner, que:

> En la literatura occidental los escritos más serios incorporan, citan, niegan o remiten a escritores previos[23].

Para Sinisterra, lector voraz, parece que todo enunciado está habitado por la voz ajena, pues el texto debe ser algo abierto:

> Tout texte est absorption et transformation d'un autre texte[24].

Hay en Sinisterra algo de gusto en desacralizar la autoridad del autor e, incluso, en acabar con la idea de innovación. En este sentido «intertextualidad» es un concepto positivo que permite que un texto se enriquezca. Encontramos paráfrasis (el título general), parodia *(Atajo),* citas *(Filas prietas),* inclusión de textos *(Intimidad),* detalles históricos *(El sudario de tiza),* alusiones históricas directas *(Dos exilios)* e indirectas: *El sudario de tiza* conduce a *La cruz de tiza; Primavera 39* a *Prima-*

---

[23] George Steiner, *Presencias reales,* Barcelona, Destino, 1989, pág. 109.
[24] Julia Kristeva, *Semiotiké, Recherches pour une semanalyse,* París, Seuil, 1969, pág. 145. «Todo texto es asimilación y transformación de otro texto», traducción de Milagros Sánchez Arnosi.

vera 71. Por tanto, para Sinisterra remitirse a otros no implica falta de originalidad, sino que esta manera de proceder es un modo de transformar el sentido propio de la alusión y una forma de generar nuevas emociones y significados. Idea que se plasma, por ejemplo, en la letanía dicha por las muchachas de *Filas prietas*.

Muchas veces las citas de *Terror y miseria en el primer franquismo* tratan de parodiar una realidad o circunstancia como *El sudario de tiza;* otras indican afinidad ideológica como las menciones de María Zambrano, Buero Vallejo, Alberti; otras un valor puramente testimonial: algunas de las contenidas en *Dos exilios...* En cualquier caso lo importante es que, dichas en las circunstancias en las que está ambientado el texto, cobran una intencionalidad nueva.

Pero la intertextualidad plantea un problema en cuanto al receptor, pues si éste no capta la alusión, la receptividad del texto será más precaria al perderse «la estereofonía» de éste y, por tanto, parte de su significado, ya que tanto la cita como la alusión textual es un dar a entender apelando a los conocimientos del destinatario. En algunos casos la merma de información no será decisiva, pero en escenas como *Atajo*, un texto lleno de referencias, a veces muy crípticas, consideramos que el receptor se encontrará desorientado, a no ser que conozca la persona, la organización parodiada y las circunstancias concretas.

Ironía, humor y parodia

> Puesto que el pasado no puede ser destruido, porque su destrucción conduce al silencio, debe ser revistado con ironía, de modo ingenuo.
>
> (*Apostillas a El nombre de la rosa*, Umberto Eco.)

Sinisterra recurre al humor con el fin de establecer una determinada distancia reflexiva con el hecho histórico y como contrapunto de la tragedia. El humor, al ser siempre subversivo, permite al autor ver determinados aspectos de la realidad desde otra perspectiva y revelar sus incongruencias. Por ejemplo, la insistencia de los protagonistas de *Atajo* en la importancia de la espiritualidad perderá su carácter elevado al ser transferida a una realidad material y sexualizada. Gracias a la risa se desenmascarará la hipocresía de una institución que, precisamente, careció del sentido del humor.

Sinisterra propone un juego de ideas y la fractura de expectativas lógicas. Rompe con la visión unidimensional y ordenada del mundo. De este modo, el humor es una opción estética ante lo absurdo, trágico e incongruente. Humor sutil y refinado que tiende a descubrir la verdad y contribuye a dotar al texto de un máximo de riqueza semántica. Eso sí, el lector deberá reconstruir el significado y sustituir el aparente por el sugerido, pero para ello deberá advertir la incongruencia del sentido literal y buscar una interpretación alternativa que explique la anomalía y la extrañeza. Así, en *Atajo* cuando don Abundio pregunta a don Bolonio: «—Pero, esa gente, ¿puede canonizar a un gato?», el espectador tendrá que saber que es un guiño a la canonización de José María Escrivá de Balaguer. Igualmente en todo el elogio irónico que hay a lo largo del texto al Opus Dei, deberá ver vituperio. Por otro lado, hay que tener en cuenta que es en esta obra en donde la ironía genera más significación en su vertiente fónica ya que el autor trata de parodiar una determinada dicción, un estilo de expresión y una manera de razonar.

Además de la ironía connotativa, por ejemplo, cuando en *Plato único* Cosme dice a Jenaro: «Yo hago todo a derechas», lo que en realidad se quiere decir es que él es un hombre de esta ideología, en *Terror y miseria en el primer franquismo* hay que tener en cuenta la ironía tonal, que no sólo tiene que ver con la ordenación de las cláusulas y de la puntuación, sino con la manera en que es pronunciado, emitido el texto. En este sentido los movimientos y gestos que hagan los actores auxiliarán el mensaje, a la vez que afianzaran o desmentirán el significado de una expresión.

Sanchis al utilizar el chiste y la chanza querrá significar lo contrario de lo que expresa. Rehúye el mensaje explícito. Es una manera oblicua de decir que trata de buscar un efecto. En este sentido, la mayor parte del diálogo de *Atajo* es una parodia del razonamiento lógico y de la argumentación. Sanchis usa el diálogo disparatado y el colapso de la semántica para criticar y burlarse. Así, la exuberancia verbal de los personajes de *Atajo* contribuye a desacreditarles al contrastar con la nimiedad de lo dicho. La ironía es una disimulación, es el doble sentido y ahí es donde se necesita un espectador-lector cómplice o, por lo menos, un destinatario con una cultura general amplia con el fin de que sepa interpretar el correcto sentido oculto de la causticidad que en algunos textos —*Atajo* y *Dos exilios*— es más opaca, y en otros —*Plato único*, *El sudario de tiza*— más transparente. Es obvio que *Atajo* es un texto que reclama un esfuerzo interpretativo muy en la línea de Sinisterra, en cuanto que considera que es el espectador quien debe reordenar el sentido. De hecho la ironía está reñida con el acto de instalarse en un sistema de ideas determinado ya que subvierte la lógica: muchos de los diálogos mantenidos entre don Bolonio y don Abundio al ser disparates conceptuales son una ruptura con lo racional que, inevitablemente, conduce a la destrucción de expectativas. No hay duda de que la mofa puede plantear problemas de comprensión en cuanto que supone una violación de lo que se espera. El espectador, si no dispone de los conocimientos mínimos pero necesarios descarrilará. También mediante la ironía Sinisterra, al dar a entender que no se dice lo que se dice, está descartando el valor literal de la expresión, ya que este procedimiento expresivo supone siempre una dilación del significado, y su uso, quizás, se deba a la concepción mistificadora del lenguaje.

Es, por tanto, la audiencia quien debe rehacer el proceso de sentido, modificando lo literal y estableciendo otras interpretaciones. En este sentido la ironía supone una subversión de lo serio y lo lógico. De nuevo Sinisterra obligará al receptor a agudizar la atención y le impedirá instalarse cómodamente en una receptividad pasiva, y se verá obligado a descifrar lo no dicho, operación que «significa negar la tentación de actuar la literalidad del texto, [...], así como la pretensión de ignorarlo, de aplastar o expulsar sus significados...»[25].

---

[25] José Sanchis Sinisterra, *Mísero Próspero, op. cit.*, pag. 10.

Es precisamente de esta actividad de donde nacerá «la deseable interacción escena/sala que el efímero encuentro entre actor y espectadores propicia durante la representación»[26].

Temas, géneros, personajes y acotaciones

> [...] la disonancia de Rimbaud, en Dostoievsky, en Joyce, es como dinamita que hace estallar los paisajes convencionales para poner al desnudo las verdades últimas, y muchas veces atroces, que hay en el subsuelo del hombre.
>
> *(El escritor y sus fantasmas,* Ernesto Sábato.)

Como hemos dicho anteriormente, Sinisterra, igual que Brecht, ofrece en *Terror y miseria en el primer franquismo* un friso de la vida cotidiana de los diez primeros años de éste. Nos encontramos, por tanto, con personajes no encumbrados por la historia oficial, sino seres anónimos que tratan de sobrevivir en medio del hambre, la humillación y el dolor. Cada escena corresponde a un tema y a un planteamiento estético diferentes. Además de los que aquí se señalarán, hay que decir que el autor tiene la idea de utilizar otros géneros menores en los siguientes textos que escriba sobre el tema. De hecho ha comenzado uno de estilo pinteriano titulado *Días bastardos*. También le ronda un esperpento que tendría como tema la mano incorrupta de Santa Teresa, y una zarzuela con señoras del Auxilio Social como protagonistas.

Primavera 39 recuerda al teatro del absurdo y al del primer Arrabal, su teatro «pánico», un teatro que refleja la imposibilidad total de comunicación con un sistema que resulta extraño, ajeno, superior e inaccesible. El título de la escena marca el inicio de la inmediata posguerra, un «paisaje después de la batalla», el fin de la guerra de trincheras, pero como sostiene César Oliva, el comienzo de la guerra ideológica, a la vez que un contraste entre la estación primaveral y el estado de deso-

---

[26] José Sanchis Sinisterra, *Mísero próspero, op. cit.,* pág. 10.

lación y destrucción en que quedó el país. En este medio, dos mujeres se encuentran y tratan de sobrevivir, una gracias a los desechos y, la otra, tratando de huir. Tanto la basura, en la que rebusca afanosamente Madó, como el baúl que arrastra Lía, son metáforas de sus vidas y de lo que ha sucedido. La dificultad de comunicación entre ellas (todo lo que afirma una es negado por la otra y al contrario: brilla/no brilla; estás loca/no lo estoy; no está lejos/sí lo está; es un llanto/es una risa...); la desconfianza; la certeza de que la realidad niega toda posibilidad de futuro; la ruptura con la lógica (Madó come uñas, pelos, dientes); el uso de constantes repeticiones en un intento de asegurar la comunicación, pero, también, de imposibilitarla; la ruptura con lo razonable; las diferencias en la percepción de la realidad (loca/enferma; álbum de fotos/pie de niño); enumeraciones metonímicas; uso de polisíndeton; personificaciones (cuando Lía contesta a Madó: «[...] la culpa del jardín, ¿no?, la culpa del piano, ¿no?, la culpa de los tules y las sedas, ¿no? [...]»); antítesis (reír/llorar), reiteraciones anafóricas; deícticos; diálogos vagos y ambiguos; frases contradictorias, contribuirán a perfilar esta visión desolada y en ruinas.

El sudario de tiza se centra en las dificultades de un maestro para explicar Historia de España en los años 40. Representa este texto la claudicación del pensamiento y la manipulación ideológica. La escuela como lugar de adoctrinamiento político era algo con lo que contaban los franquistas. Este profesor llamado al orden, por el director de la escuela, por ser liberal en sus explicaciones, es un reflejo de las consignas ideológicas impuestas por el Caudillo, que se veía como el fundador de un nuevo orden. La fobia que Franco sentía hacia el liberalismo —consideraba que todos los males procedían de éste— explicaría su rechazo de la democracia. La retórica nacionalista atribuía a España la responsabilidad universal de salvaguardar los valores cristianos de Occidente. Se hizo una reinterpretación parcial de la historia y se suprimieron diferencias, particularismos y separatismos. Esto explicaría el lema: «España es una Unidad de destino en lo Universal», visión providencialista de la historia defendida por el franquismo y que se produjo desde el inicio del Alzamiento, alentada, además, por el papa Pío XII, que reconoció el papel mesiánico de la nación española al vincular la «Conquista» con la «Cruzada» acaudillada por Franco. Todo lo que atentara contra esta unidad era revulsivo. Se recalca la idea de Imperio, como trata de explicar y defender este amedrentado profesor, así como la incorporación del sentido católico a la reconstrucción nacional. Señala Raymond Carr que Franco quería borrar todo el XIX de la historia porque la tradición liberal de este siglo le resultaba inaceptable. Había que dar una visión oportuna de la historia. De acuerdo con ella, España era el pueblo elegido para llevar el mensaje del Evangelio al Nuevo Mundo. Una concepción teológica de la historia por la cual España estaba dentro de los designios divinos y estaba llamada a cumplir una función redentora. Toda la explicación que se da en esta escena remite a lo que se pensaba de España: antes del Movimiento Nacional, el país estaba roto, no había unidad, es gracias al triunfo de Franco como se consigue. La referencia a los Reyes Católicos como forjadores de la unidad territorial, religiosa y política de España fue una constante en los libros de texto y en las explicaciones de los docentes. Todas las alusiones al liberalismo, socialismo, comunismo, masonería..., eran consideradas por el Régimen eternos enemigos.

Recordemos que el modelo escolar tenía un marcado contenido ideológico de signo patriótico y manifestaba una despreocupación absoluta por el rigor científico y profesional. Toda la enseñanza estaba vigilada. De este modo los maestros son encuadrados, ideológicamente, a través del Servicio Español de Magisterio; los escolares, a través del Frente de Juventudes y los estudiantes a través del SEU. Además, los rectores de Universidad tenían que ser militantes de la FET y de las JONS, y todos los opositores a la función docente debían mostrar su adhesión a los principios del Movimiento. Aquellos que, como el maestro de *El sudario de tiza,* se atrevían a dar otra visión de la historia eran represaliados. No hay que olvidar que una serie de órdenes publicadas en 1939 expulsaba de la Universidad a los siguientes catedráticos por su pertinaz «política antinacional y antiespañola en los tiempos precedentes al Glorioso Alzamiento Nacional»: Sánchez

Albornoz, Pedro Salinas, Niceto Alcalá-Zamora, Luis de Zulueta...

La confabulación judeomasónica, según el franquismo, orquestada por Rusia y las democracias occidentales fue parte de una campaña de opinión que, indudablemente, contribuyó a espolear la xenofobia popular y que no era otra cosa que una visión paranoica de las relaciones de España con el exterior y que se mantuvo hasta la muerte del dictador. Así, además de Francia que, como comenta irónicamente el profesor del texto, fue culpable de traer la Ilustración y la Revolución, habrá otro culpable: la Inglaterra protestante en cuanto amenazaba nuestros cimientos católicos. Más tarde el propio Carrero Blanco, en una serie de artículos firmados con el seudónimo de Juan de la Cosa, insistía en una conspiración internacional dirigida contra la civilización cristiana occidental de la que España era su máximo baluarte.

Con estos presupuestos se entenderá que se vigilara a los maestros de la Escuela Nacional y que se les exigiera que fueran entusiastas patriotas, algo que no es el protagonista de *El sudario de tiza,* a la vez que estaban obligados a fomentar el patriotismo entre los alumnos, explicando la asignatura de Historia. Con lo cual se pedía al enseñante que adoctrinara ideológicamente a sus alumnos. Por eso el profesor del texto trata de rectificar, caótica y desesperadamente, sus planteamientos e intentará dar una visión de la historia más anclada en el conservadurismo antiliberal. A medida que trata de justificarse su lenguaje se volverá más abstracto y despersonalizado. El discurso roto, entrecortado, desordenado; las constantes interpelaciones y amenazas a los estudiantes; sus reacciones ante las travesuras de éstos; el esfuerzo por expresarse en la retórica triunfalista y florida propia del Régimen..., acentuarán la soledad, el miedo, la impotencia y la inseguridad de este profesor que ve amenazado su puesto de trabajo. No deja de ser altamente significativo el título, que anuncia la tragedia vivida por el protagonista. Recordemos que un sudario es el paño con que se envuelve un cadáver, pero, también, el paño con que se enjuga el sudor.

Como recursos de estilo destacan el uso de la ironía (cuando el profesor dice a sus alumnos que aquel que ha escrito «rojo» en el encerado debe ser «un valiente que ahora no tiene la hombría de...»; o cuando comenta que Inglaterra siempre ha tenido envidia del poderío naval de España); del diminutivo («risitas», «bromitas»); repeticiones; metáforas coloquiales («pasarse de la raya»); constantes puntos suspensivos; metonimias («ese último banco»)... que acentuarán la tragedia de este maestro acusado de «rojo», que tiene que rectificar su visión de la historia por otra que identifique nación y cultura con catolicismo y tradición, pues todo lo que quedaba al margen «de los ortodoxos», según Menéndez y Pelayo, quedaba fuera de la nación. Cuando el profesor trata de expresarse en el lenguaje nacionalista, éste deja de ser un medio de comunicación al convertirse en símbolo de identidad nacional y adquirirá una comunicabilidad empequeñecida, más en este caso en el que la ideología del profesor es de signo contrario a lo que está tratando de expresar después de la reprimenda que ha recibido. Por eso, la palabra aturullada del protagonista fracasa. Lo que hace es confundirse y el lenguaje no le servirá para transmitir, para aclarar, para hacerse entender, ni para organizar eficazmente su pensamiento.

Plato único, como ya explicamos en nota a pie de página, el título hace referencia a un hecho real y nos introduce en el tema del hambre y de la hipocresía. En este caso Sinisterra escogerá como vehículo expresivo el sainete, lo que dará un tono desenfadado y contribuirá a que Cosme, entusiasta patriota y convencido franquista, quede ridiculizado. Además hay otros ingredientes que acentuarán lo dicho: su cojera, el nombre que le pone a la tienda («Por el Amperio hacia Dios»), su atracción por Benigna, el contraste entre ambos (la diferencia de edad, el atractivo de ella/lo ridículo que resulta él, la espontaneidad de Benigna/la seriedad de Cosme, el conformismo de éste/la rebeldía y vitalidad de aquella, la aceptación de Cosme/el cuestionamiento y protestas de Benigna por todo lo que le rodea, el miedo de él/la valentía de ella, la atracción sexual que siente Cosme/la utilización práctica que saca de ello Benigna, etc.). Es una pieza de indudable comicidad caracterizada por su lenguaje popular y coloquial. Constatamos en este sentido el uso de interjecciones y tacos

(«¡coño!», «¡caray!»); diminutivos («rojillo», «pesetilla»); frases hechas («nada de peros»); comparaciones coloquiales («cojear como un demonio»); ruptura de sentido («Adelino y la lámpara...»); descontextualización y cambio de significado (la cita bíblica «Yo soy la luz de la vida» hace referencia al taller de electricidad); coloquialismos («guasa»); metáforas coloquiales («meado de gatos», «con la mosca en la oreja», «apretarse el cinturón»); metonimias («tenemos martes todos los días»); dilogías («¿tú me has visto flaquear alguna vez?»); vulgarismos («arreando», «cuajo», «talmente»); uso de «servidora» en lugar del pronombre personal; tratamientos coloquiales («el chico», «aquí don Cosme»); contrastes («cuajo en la braguета»/«¡No lo quiera Dios!»); polisíndeton (toda la retahíla de Benigna cuando da explicaciones a Cosme sobre el lavado de la ropa tiene como finalidad dinamizar el texto); muletillas y refranes. En definitiva, uso del español hablado, propio de la conversación distendida y de la realidad cotidiana.

En *El anillo*, el registro es la alta comedia. Responde, por tanto, al mundo de valores de los nuevos ricos que han hecho su fortuna en el estraperlo, el robo y la corrupción, aprovechándose de puestos de influencia cercanos al poder. El dilema que se plantea ahora es la integración o no en la nueva sociedad de aquellos que no están de acuerdo con el poder, de aquellos que tendrán que claudicar de sus creencias y fidelidades. No hay maniqueísmo, sino contraposición de posturas: Marga está asentada, feliz en el bando vencedor, incluso comprende y acepta el modo ilegal y corrupto con que su marido ha conseguido su fortuna y el nivel económico del que disfrutan. Tiene claro que hay que estar de parte de los que tienen el poder o de los que están muy cerca de él. La alusión a Ripoll como jefe de Abastecimientos es interesante, ya que plantea el tema de la corrupción de estos puestos, pues sus responsables no suministraban todas las cantidades de alimentos de los que disponían durante el periodo de racionamiento. Esas partidas sustraídas pasaban al mercado negro y se vendían a precios desorbitados. Ser jefe de Abastecimientos significaba controlar las existencias disponibles y las necesidades de la población. Además tenían competencias en todos los aspectos relacionados con el abastecimiento nacional y el transporte de materias. Este control absoluto favorecía el trapicheo, así como irregularidades en su distribución y acaparamiento de productos de primera necesidad. Se comprende que hubiera una verdadera lucha por obtener puestos en organismos oficiales; sobre todo, con los que tenían que ver con la Comisaría General de Abastecimientos y Transportes y con la Fiscalía de Tasas.

Vemos que Carmina es más resistente y fiel a sus principios, no borra el pasado y no quiere integrase en la sociedad hipócrita que le descubre Marga. Son dos posturas ideológicas que se manifiestan en el lenguaje utilizado por cada una de ellas: mientras Marga habla elíptica, pero significativa y eufemísticamente («Tenías que estar amable con él»), Carmina conserva la ingenuidad y convicción ética que la hacen expresarse con un lenguaje directo, más del corazón, de la emoción y de la verdad, por eso no puede mentir, ni «ser amable» con Ripoll, ni se quita «el anillo» que simboliza su pasado y su vida.

Filas prietas es una obra coral en la que unos jóvenes falangistas dan rienda suelta a sus miedos asesinando a un mendigo mudo que, con su aparición, rompe la monotonía y seguridad de sus vidas, al ser un elemento extraño, incomprensible, diferente y ajeno a ellos. Cultura de la violencia y el fascismo en las generaciones jóvenes, es la reflexión que nos permite hacer este texto.

Las Organizaciones Juveniles de Falange Española Tradicionalista fueron el resultado de la unificación de los Pelayos (carlistas) y los Flechas (FET). El símbolo externo de esta fusión estaba en el uniforme, que consistía en la boina roja de los monárquicos carlistas y la camisa azul de Falange. Quizás sea esta escena la que plantee un espacio más inquietante, pues no sólo no se sabe dónde están los personajes, sino que a cada uno les parecerá una cosa: ermita, fábrica, taller, almacén abandonado..., sensación que se potenciará con la aparición repentina de este inesperado ser al que matan, secundados por una letanía bárbara, irracional, reiterativa y fascista, rezada por las jóvenes que forman parte del grupo. Esta letanía no es más que una forma de enumeración en torno a una misma idea: librarse de los que no son como ellos, de los que piensan de manera diferente, de los que no forman parte del Movimiento Nacional.

Intimidad es una obra épica, en el sentido brechtiano, que plantea el hacinamiento, malos tratos y cohabitación en las cárceles de mujeres. El título se llena de sentido y lo explicita Teresa en el diálogo final que mantiene con Nati. Sinisterra deja en el aire el porqué del enfrentamiento y enemistad que sienten ambas mujeres. El espectador debe tener en cuenta que quizás se encuentre, por un lado, en la diferencia de formación (Teresa es maestra, mientras que Nati es más ruda y tiene una formación menor) y, por otro, en la sugerencia que se hace acerca de sus posiciones políticas (Teresa es militante comunista y Nati, cenetista). En este sentido hay que recordar que el levantamiento militar provocó un profundo proceso revolucionario en el bando republicano. Éste fue incapaz de imponer su autoridad, por ello en muchos pueblos y ciudades surgieron comités revolucionarios populares dirigidos por anarquistas, comunistas o socialistas que tomaban las decisiones. En algunas zonas se produjeron luchas entre las facciones de UGT, CNT y comunistas. A lo largo de la guerra, las divisiones entre los partidos políticos y fuerzas sindicales se acentuaron. Para los anarquistas la guerra debía servir para realizar la revolución proletaria, mientras que comunistas y socialistas entendían que lo primordial era ganar la guerra y restaurar la autoridad del gobierno republicano. Especialmente grave fue el enfrentamiento entre anarquistas y comunistas en Cataluña. La CNT había conseguido una clara hegemonía en esta zona y no estaba dispuesta a cederla, lo que le llevará a un conflicto con el Partido Socialista Unificado de Cataluña (PSUC). Los anarquistas tenían como aliado al Partido Obrero de Unificación Marxista (POUM) de inspiración trotskista, que coincidía con ellos en la idea de que el gobierno era una fuerza contrarrevolucionaria y que sólo una revolución proletaria permitiría ganar la guerra. Los comunistas, siguiendo directrices de la URSS, culpabilizaban al POUM. Debido a la presión de los comunistas, el partido es disuelto y sus miembros detenidos. A partir de entonces las organizaciones anarquistas fueron perdiendo presencia en las instituciones catalanas y centrales.

Además de este insinuado enfrentamiento ideológico entre estas dos presas de militancia dispar, lo importante es que Sinisterra recupera voces silenciadas, las de las grandes olvidadas durante la represión franquista: las mujeres. Hambrientas, violadas, maltratadas, desposeídas de sus hijos..., pero resistentes, llenas de dignidad y coraje en la confesión de su «íntima» historia como única arma para enfrentarse a la humillación. Mujeres que decidieron asumir un compromiso y el derecho a desempeñar un papel en unos años cruciales para la historia de España.

De nuevo el lenguaje matiza y dibuja personalidades y sentimientos. El utilizado por Nati será más directo, desnudo, preciso, coloquial y denotativo. Más lírico y cuidado el de Teresa. Diferencias que se borrarán ante el miedo a ser la próxima en morir.

Dos exilios plantea uno de los temas que más directamente tocan la biografía emocional de Sanchis, ya que como ha confesado:

> Un hermano de mi padre, republicano, miembro del gabinete de prensa de Azaña, se exilió a México en el año 39; así que ya desde mi adolescencia hay una relación arquetípica con esta figura del exiliado que es acogido por la sociedad mejicana con una generosidad tal, que le permite desarrollarse profesionalmente[27].

Es precisamente en torno a esta idea sobre la que reflexionan los dos protagonistas de este texto. Dos hermanos de izquierdas, ante la represión franquista, toman decisiones divergentes: Jorge opta por el exilio en México, mientras que Leandro decide quedarse en España. Dos posturas difíciles en torno a las cuales giran los pensamientos de ambos personajes. Los dos han perdido ilusiones y los dos tendrán que adaptarse a una nueva situación. Jorge, en México, se encontrará un nuevo hogar, descubrirá otro espacio y otra cultura que le harán redefinirse y buscar sus nuevas señas de identidad.

---

[27] José Monleón, *Testimonio de Sanchis Sinisterra, un teatro para la duda*, Primer Acto, núm. 240, septiembre-octubre de 1991, págs. 133-147.

Leandro mantiene la esperanza en la restauración de la República.

Que Sanchis Sinisterra se centre en el exilio a México reviste especial interés, ya que fue éste el primer y más numeroso exilio político que recibió este país proveniente de España a raíz de la Guerra Civil. México, gracias a su presidente Lázaro Cárdenas, fue el único país latinoamericano que apoyó la Segunda República incondicionalmente y organizó el asilo de intelectuales españoles a partir de 1937. Incluso se instauró allí el gobierno republicano presidido por Juan Negrín. A partir de 1940 se concedió la ciudadanía mexicana a todos los refugiados españoles que la solicitaran. Cuando a Lázaro Cárdenas se le preguntaba el motivo por el que ayudaba a España, siempre respondía que «por solidaridad». Frente a esta generosa acogida, las leyes mexicanas prohibían a los extranjeros participar en política. No hay duda de que el presidente y sus colaboradores procuraron que «el transterrado» encontrara techo y trabajo, pero no toda la población respondía así y se respiraba cierta fobia contra los españoles que venían a recordar el pasado de la conquista. Ante la pluralidad de impresiones cundió entre los exiliados un juego de palabras, que se recoge en *Dos exilios,* «En México o te aclimatas o te mueres» y que es lo que siente Jorge cuando se pregunta: «¿Quién me mandaba a mí dármelas de aclimatado?» Con lo cual está transmitiendo algo que formaba parte de la realidad: la adaptación no era fácil.

El papel del presidente Cárdenas fue fundamental ya que, consciente de la animosidad por parte de un sector de la sociedad hacia los refugiados, decidió contrarrestrarla y cambió algunas leyes, como las normas de convalidación de estudios. Gracias a la barrera protectora creada por el presidente y la mayoría de los intelectuales mexicanos como Octavio Paz, los españoles ocuparon cátedras, editoriales, periódicos... No olvidemos que a México llegó lo más granado: Ramón y Cajal, Gaos, Altolaguirre, Manolo Andújar, Orfila, Joaquín Xirau, María Zambrano, León Felipe, Luis Cernuda, Max Aub... El gobierno de Cárdenas no hizo selección, acogió a todos los que llegaban. En *Dos exilios* Jorge reconoce esta generosidad. El propio Cárdenas el 14 de abril de 1957, en un acto de homenaje y de gratitud de la emigración española de México al presidente, diría:

> Al llegar ustedes a esta tierra nuestra entregaron su talento y sus energías a intensificar el cultivo de los campos, a aumentar la producción de las fábricas, a avivar la claridad de las aulas, a edificar y honrar los hogares y a hacer junto con nosotros más grande la nación mexicana[28].

Jorge está pasando un mal momento, su futuro está en el aire (podemos interpretar el guacamole que está haciendo como metáfora de cómo hay que bailar el agua a los mexicanos para que te perdonen la condición de exiliado y te admitan en los círculos exclusivos). Su hermano Leandro también está en un momento complicado. Tiene miedo, pero está esperanzado. Las palabras de Roosevelt en 1945 en las que afirmaba que no había lugar en la Comunidad de Naciones Unidas para un gobierno fundado en los principios fascistas, ilusionaron a los partidarios de la República. Mientras que Churchill, visceralmente anticomunista, en 1942 transmitía a Franco su firme decisión de no intervenir en política interior; además rindió homenaje, en 1944, en la Cámara de los Comunes a la neutralidad de Franco y expresó, otra vez, su deseo de no inmiscuirse en los asuntos internos de España. En Fulton, como explicamos en nota a pie de página, las cosas cambiaron.

Formalmente hay que destacar que en esta obra se rompe la «quinta» pared y los dos hermanos se encuentran para comunicarse por primera vez de verdad, como si no existiera un público que les observara, como si estuvieran solos.

El topo es una de las escenas más breves y de mayor intensidad significativa. En pocas líneas Sinisterra condensa un drama rural de altísima tensión y contención dramática. Sanchis reflexiona en torno a la figura de un hombre que tiene que vivir oculto en un agujero construido en su propia casa para evitar que lo maten. El escondite, lejos de

---

[28] Julio Martín Casas y Pedro Carvajal, *Exilio (1936-1978)*, Barcelona, Planeta, 2002, pág. 238.

tranquilizarle, le provocará una inquietud física y mental que será la causante de la tensión que se respira en toda la obra. El comportamiento de este «topo» oscilará entre la necesidad de huir (sus zapatos serán símbolo de esa necesidad de fuga), entregarse o aguantar y seguir oculto por tiempo indefinido. Julia, su mujer, se opondrá a cualquier decisión que no sea la de que Miguel continúe encerrado. Es la que sufrirá las torturas debido a las sospechas que tiene la Guardia Civil. También nos encontramos con dos medios de expresión diferentes dentro del lenguaje rural: Julia es vehemente, expresiva. Es la que más habla, es rotunda en su vocabulario. No dudará en echar en cara a Miguel que no piense en ella, con el fin de conseguir que éste se quede en la casa. Sabe que Miguel depende de ella y, egoístamente, usará esta vulnerabilidad preparándole de comer, el agua para que se lave, la ropa para que se cambie... Miguel expresa más su rabia, es más interjectivo y menos imperativo, pero su rebeldía dura poco y se someterá a la autoridad de Julia, quizás porque representa la seguridad. Habla mucho menos. Su contacto con el exterior se reduce a los ruidos que le llegan y a lo que Julia le relata. Sanchis ha conseguido recrear un ambiente claustrofóbico, reflejo del interior atormentado de Miguel, en el que no hay más salida que resistir. La opresión, mantenida en todo el texto (los personajes no pueden hablar en voz alta, ni hacer ruido, ni tener visitas), se acentuará cuando Miguel vuelve a esconderse, al final, en el agujero en el que lleva viviendo nueve años y Julia se queda sola en escena.

Atajo es una mirada ácida, corrosiva y cáustica, sobre el Opus Dei, organización fundada por José María Escrivá de Balaguer, marqués de Peralta, beatificado en 1992, al que sucedería Álvaro del Portillo y a éste, Javier Echevarría. El Opus siempre estuvo muy identificado con el régimen franquista y fue adquiriendo influencia y poder político y económico.

Sanchis Sinisterra parte del uso paródico del lenguaje con el fin de desenmascarar la hipocresía y descubrir el poder que detenta. Los recursos utilizados a lo largo de todo el texto son, por un lado, la ironía y la parodia que evitan la expresión directa y permiten el distanciamiento, y, por otro, el humor en la línea de *La Codorniz*[29]. Entre los recursos humorísticos hay que destacar: la onomástica extravagante de los personajes (don Bolonio y don Abundio, este último utilizado en comparaciones despectivas: «Eres más tonto que Abundio»); metonimias («baturrico con gafas»); comparaciones disparatadas; rimas internas (decadencia - indecencia - concupiscencia); metáforas coloquiales («madre del cordero»); cultismos paródicos («mefítico»); creación de palabras («delegatina», «equiponderante», «archirretrete»); ruptura de sistemas formales y semánticos (transformación de adjetivos en sustantivos: «un conminatorio», «un derogatorio»); enumeraciones ascendentes que conducen al sinsentido («¿Es un despacho, un vestíbulo, un aposento, un gabinete, una oficina, una delegatina, un oratorio, un condominio, una antecámara, un equiponderante, un archirretrete...?»); interrupciones absurdas: cuando don Abundio corta la perorata anterior de don Bolonio para preguntarle no por lo más absurdo sino por lo más obvio («¿Por qué un oratorio...?»); enumeraciones caóticas polisindéticas a base de un mismo sufijo («un ofertorio.../y un expiatorio, y un oratorio, y un refectorio, y un propiciatorio...»); enumeraciones de elementos heterogéneos que adquirirán un valor absurdo; frases hechas («no le falta detalle», «saber estar a todas»); metáforas («no se amilane», «no se sulfure»); diminutivos irónicos («baturrico», «cenefilla»); frases inesperadas que producen hilaridad, como cuando don Bolonio dice que están viendo «involuntariamente» cómo la criada se sube la falda; respuestas cortas con rima en -mente («casualmente», «circunstancialmente», «transitoriamente», «subsidiariamente»); arcaísmos («cabe el ofertorio»); rupturas imprevistas como cuando se describe que la sirvienta se arrodilla y los personajes van especificando alternativamente que lo hace: «en el reclinatorio, ante el expiatorio, junto al propiciatorio, tras el conminatorio...» e, inesperadamente, don Bolonio dice: «Al

---

[29] Revista de humor que entre los años 40 y 60 reunió a un grupo de escritores y dibujantes que supieron introducir en la sociedad española el humor del absurdo. Véase nota 116.

ladito de la percha»; burlas («devota como Isabel la Católica»); juegos de palabras («que fruición va a fruir»); símbolos (atajo es un camino más corto, por lo que es obvia no sólo la referencia a *Camino*[30], sino a los rápidos procedimientos del Opus); paradojas («santa intransigencia, santa desvergüenza»); ironía (cuando don Bolonio cuenta que le pareció «conmovedor» que el sacerdote se interesara por el activo y liquidez de sus fábricas); elementos contradictorios (cuando don Bolonio llama a don Abundio «alicorto y matutero», «mojarrilla y vivandero»); ruptura de frases hechas (en lugar de «A primera vista», se dirá «A segunda vista»); comparaciones disparatadas («como el pato y como el gato en santo concubinato»); hipérboles y comentarios jocosos; incongruencias semánticas («adaptadizo», palabra que no existe); alusiones con el fin de no nombrar directamente y querer dar a entender apelando a los conocimientos del lector (el título es una alusión a la obra de Monseñor, *Camino;* «baturrico con gafas» es José María Escrivá; «el almirante», Carrero Blanco...). Como vemos, todos estos recursos y distorsiones están encaminados a producir, por la vía del absurdo, una caricatura de aquello de lo que se habla, al reproducir un registro engolado y excesivo.

En cuanto a las acotaciones, hay que decir que Sanchis Sinisterra no les concede demasiada importancia. Incluso en algunas escenas, como es el caso concreto de *Atajo*, renuncia a ellas con el fin de encontrar la didascalia implícita. En general las acotaciones son bastante breves y fundamentalmente dan notas sobre el espacio, la edad de los personajes y cómo van vestidos, pero de manera parca y económica:

> Son situaciones que tienen un marco muy estricto, son microcosmos muy delimitados[31].

---

[30] Libro escrito por José María Escrivá de Balaguer, fundador del Opus Dei. Véase nota 107.
[31] Entrevista de Milagros Sánchez Arnosi al autor, 12 de marzo de 2003, en Madrid.

Para Sinisterra, como en todo su teatro, las acciones físicas son decisivas para la acción dramática ya que significan tanto o más que lo que dicen los personajes o lo que se define en la acotación. Sanchis piensa que aquellos directores que sostienen que las acotaciones son intrusismo laboral, una invasión por parte del autor del territorio de la puesta en escena, no saben lo que dicen:

> Un enunciado no comporta más que una parte del sentido. Éste está en el enunciado y en el contexto de la enunciación. No hay que olvidar que muchas veces el sentido de una escena no está en lo que los personajes dicen, sino en el contexto de la enunciación, ¿dónde?, ¿cómo?, ¿cuándo?... El autor tiene derecho a inscribir esos factores del contexto de la enunciación como acotaciones y en otras ocasiones puede delegar en el director el descubrimiento de la matriz enunciativa[32].

LA PUESTA EN ESCENA

> Al principio nombraba correctamente la comida; [...] pero después [...]. El azúcar pasó a ser «arena blanca», la mantequilla «barro suave», el agua «aire húmedo». Era claro que al trastocar los nombres y al abandonar los pronombres personales estaba creando un lenguaje que convenía a su experiencia emocional. Lejos de saber cómo usar las palabras correctamente, se veía ahí una decisión espontánea de crear un lenguaje funcional a su experiencia del mundo.
>
> *(La ciudad ausente*, Ricardo Piglia.)

Para Sinisterra el montaje de una obra precisa su sentido y configura la sintaxis del espectáculo. En el caso concreto del autor que nos ocupa hay que diferenciar entre:

---

[32] *Íd.*

1. Sus montajes de textos clásicos.
2. Sus montajes de textos de autores vivos conocidos.
3. Los montajes de sus propias obras.

Respecto a los primeros, a Sanchis le gusta siempre realizar una lectura diferente, transgresora. No es sólo desempolvar el texto o sacarlo de sus coordenadas de producción y recepción, sino añadir dimensiones nuevas. Sanchis los modifica y se toma muchas libertades como director.

Respecto a los segundos, al ser textos que harán su presentación en sociedad a través de su puesta en escena, Sanchis cree que hay que estar muy pendiente del autor que los haya escrito. Así, cuando montó *Cartas de amor a Stalin* de Juan Mayorga, a pesar de que ya se había hecho en Madrid en el Centro Dramático Nacional, como Sinisterra pensaba que era un montaje que distorsionaba el sentido del texto, se colocó en una situación de proximidad máxima con las intenciones del autor manteniendo conversaciones constantes con él, porque no quería que ninguna de sus decisiones como director se alejara de lo que el texto significaba para Juan Mayorga.

En cuanto al montaje de las propias obras escritas por Sinisterra, aunque no cambia casi nada de los diálogos de los personajes, sí se toma muchas libertades con las acotaciones, con las didascalias, sobre todo, en el subtexto, de lo que son los códigos no verbales, de lo que las palabras no dicen y que ni él mismo como autor sabía en el momento de escribir el texto. Lo que estimula a Sanchis es comprobar que el sentido de la escritura que él quería controlar no es más que un nivel de los procesos de significación que se están produciendo en esa escena. Es, por tanto, una forma de cuestionar las supuestas intenciones del autor.

Para Sinisterra todo texto contiene una amplia posibilidad semiótica y en eso consiste para él la puesta en escena: en explorar esa riqueza. En la medida en que el director, como ser humano, evoluciona, puede descubrir sentidos que el autor no tenía previstos.

La relación entre texto y puesta en escena es fundamental junto con el trabajo de dirección de actores que Sanchis trata de llevar a un máximo de concreción. En este sentido el autor de *Sangre lunar* es muy crítico, tanto con la ortodoxia del «método», como con sistemas muy formalistas.

El montaje de *Terror y miseria en el primer franquismo* se concibió, en un principio, para un espacio múltiple, fijo y con una disposición no frontal de escena-sala. Esto implicaba una temporalidad determinada, una sucesividad espacial en el enlace de una escena con otra, de tal manera que cuando una estuviera terminando ya estaba comenzando la siguiente en otro lugar del espacio acotado para la representación, con el fin de que el espectador tuviera un caleidoscopio del conjunto. Se requería una adecuación del ámbito ficcional y situacional, a la vez que una mayor o menor proximidad del público. Al no contar con un espacio fijo y adecuado para realizar este montaje, hubo que inventar una puesta en escena móvil, que pudiera ser desplazada. Se partió de una idea que podía ser metaforizada: los restos, los desechos en que quedó España después de terminada la Guerra Civil. Esta idea sí admitía un espacio frontal, en ruinas, devastado, lleno de elementos irreconocibles que irían tomando forma y sitio en cada escena. Se trataba de ir reconstruyendo parcialmente pequeños espacios llenos de sentido que albergarían cada una de las obritas. Además de esta progresiva reconstrucción de los *hábitat* a medida que transcurren los años de la posguerra, tendría lugar un rescate de la memoria a partir de los despojos, desperdigados por el escenario, de la contienda. Sobre ese paisaje en ruinas los personajes deambulan como fantasmas desde el fondo del escenario para dirigirse a un libro, situado en la boca del escenario, que simboliza la destrucción de la historia, y que representa la idea de que el pueblo comienza a vivir una historia rota, falsificada y abolida. La imagen de que todos los actores confluyeran en el libro favorecía el carácter colectivo de la compañía (27 actores) y lo masivo del drama.

De esta manera se va pasando de lo lleno a lo vacío y así al finalizar la representación no queda ningún elemento sobre el escenario.

José Sanchis Sinisterra e Ignasi García, ayudante de dirección.
Fotografía de Milagros Sánchez Arnosi.

La unión entre las diferentes escenas preocupaba a Sinisterra. Decidió enlazarlas mediante elementos sonoros: canciones de época, ruidos de bombas, discursos... mientras los actores van colocando la escenografía para cada escena, con la suficiente rapidez para evitar tiempos muertos.

Respecto a la iluminación, a Sanchis le interesaba crear una atmósfera, como siempre en su teatro, y ángulos de luz a base de claroscuros. No le importaba que los personajes quedaran en semipenumbra, para él es muy significativa la sombra, trata de captar su enigma; por ello articula lo translúcido y lo opaco, debido a lo cual se niega a suprimir los efectos que producen la nebulosidad, lo velado y la penumbra. Ésta puede tener una interpretación simbólica en cuanto podría significar el ocultamiento de la historia. Una puesta en escena perturbadora en la que el ritmo escénico, la iluminación, el ambiente patético, ese mundo de sombras, unido a la reconstrucción histórica actuarán como liturgia liberadora.

De la música habría que destacar el hallazgo de la saeta que suena al final de *Primavera 39,* un elemento más connotativo que denotativo, a la vez que añade un deseo asociativo por parte del autor, como en casi todos los elementos de este tipo que aparecen en su teatro. La mezcla en el baile final, en esta misma obra, de flamenco y gestos fascistas por parte de la bailarina que interpreta esa danza macabra, une dos ideas: el flamenco, en cuanto es la esencia del pueblo doliente, pero usado por el franquismo le añade sólo un carácter frívolo y castizo. Sinisterra veía en esta mezcla la posibilidad de que se produjera «una turbulencia semiótica», además de la perplejidad del espectador que tendría que buscarle sentido. El carácter asociativo del sonido se percibe, también, en *El topo:* el ladrido de los perros sugiere el acoso que padece Miguel ya que quiere huir, pero no puede.

Para Sanchis, el director sólo es el responsable de la síntesis de la colaboración entre todos los componentes del grupo. El autor de *La máquina de abrazar* propone, pero no duda en aceptar sugerencias de actores, figurinistas, iluminadores... Ha sido fundamental y decisiva la labor del ayudante de dirección, Ignasi García, no sólo por haber sido alumno de Sanchis, por lo cual conocía perfectamente su modo de trabajar, sino también porque Ignasi García es director, dramaturgo y actor, características que consolidaron la complicidad con Sinisterra y con los actores.

Esta edición

Como ya hemos señalado en el apartado «Título, gestación y fechas de composición», las escenas que se publican ahora por primera vez son: *El sudario de tiza, Plato único, Filas prietas, Dos exilios* y *Atajo*. De las otras cuatro, sólo *El anillo* no ha sufrido variación respecto a la primera versión. Mientras que *Primavera 39, El topo* e *Intimidad* han experimentado ligeras modificaciones, ya señaladas, que Sinisterra introdujo cuando ya había finalizado y casi montado el texto. Nos limitamos, por tanto, a editar las nueve escenas que constituyen *Terror y miseria en el primer franquismo* conforme al texto que el autor ha dado como definitivo.

Hemos procurado que las anotaciones a pie de página de la presente edición se centren en tres aspectos:

— Explicación de términos y conceptos históricos.
— Orientaciones en cuanto a fuentes y referencias.
— Aclaraciones de expresiones lingüísticas propias de la época.

Como apéndices a la edición se han incluido varios textos escritos por alumnos de Bachillerato y ESO, por algunos representantes de la cultura española y por un grupo de mujeres de Getafe (Madrid), en torno a la memoria histórica. A todos ellos va nuestro agradecimiento por su colaboración.

Bibliografía

De Sanchis Sinisterra

Obras teatrales

Tú, no importa quién (1962). Premio Carlos Arniches de Teatro 1969, estrenada por el Grupo Aorta, de Alicante, en noviembre de 1970, inédita.

Midas (1963), estrenada por el Grupo de Estudios Dramáticos de Valencia, dirigido por el autor, en noviembre de 1964. Inédita.

Demasiado frío (1965), sin estrenar e inédita.

Un hombre, un día (1968), adaptación de «*La decisión*», relato de Ricardo Doménech, sin estrenar e inédita.

Algo así como Hamlet (1970), sin estrenar e inédita.

Testigo de poco (1973), sin estrenar e inédita.

Tendenciosa manipulación del texto de «La Celestina» de Fernando de Rojas (1974), sin estrenar e inédita.

La Edad Media va a empezar (1976), estrenada por l'Assemblea d'Actors i Directors de Barcelona, dentro del espectáculo *Crack*, en mayo de 1977, inédita.

La leyenda de Gilgamesh (1977), estrenada por el Teatro Fronterizo en marzo de 1978, con dirección del autor, inédita.

Escenas de «Terror y miseria en el primer franquismo» (1979). Dos de ellas *Intimidad* y *El anillo*, fueron publicadas por la revista *Andalán*, núm. 346, diciembre de 1981. *Primavera 39* y *El topo* lo han sido en *Ramón Acín*, coord., *Invitación a la lectura*, Zaragoza, Dirección Provincial del MEC-Caja de Ahorros de la Inmaculada, 1995. Cuatro, traducidas al catalán por Jaume Melendres, *Primavera 39*,

L'anell, Intimitat y *El taup*, se publicaron en *Terror i misèria del primer franquisme*, Barcelona, Institut del Teatre, 1983. El aula de Teatre de la Universitat Autònoma de Barcelona estrenó *L'anell* y *El taup* en mayo de 1984. Esta última ha sido publicada por la revista *Primer Acto*, núm. 297, Madrid, 2003, págs. 69-71.

Ñaque o de piojos y actores (1980), «mixtura jocoso-seria de garrufos varios sacada de diversos autores...», estrenada por el Teatro Fronterizo, con dirección del autor, en octubre de 1980 en el Festival Internacional de Sitges. Publicada en *Primer Acto*, núm. 186, octubre-noviembre de 1980; en *Pausa*, núm. 2, enero de 1990, y en Madrid, Cátedra, 1991, junto con *¡Ay, Carmela!*, edición e introducción de Manuel Aznar Soler.

Bajo el signo de Cáncer (1983), estrenada por la Compañía Canaria de Teatro, dirigida por Tony Suárez, en noviembre de 1983, inédita.

Conquistador o El retablo de Eldorado (1977-1984), estrenada por el Teatro Fronterizo, con dirección del autor, en el Teatre de l'Aliança del Poble Nou de Barcelona, en febrero de 1985. Publicada con el título *El retablo de Eldorado*, «tragientremés en dos partes», en *Teatro Español Contemporáneo. Antología* (México, Centro de Documentación Teatral-Consejo Nacional para la Cultura y las Artes-Gran Festival de la Ciudad de México, 1991), con prólogo «La conquista en el tablado de los cómicos», de Carlos Espinosa Domínguez; y, con *Lope de Aguirre, traidor y Naufragios de Álvar Núñez*, bajo el título de *Trilogía americana*, Madrid, *El Público Teatro*, núm. 21, 1992, con texto introductorio «Una pasión americana», de Moisés Pérez Coterillo.

Crímenes y locuras del traidor Lope de Aguirre (1977-1986), estrenada por el Teatro Fronterizo, en colaboración con Teatropólitan de San Sebastián, con dirección de Joan Ollé, en el Teatro Ayala de Bilbao, en marzo de 1986. Una nueva versión, con el título *Lope de Aguirre, traidor*, fue estrenada por el Teatro de La Plaza, con dirección de José Luis Gómez, en Torrejón de Ardoz, en 1992. Publicada, junto a *El retablo de Eldorado* y *Naufragios*, en la edición citada de *Trilogía americana*.

¡Ay, Carmela!, «elegía de una guerra civil en dos actos y un epílogo» (1986). Estrenada por Teatro de La Plaza, dirigida por José Luis Gómez, el 5 de noviembre de 1987 en el Teatro Principal de Zaragoza. Publicada por la revista *El Público* como número 1 de su colección de textos teatrales «Teatro» (enero de 1989), con un

prólogo de Joan Casas, «La insignificancia y la desmesura», y en el citado volumen de Cátedra con *Ñaque o de piojos y actores*.

Gestos para nada (Metateatro) (1986-1987), materiales textuales fruto del Laboratorio de Dramaturgia Actoral del Teatro Fronterizo, parcialmente estrenados por éste, dirigido por Sergi Belbel, en abril de 1988, con el título de *Pervertimento*, y por la Escuela Municipal de Teatro de Zaragoza, dirigida por Francisco Ortega, con el título de *Gestos para nada*, en 1989. Hay una edición de *Pervertimento y otros Gestos para nada* (Sant Cugat del Vallés, Cop d'Idees, 1991). Y otra en Visor, distribuidora que ahora se llama Antonio Machado Libros, Madrid, Biblioteca Antonio Machado, 1993.

Traskalampaykán «comedia interminable para niños y viejos» (1986), sin estrenar, inédita.

El canto de la rana (1983-1987), sin estrenar. Publicada en *Mísero Próspero y otras breverías (Monólogos y Diálogos)*, Madrid, La Avispa, 1995.

Los figurantes (1986-1988), estrenada por el Centre Dramàtic de la Generalitat valenciana, dirigido por Carme Portaceli, en febrero de 1989, en el Teatro Rialto de Valencia. Publicada por la SGAE, Madrid, 1993.

Mísero Próspero (1987), guión radiofónico publicado. Estrenado en el Monasterio D'Ombrone, Siena, en el Festival Mondiale di Dramaturgia Contemporanea, con dirección del autor, en junio de 1992; reestrenado, con variantes, en marzo de 1993 en la sala Beckett de Barcelona. Publicado en *Cuadernos El Público*, núm. 37, 1998, monográfico titulado *Escenarios de la Radio* en *Pausa*, núm. 13, y en *Mísero Próspero y otras breverías (Monólogos y diálogos)*, Madrid, La Avispa, 1995.

Perdida en los Apalaches (1990), estrenada en la sala Beckett por el Teatro Fronterizo, dirigido por Ramón Simó, en noviembre de 1990. Publicada en Madrid, Centro Nacional de Nuevas Tendencias Escénicas, «Nuevo Teatro Español», núm. 10, 1991, con textos introductorios de Guillermo Heras y Ramón Simó i Vinyes. Hay una edición de la SGAE, Madrid, 1999.

Espejismos, publicada en *Pausa*, núm. 4, julio de 1990, y en *Pervertimento y otros gestos para nada*, sin estrenar.

Trilogía americana, compuesta por *Naufragios de Álvar Núñez o La herida del otro*, *Lope de Aguirre, traidor* y *El retablo de Eldorado (tragien-*

tremés en dos partes), publicadas en Cátedra, edición e introducción de Virtudes Serrano, Madrid, 1996.

Valeria y los pájaros (1992), «comedia en tres actos como las de antes». Sin estrenar. Publicada en Madrid, Asociación de Directores de Escena de España, 1995 (junto a *Bienvenidas)*, con prólogo («Mecanismos de la teatralidad») de Fermín Cabal.

Dos tristes tigres (compuesta por *De tigres, 1993, Transacción, 1992, Casi todas locas, 1993* y *La calle del remolino, 1990-1991)*. Tres de esos textos se estrenaron en el Teatre Malic de Barcelona, con dirección de Manuel Carlos Lillo, junto a *Ahí está*, de *Pervertimento...*, en noviembre de 1993. En la reposición del espectáculo se incluyó *Casi todas locas*. Publicado en *Mísero Próspero y otras breverías (Monólogos y Diálogos)*.

Bienvenidas (1993), «danzadrama». Estrenado en catalán, *Benvigudes*, en la sala Beckett por el Teatro Fronterizo y la Compañía Transit de danza, con dirección de Joan Castells y coreografía de María Rovira en diciembre de 1993. Publicado con *Valeria y los pájaros*.

El cerco de Leningrado (1989-1993), «historia sin final». Estrenada en el teatro Barakaldo, de Barakaldo, dirigida por Omar Grasso en marzo de 1994. Publicada en Madrid, SGAE, 1995, y junto a *Marsal Marsal*, Madrid, Fundamentos, 1996.

Claroscuros, compuesto por *Lo bueno de las flores es que se marchitan pronto (1992) Mal dormir (1993-1994)* y *Retrato de mujer con sombras (1991-1994)*. Los dos primeros textos se estrenaron, con dirección de Cristina Rota, en la Sala Mirador de Madrid, en noviembre de 1994. Publicado en *Mísero Próspero y otras breverías (Monólogos y diálogos)*.

Marsal Marsal (1994), estrenada en la sala Beckett de Barcelona por el Teatro Fronterizo en el marco del Festival Grec 95, con dirección de José Antonio Omega, en julio de 1995. Publicada en la editorial Fundamentos con *El cerco de Leningrado*. También por la SGAE, Madrid, 1999.

El lector por horas (1996), estrenada el 21 de enero de 1999 en el Teatre Nacional de Catalunya, dirigida por José Luis García Sánchez, publicada por Caos Editorial.

La raya del pelo de William Holden (1998), estrenada el 19 de enero de 2001 en el Teatro Palacio Valdés de Avilés, dirigida por Daniel Böhr, inédita.

La cruzada de los niños de la calle (coordinación dramatúrgica, 1999), estrenada el 14 de enero de 2000 en el Teatro María Guerrero de Madrid, dirigida por Aderbal Freire-Filho. Publicada, con un prefacio de Víctor Viviescas, por la Fundación Autor, Madrid, 2001.

Vacío y otras poquedades (2000), sin estrenar e inédita. Hay que decir que lo publicará *La Avispa* en el núm. 97 de Textos de Teatro.

Sangre lunar (2001), sin estrenar. Hay una edición bilingüe español-francés, juntamente con *Conspiración carmín* (nuevo título de *Marsal Marsal*), lleva un prefacio de Antonia Amo Sánchez. Traduit par Patrice Pavis et Isabel Martín, Toulouse, Presse Universitaires Du Mirail, Théàtre de la Digue, 2003.

Terror y miseria en el primer franquismo (2002). Nueve escenas. Estrenada el 14 de noviembre de 2002 en el Centro de Nuevos Creadores de Madrid por la Compañía Teatro del Común, dirigida por el autor. Texto objeto de estudio y publicación en esta edición.

La máquina de abrazar (2002), sin estrenar e inédita.

Dramaturgias

Historias de tiempos revueltos (1978), dramaturgia de dos textos de Bertolt Brecht, *El círculo de tiza caucasiano* y *La excepción y la regla*. Estrenada por el Teatro Fronterizo, con dirección del autor, en abril de 1979, inédita.

La noche de Molly Bloom (1979), dramaturgia del último capítulo de *Ulises*, de James Joyce. Estrenada por el Teatro Fronterizo, con dirección del autor, en noviembre de 1979, Madrid, Fundamentos, 1966.

El gran teatro natural de Oklahoma (1980-1982), dramaturgia sobre textos de Kafka. Estrenada por el Teatro Fronterizo, con dirección del autor, en mayo de 1982. Publicada en *Primer Acto*, núm. 222, enero-febrero de 1988.

Informe sobre ciegos (1980-1982), adaptación del capítulo homónimo de la novela de Ernesto Sábato *Sobre héroes y tumbas*. Estrenada por el Teatro Fronterizo, con dirección del autor, en octubre de 1982, separata de la revista *Gestus*, Bogotá, 1997.

Dramaturgia de *La vida es sueño (1981)* de Calderón de la Barca, en adaptación de Álvaro Custodio y José Luis Gómez. Estrenada en el Teatro Español de Madrid en diciembre de 1981, dirigida por José Luis Gómez, inédita.

Moby Dick, dramaturgia de la novela de Herman Melville. Estrenada por el Teatro Fronterizo, en colaboración con el Grup d'Acció Teatral (GAT), con dirección de Enric Flores y del autor, en mayo de 1983, inédita.

Ay, Absalón (1983), dramaturgia de *Los cabellos de Absalón*, de Calderón de la Barca. Estrenada en el Teatro Español de Madrid, con dirección de José Luis Gómez, en diciembre de 1983, inédita.

Primer amor (1985), dramaturgia del relato del mismo título de S. Beckett. Estrenada por el Teatro Fronterizo, en la sala, con dirección de Fernando Griffell, en abril de 1985, separata de la revista *Gestus*, Bogotá, 1997.

Dramaturgia de *Cuento de invierno (1985)*, de William Shakespeare. Sin estrenar e inédita.

Dramaturgia de *Despojos (1986)* a partir de los relatos *El padre* y *Disociaciones*, de Óscar Collazos. Elaborada y representada en un taller sobre «Textualidad y teatralidad» en la Facultad de Artes de la Universidad de Antioquía en Medellín, Colombia, inédita.

Carta de la Maga a bebé Rocamadour (1986-1987), dramaturgia de *Rayuela*, de Julio Cortázar. Estrenada en el Teatre Lliure de Barcelona, el 7 de febrero de 2002, dirigida por el autor. Publicada en *Monteagudo*, núm. 10, febrero de 1992. También por Fundamentos, Madrid, 1996.

La estirpe de Layo (1988-1989), dramaturgia de *Edipo Rey*, de Sófocles. Sin estrenar e inédita.

Bartleby, el escribiente (1989), dramaturgia sobre el relato de Herman Melville. Estrenada en la sala Beckett de Barcelona, en versión catalana de Joan Casas, por el Teatro Fronterizo, con dirección del autor, en noviembre de 1989. Publicada por Fundamentos, Madrid, 1996.

Memorial del convento (2002), dramaturgia de la novela homónima de José Saramago, inédita.

Ensayos

Me limito a recoger los dos recientes libros teóricos de Sanchis Sinisterra. Para el resto de sus artículos, debates y ponencias, remito al lector a la bibliografía recogida por Manuel Aznar Soler y Virtudes

Serrano en las respectivas, ya mencionadas, ediciones de *Ñaque. ¡Ay, Carmela!* Y *Trilogía americana* realizadas por Cátedra.

La escena sin límites. Fragmentos de un discurso teatral, Ciudad Real, Ñaque, 2002.
Dramaturgia de textos narrativos, Ciudad Real, Ñaque, 2003.

BIBLIOGRAFÍA GENERAL

Así mismo, por problemas de espacio, remito al lector a los apéndices bibliográficos de las ediciones señaladas de Manuel Aznar y Virtudes Serrano. Me limitaré, por tanto, a mencionar algunos de los libros fundamentales, además de los citados a pie de página, para la realización de esta edición.

ABELLA, Rafael, *Por el Imperio hacia Dios. Crónica de una posguerra*, Barcelona, Planeta, 1911.
BERENGUER, Ángel y PÉREZ, Manuel, *Tendencias del teatro español durante la transición política (1975-1982)*, en *Historia del teatro español del XX*, vol. 4, Madrid, Biblioteca Nueva, 1998.
BIESCAS, J. A. y TUÑÓN DE LARA, M., *España bajo la dictadura franquista*, Barcelona, Planeta, 1977.
BOOTH, W. C., *Retórica de la ironía*, Madrid, Taurus, 1986.
BROOK, Peter, *El espacio vacío. Arte y técnica del teatro*, Barcelona, Península, 1973.
— *Más allá del espacio vacío. Escritos sobre teatro, cine y ópera (1947-1987)*, Barcelona, Alba Editorial, 2001.
CABAL, Fermín y SANTOS, José Luis Alonso de, *Teatro español de los 80*, Madrid, Fundamentos, 1985.
CARNICER, Ramón, *Desidia y otras lacras del lenguaje*, Barcelona, Planeta, 1983.
CASANOVA, Julián (coord.), *Morir, matar, sobrevivir. La violencia en la dictadura de Franco*, Barcelona, Crítica, 2002.
ESCANDELL VIDAL, María Victoria, *Introducción a la pragmática*, Barcelona, Ariel, 2002.
FERNÁNDEZ SEBASTIÁN, Javier y FUENTES, J. Francisco, *Diccionario político y social del siglo XIX español*, Madrid, Alianza Editorial, 2002.
GARCÍA DE CORTÁZAR, Fernando y GONZÁLEZ VESGA, José Manuel, *Breve historia de España*, Madrid, Alianza Editorial, 1994.

IÑIGUEZ BARRENA, Francisca, *La parodia dramática: naturaleza y técnica*, Sevilla, Universidad de Sevilla, 1995.
LEONARD, Candice y GABRIELE, P. John, *Teatro de la España demócrata: los noventa*, Madrid, Fundamentos, 1996.
LEWIS, Bernard, *La historia recordada, rescatada, inventada*, México, Fondo de Cultura Económica, 1979.
LLEDÓ, Emilio, *Lenguaje e historia*, Barcelona, Ariel, 1978.
LLORENS, Vicente, *La emigración republicana en 1939*, tomo I de *El exilio español en 1939*, dirigido por José Luis Abellán, Madrid, Taurus, 1976.
LOZANO, Jorge, PEÑA-MARTÍN, C. y ABRIL, G., *Análisis del discurso. Hacia una semiótica de la interacción textual*, Madrid, Cátedra, 1989.
MOREIRO PRIETO, Julián, *El teatro español contemporáneo (1939-1989)*, Madrid, Akal, 1990.
MORENO GÓMEZ, Francisco, *La resistencia armada contra Franco. Tragedia del maquis y la guerrilla*, Barcelona, Crítica, 2002.
OLIVA, César, *El teatro español desde 1936*, Madrid, Alambra, 1986.
PÉREZ-STANSFIELD, María Pilar, *Direcciones del teatro español de posguerra: ruptura con el teatro burgués y radicalismo contestatario*, Madrid, José Porrúa Turanzas, 1983.
RAGUÉ-ARIAS, María José, *El teatro de fin de milenio en España (de 1975 hasta hoy)*, Barcelona, Ariel, 1996.
REYES, Graciela, *La pragmática lingüística*, Barcelona, Montesinos, 1994.
ROMERA CASTILLO, José y GUTIÉRREZ CARBAJO, Francisco (eds.), *Teatro histórico (1975-1998). Textos y representaciones*, Madrid, Visor, 1999.
VALVERDE, José María, *Diccionario de historia*, Barcelona, Planeta, 1995.
VILLANUEVA, Darío y otros, *Los nuevos nombres: 1975-1990*, en Francisco Rico (dir.), *Historia y crítica de la literatura española*, vol. 9, Barcelona, Crítica, 1992.
VV.AA., *Humor, ironía, parodia*, Madrid, Fundamentos, 1980.
YNDURAIN, Domingo, *Época contemporánea: 1939-1980*, en Francisco Rico (dir.), *Historia y crítica de la literatura española*, Barcelona, Crítica, 1980.

*Terror y miseria
en el primer franquismo*

José Sanchis Sinisterra con Diego y Lucas.

*A Lucas y Diego
en el futuro.*

J. S. S.

Terror y miseria en el primer franquismo se estrenó en Madrid en el Centro de Nuevos Creadores el 14 de noviembre de 2002 por el Teatro del Común, dirigida por José Sanchis Sinisterra e Ignasi García como ayudante de dirección, con el siguiente reparto:

Primavera 39	Lía: Teresa Navarro Madó: Ana Torres Bailarina: Patricia Ruz
El sudario de tiza	Profesor: Andrés Narganes
Plato único	Cosme: Paco Gómez Jenaro: Sergio García Benigna: María Jesús Luque
El anillo	Marga: Ana Vázquez Souto Carmina: Ana Vázquez Honrubia
Filas prietas	Jaime: Carlos López Antonio: Antonio Consuegra Remedios: Cristina Fermosel Celia: Clara de Madrid Berta: Maguy Magán Pilar: Isabel Juarranz Damián: Juan Gabriel González Eloy: José Armesto Martín: Iñaki González El hombre: Antonio Aguilera
Intimidad	Teresa: Pilar J. San Emeterio Nati: Mila S. Arnosi
Dos exilios	Jorge: Felipe Higuera Leandro: Teo Santurino
El topo	Miguel: Antonio Aguilera Julia: Hitos Hurtado
Atajo	Don Abundio: Francisco J. Sánchez Don Bolonio: Santiago U. Sánchez.

Actores sustitutos: Jaime Dezcallar, Candi Hernández, Celestino Ramírez, Irene Rodríguez y Pablo Rogero.

Primavera 39[1]

(Lugar indefinido lleno de objetos y materiales residuales. Una mujer, MADÓ, *vestida con una indescriptible mezcla de prendas, busca ansiosamente entre los desechos. De vez en cuando se detiene, escucha atentamente y continúa buscando. Entra otra mujer,* LÍA, *Arrastrando un pesado baúl. Viste una bata gris muy desgarrada y va cubierta de vendajes y parches.)*

LÍA. *(A* MADÓ.*)* ¡Eh, tú! ¡Mujer! ¡Ayúdame! *(*MADÓ *no parece advertir su presencia.)* ¡La del sombrero! ¿Es que no...? *(*MADÓ *le impone silencio con un enérgico siseo.)* ¿Qué pasa?
MADÓ. *(Escuchando.)* ¿Oyes?
LÍA. *(Escucha también.)* ¿Qué?
MADÓ. ¿No oyes nada?
LÍA. ¿Qué tengo que oír?
MADÓ. ¡Calla! *(Silencio. Escuchan las dos.)*
LÍA. *(En un susurro.)* Yo no oigo nada...
MADÓ. ¿No?
LÍA. No.
MADÓ. *(Deja de escuchar.)* No. Ahora no. *(Repara en el baúl y va hacia él con avidez.)* ¿Qué es eso?

---

[1] *Primavera 39:* fecha significativa, pues marca el fin de la Guerra Civil española y el triunfo de Franco. Además es un guiño a la obra de Adamov *Primavera 71* (1963). Recordemos que Adamov (1908-1971) estuvo influido por Strindberg y Artaud. Es uno de los representantes del teatro del absurdo. Después derivaría al teatro político a través del conocimiento de Brecht, precisamente con la obra mencionada.

LÍA. *(Interponiéndose.)* ¡Es mío!

MADÓ. Pero, ¿qué es? *(Intenta tocarlo.)*

LÍA. *(La rechaza.)* Te digo que es mío.

MADÓ. ¿Por qué?

LÍA. ¿No me has visto llegar con él? Te llamé pidiéndote ayuda. Pero tú no me oías... Estabas buscando por ahí, como una loca. Por eso no me has visto llegar... ¿Qué buscabas?

MADÓ. *(Desconfiada, vuelve a sus escombros.)* No buscaba nada.

LÍA. ¿Hay algo por ahí? ¿Algo tuyo?

MADÓ. *(Brusca.)* Nada. Por aquí no hay nada. Ni mío ni de nadie.

LÍA. *(Observando, interesada.)* Hay muchas cosas...

MADÓ. *(Da patadas aquí y allá.)* Te digo que no hay nada. Basura y basura. Eso es todo lo que ha quedado.

LÍA. *(Señalando.)* Aquello parece un paraguas...

MADÓ. ¿Qué paraguas ni qué mierdas? ¡Es una piel de cerdo! *(Por los ojos.)* ¿Qué tienes en la cara?

LÍA. *(Se toca los parches de la cara.)* No es nada... Me di unos golpes...

MADÓ. *(Se le acerca.)* ¿Golpes? ¿Qué clase de golpes?

LÍA. *(Retrocede.)* Golpes corrientes... Caídas y cosas así.

MADÓ. Te pegaron, ¿eh?

LÍA. *(Vagamente.)* No... Estaba muy oscuro y...

MADÓ. *(Sarcástica, por el baúl.)* ¿Son vendas lo que llevas ahí? *(Ríe.)* ¿Vendas de repuesto... por si te caes otra vez?

LÍA. No. Esto es mío. Son... cosas mías...

MADÓ. *(Se acerca más.)* Cosas tuyas, ¿eh?

LÍA. *(A la defensiva.)* Mías. (MADÓ *da una vuelta en torno al baúl, siempre protegido por* LÍA. *De pronto,* MADÓ *se detiene y escucha atentamente.)* ¿Qué pasa? *(Siseo enérgico de* MADÓ. *Escuchan las dos. En un susurro:)* ¿Son perros? ¿Perros que aúllan? (MADÓ *niega y reclama silencio.)* ¿Sirenas? *(Ídem.)* ¿Trompetas?

MADÓ. *(Deja de escuchar y vuelve a la busca.)* No. No es nada de eso... Pero no sé lo que es. Cuando escucho, ya no se oye, se escapa.

LÍA. Pero, ¿viene de lejos?

MADÓ. De lejos o de cerca. Te digo que no lo sé... Déjame en paz. *(Silencio.)*

LÍA. *(Señala.)* Allí hay algo que brilla.

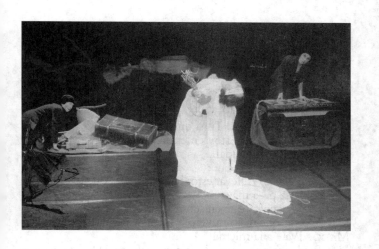

Primavera 39. Foto de Javier Valderas.

Madó. *(Remueve los escombros a patadas.)* No brilla nada. ¿Cómo quieres que brille algo por aquí?

Lía. Parecía... *(Dibuja con las manos una forma esférica.)* un álbum de fotos.

Madó. ¡Pues era un pie de niño! ¿Qué otra cosa puede haber aquí?

Lía. ¿De tu niño? ¿Un pie de tu hijo?

Madó. ¡De mi hijo...! Tú sí que estás loca...

Lía. No estoy loca. Estoy enferma. Y muy cansada. *(Pausa.)* Si me quisieras ayudar...

Madó. ¿Ayudar? ¿A qué?

Lía. *(Por el baúl.)* A llevar esto. Hace tres días que lo arrastro... y cada vez pesa más.

Madó. Hay cosas que crecen...

Lía. Y otras que disminuyen.

Madó. ¡Vete a la mierda!

Lía. Perdona: no quería decir eso. *(Silencio.)* ¿Te has enfadado? *(Silencio.)* No quería ofenderte. *(Silencio.)* Si me ayudas...

Madó. *(Vivamente.)* ¿Qué?

Lía. No, nada...

Madó. ¿Qué ibas a decir? Si te ayudo... ¿qué?

Lía. Es que... es mucha ayuda la que necesito. Y no sé si tú, con eso que tienes que buscar...

Madó. ¡Y dale! ¡Ya te he dicho que no busco nada!

Lía. *(Después de una pausa.)* ¿Sabes dónde está el puente?

Madó. ¿El puente viejo?[2].

Lía. ¿Hay otro?

Madó. No sé. Yo siempre estoy por aquí...

Lía. El puente viejo, sí. Será ese. Con dos ángeles armados[3]...

---

[2] *Puente viejo:* además del obvio significado de lugar de paso, indica la posibilidad de cruzar la frontera.

[3] *Con dos ángeles armados:* es lo que Sinisterra denomina «símbolo hueco». Puede haber una referencia a lo apocalíptico y constituir una imagen de extraña fatalidad. Hay que señalar que lo que comentamos lo vio más claro el autor en el montaje de la obra, por eso llenó un espacio del escenario de maletas reventadas, es lo que remueve Madó, que simbolizaban el éxodo de todos los que huían desesperados y tenían que ir abandonando sus pertenencias en la carretera.

MADÓ. Ahora sólo hay uno.
LÍA. ¿Uno?
MADÓ. Sí. El otro cayo al río. Las bombas...
LÍA. *(Pensativa.)* Uno sólo...
MADÓ. ¿Qué pasa con el puente?
LÍA. ¿Está muy lejos?
MADÓ. No, no mucho... Bueno, sí: bastante.
LÍA. ¿Me ayudarías a llevarlo hasta allí?
MADÓ. *(Por el baúl.)* ¿Eso?
LÍA. Sí.
MADÓ. *(Tras una pausa.)* ¿Y por qué al puente? *(Desconfiada.)* ¿Es que quieres cruzarlo? (LÍA *no responde.)* ¿Es eso lo que quieres? ¿Qué te ayude a cruzar el puente... con eso?
LÍA. No. Sólo quiero que me ayudes a llevarlo hasta allí...
MADÓ. ¿Hasta el ángel armado?
LÍA. Bueno, sí... por ejemplo.
MADÓ. *(Sonríe mordaz.)* Por ejemplo... *(Transición.)* ¿Has comido?
LÍA. No. *(Se señala la boca.)* No puedo comer bien.
MADÓ. ¿Por la caída?
LÍA. Eso es.
MADÓ. Ya... ¿Y beber, puedes?
LÍA. Sí, beber sí.
MADÓ. *(Busca en una de las bolsas que lleva.)* Pues vamos a tomar algo. *(Se sienta en el baúl, ante la inquietud de* LÍA.*)*
LÍA. ¿Ahora?
MADÓ. No puedo decidirme en ayunas. *(Abre un pequeño envoltorio.)*
LÍA. ¿Qué tienes ahí?
MADÓ. Un poco de todo. *(Come algo indefinido.)*
LÍA. ¿Por ejemplo?
MADÓ. De todo: uñas, pelos, dientes... *(Le ofrece.)* ¿Quieres?
LÍA. No puedo comer bien.
MADÓ. *(Ofreciéndole un pequeño frasco.)* Bebe, entonces.
LÍA. ¿Qué es?
MADÓ. Una mezcla.
LÍA. *(Oliendo.)* ¿Mezcla de qué?
MADÓ. Eres muy remilgada tú, ¿eh? ¿De dónde sales?
LÍA. De donde tú: de la guerra.

MADÓ. A lo mejor no era la misma. *(Le quita el frasco.)*
LÍA. *(Reparando en la mano de* MADÓ.) ¿Estás herida? *(Señala.)*
MADÓ. *(Se mira la mano.)* ¿Herida? No creo...
LÍA. *(Tomándosela.)* Sí: aquí. Deja que te la cure... *(Se quita una venda.)*
MADÓ. No, déjame. No tengo nada.
LÍA. Sí que tienes. Y aquí... y aquí... *(Le va señalando.)*
MADÓ. Eso no son heridas. Son sombras[4].
LÍA. *(Le va vendando la mano.)* Sombras, dices... ¿Qué sabes tú de sombras?
MADÓ. *(Se deja vendar.)* Todo. Todo lo que hay que saber.
LÍA. ¿Por qué?
MADÓ. Porque nací, porque crecí, porque viví, porque la siembra, porque la siega, porque el erial, porque la mula, porque el barbecho, porque el patrono, porque el mendrugo, porque la tiña[5]...
LÍA. *(Tapándose los oídos.)* ¡Basta! ¡Basta! ¡Cállate!
MADÓ. ¿Quieres más sombras?
LÍA. ¿Y qué culpa tengo yo?
MADÓ. Alguna tendrás, seguro...
LÍA. Seguro: la culpa del jardín, ¿no?, la culpa del piano, ¿no?, la culpa de los tules y las sedas, ¿no?, de los espejos y de los besos y de la espuma, ¿no?, de los primores y los fulgores y los ardores y el esplendor[6]...
MADÓ. *(Tapándose los oídos.)* ¡Cállate! ¡Basta! ¡Basta!
LÍA. *(Tras una pausa.)* ¿Y todo para esto?
MADÓ. *(Tras una pausa.)* Sí: todo para esto.
LÍA. Pero... algo sigue su curso.
MADÓ. Por poco tiempo.
LÍA. ¿Cuánto?
MADÓ. Poco.
LÍA. ¿Aquí?

---

[4] *Sombras:* metáfora del pasado inmediato y del presente destruido. Pero, también, zonas de olvido: los recuerdos. Hay algo de escritura automática.

[5] *...porque la tiña:* toda esta enumeración nos sugiere el origen rural de Madó.

[6] *... y el esplendor:* sin embargo, esta enumeración recuerda el pasado burgués de Lía. Las dos son víctimas, pero mientras ésta quiere huir, Madó decide quedarse.

MADÓ. Aquí y allá. Por todas partes.
LÍA. ¿Entonces...?
MADÓ. Entonces, ¿qué?
LÍA. ¿Ya te has decidido?
MADÓ. ¿A qué? (LÍA *le indica el baúl y le señala a lo lejos.*) ¿Estás segura?
LÍA. Claro que sí. *(Pausa.)* ¿De qué?
MADÓ. ¿Y cómo sabes que después del puente no hay otro y otro y otro...?
LÍA. ¡No!
MADÓ. ¿Cómo lo sabes?
LÍA. ¡Del mismo modo que tú sabes que por aquí no hay nada tuyo, nada, nada...!
MADÓ. ¡Cállate! *(Se tapa los oídos.)* ¡No quiero oírte más!
LÍA. *(Se tapa los oídos.)* ¡Ni yo tampoco!
MADÓ. *(Con los oídos tapados, emite un fuerte siseo.)* ¿Oyes?
LÍA. *(Con los oídos tapados.)* ¡Oigo!
MADÓ. *(Igual.)* ¿Qué oyes?
LÍA. *(Igual.)* ¡Lo oigo perfectamente!
MADÓ. *(Igual.)* ¡Yo también!
LÍA. ¡Es un llanto! ¡Alguien está llorando!
MADÓ. ¡Es una risa! ¡Alguien está riendo!
LÍA. ¡Cerca de aquí!
MADÓ. ¡Cerca de aquí!

(Se levantan las dos. LÍA busca entre los escombros, tapándose de vez en cuando los oídos. MADÓ intenta abrir el baúl, haciendo lo mismo. De pronto, cada una repara en lo que está haciendo la otra y corre a impedirlo. Quedan un tiempo mirándose agresivamente: LÍA sobre su baúl y MADÓ entre sus escombros.
Aparece entonces una tercera MUJER[7] *con el cuerpo cubierto de velos y una corona floral en la cabeza. Sobre su pecho penden unas botas. En una mano lleva, a modo de incensario, un*

---

[7] *Una tercera mujer:* Sinisterra es muy reacio a explicar estos elementos simbólicos de frecuente aparición en su teatro, pero es indudable que en esta enigmática mujer hay una referencia a la danza de la muerte, al horror, a la violencia y destrucción de los vencedores, en definitiva al peligro del fascismo.

bote colgando del que sale humo; en la otra, un cabo de cuerda con nudos. Su voz produce una indefinible salmodia. Sus movimientos evocan una danza quebrada de contenida violencia. LÍA *y* MADÓ *quedan como hipnotizadas y siguen sus evoluciones por el espacio escénico con una expresión ambigua, mezcla de asombro, maravilla y horror. Pero, a medida que la danza se prolonga y se define, las dos mujeres van, muy poco a poco, replegándose sobre sí mismas y buscando refugio en sus respectivos mundos:* LÍA *queda finalmente encerrada en su baúl y* MADÓ *desaparece entre los escombros. Queda la* MUJER *sola en escena, con su danza macabra, mientras comienza a escucharse, distorsionado y con volumen creciente, el himno nacional)*[8].

OSCURO

---

[8] *Himno nacional:* corrobora la idea anterior de esa danza macabra que culmina en la apoteosis del himno nacional. Comentar también que, en el montaje, la aparición de esta mujer coincide con la irrupción de un efecto sonoro complejo que se inicia con una saeta con la que se van mezclando fragores bélicos, clamor de multitud y jirones de un discurso de Serrano Suñer para fundirse todo con el himno nacional.

El sudario de tiza

(Sobre una tarima, mesa pesada y oscura. Tras ella, una gran pizarra en la que hay escrita con tiza la palabra «ROJO»[9]*. De la misma pared, a ambos lados, cuelgan un retrato juvenil de Franco y otro de José Antonio*[10]*. Al centro, sobre la pizarra, un crucifijo.
Luz matinal.
Entra por un lateral el* PROFESOR *—edad indefinida— con una gruesa carpeta. Viste de oscuro y lleva gafas. Visiblemente preocupado, indica con un gesto al público —los alumnos— que se siente. Va a la mesa y deposita en ella la cartera, de la que empieza a sacar libros y papeles, pero se interrumpe. Mira perplejo al público.)*

PROFESOR. ¿Qué pasa? ¿Por qué no se sientan? *(Pausa.)* Vamos, siéntense. ¿No me oyen? ¡He dicho que se...! *(Se interrumpe.)* Pero no de ese modo. Bonita educación, la que les dan en sus casas... *(Sigue sacando libros.)* ¿Risitas tenemos? Muy bien, muy bien... Veremos quién se ríe el último... Aunque también puede ser que toda esa alegría les venga de tanto como han estudiado... Eso será: la satisfacción del deber cumplido... *(Mira molesto al público.)* Pero, ¿qué pasa? *(Mira la pizarra y lee lo que hay escrito. Muy ofuscado:)* ¿Qué

---

[9] *Rojo:* adjetivo que designaba a las personas de izquierdas, enemigos del Régimen. Al ejército republicano se le llamaba «rojo» en oposición al «azul», el color de los falangistas y, posteriormente, de los franquistas.
[10] *José Antonio:* al iniciarse el primer curso escolar, 14 de septiembre de 1939, se impuso el crucifijo y el retrato de Franco en colegios, institutos de enseñanza media y universidades. Más tarde se añadiría el de José Antonio.

significa esta...? ¡Hagan el favor de callarse! ¿Quién ha sido? *(Busca nervioso en los cajones de la mesa.)* No sé qué gracia encuentran en esto... ¿Dónde está el borrador? El que haya tenido la ocurrencia, va a salir ahora mismo a borrarlo... ¿Quién ha sido? Algún valiente, por lo que veo, que ahora no tiene la hombría de... ¿Se puede saber dónde demonios está el borrador?... Muy bien, no hace falta: mi pañuelo servirá... *(Saca de su bolsillo un pañuelo grande y sucio.)* ¿También lo encuentran gracioso?... Bueno, acabemos ya con este asunto. Yo mismo lo borraré. *(Lo hace.)* No estoy dispuesto a perder toda la hora por culpa de un estúpido. Aquí estamos para cosas más serias. Más serias, ¿me oyen? *(Sacude la tiza del pañuelo y vuelve a los libros.)* Estamos aquí para aprender Historia... Historia de España. Es decir: las raíces eternas de la... del nuevo espíritu nacional[11]. Así, con estas palabras, me... me acaba de definir la asignatura el señor director. Con estas palabras: las raíces eternas del nuevo espíritu nacional. ¿Se dan cuenta? No es una asignatura más... como el latín o la física. No, señores... La Historia de España merece... *(Se sienta, y al punto se levanta, mirando el asiento.)* ¿Qué es esto? ¿Qué me han puesto... aquí? Ah... el borrador... *(Lo muestra.)* Muy bonito... Probablemente ha venido él solo hasta mi silla... *(Se sacude la trasera del pantalón.)* Y todo este polvo... *(Vuelve a sacar el pañuelo y sacude enérgicamente el asiento de la silla. Se difunde una nube de polvo de tiza. El* PROFESOR *tose. Se cubre la boca con el pañuelo y, al retirarlo, parte de la cara se le queda blanca. Lo advierte. Cada vez más furioso e inseguro:)* ¡Esto ya... esto está ya... pasando de la raya! *(Se limpia con las mangas de la chaqueta.)* ¿Qué pretenden? ¿Que perdamos toda la clase con estas... bromitas? Pues no lo van a conseguir, no, señores... Hoy vamos a trabajar, y muy en serio... En cuanto aclaremos los... unos cuantos aspectos que... en la última clase quedaron... va a salir de aquí... media docena de ustedes, y entonces... entonces veremos si aún tienen ganas de reír... Quedaron

---

[11] *Nuevo espíritu nacional:* el Nacionalcatolicismo indicaba la estrecha conexión entre Iglesia y Estado franquista. Una de las notas fundamentales del *nuevo espíritu nacional* era que el Estado debía ser católico.

El sudario de tiza. Foto de Javier Valderas.

confusos, quiero decir, algunos aspectos de mi última explicación. Y los voy a aclarar, y luego... veremos si a esa media docena les resulta tan graciosa la... el... *(Se ha sentado y ha ordenado alguno de sus libros y papeles.)* Bien: ya basta. Empecemos... *(Consulta una hoja y mira detenidamente la sala.)* ¿Estamos todos? ¿Sigue enfermo Tejada?... *(Lo busca.)* Ese chico... *(Guarda la lista.)* Bien: vamos a lo nuestro. Les decía... *(Busca entre sus papeles.)* ¿Dónde lo tengo?... Aquí está... *(Consulta uno.)* Les decía que la Historia de España es como la raíz de... Bueno: son palabras del señor director... Que, por cierto, del mismo modo que fue informado de... de mis explicaciones del último día... Que no son mías, naturalmente... Las opiniones que expuse en la última clase, quiero decir... Esas opiniones no son... Les estaba exponiendo, justamente, una visión de la historia... errónea, distorsionada, tendenciosa... liberal, en fin. Pero parece que eso no quedó claro, que alguno pensó... Y del mismo modo, decía, que el director fue informado de eso, no les quepa duda de que también tendrá noticias de su... comportamiento en la clase de hoy, no les quepa... Pero cada cosa a su tiempo. Ahora... *(Se levanta.)* Vamos a poner en claro... *(Abre un cajón de la mesa.)* algunos de los conceptos... *(Busca en su interior.)* ¿Dónde está la tiza? *(Cierra el cajón y abre otro. Encuentra la tiza.)* De los conceptos, digo... *(Toma de nuevo la hoja de papel.)* que ayer fueron mal interpretados... por algunos de ustedes. En la última clase, quiero decir. Abran los cuadernos y revisaremos el cuadro sinóptico de las crisis políticas y económicas del siglo diecinueve que les di. *(Pausa. Otea la sala.)* ¿No me oye, Varela? El cuaderno... ¿Qué pasa? No le veo la gracia... ¡Silencio!... ¿Lo tiene, o no lo tiene?... ¡A ver, esos graciosos del último banco! ¿Es que quieren quedarse hasta las nueve en la capilla?... Bueno, Varela, ¿qué hay del cuaderno? ¿No lo encuentra?... Está bien: no importa. Que le preste Vélez una hoja, y luego lo pasa a limpio... *(Mira su reloj.)* ¡Qué barbaridad! Ya hemos perdido más de diez minutos... ¿Es eso lo que quieren? ¿Que vayamos perdiendo la clase con tonterías? Pues no lo van a conseguir, pueden estar seguros: hoy van a quedar... corregidas y aclaradas las ideas... tendenciosas y malintencionadas de algunos de... O sea... *(Mira la hoja.)* Esa leyenda negra que los enemigos de España han... Los de adentro y los de afuera, porque han de saber... *(Mira la sala.)* ¿Qué pasa, Vélez?... Una hoja, señor mío. Dele una hoja a Varela y punto. ¿Hace falta que se anden con charlitas y risitas para eso? Desde luego, ese último banco, me parece que... *(Se pone en pie.)* Bien: vamos al cuadro sinóptico... *(Toma la tiza y se vuelve hacia la pizarra. Advierte que la palabra «ROJO» no quedó bien borrada, saca el pañuelo y frota enérgicamente sus últimos rastros.)* Se darían cuenta... supongo... no sé si lo expliqué con... con bastante claridad... o si alguno se ha molestado en revisar los apuntes, claro... *(Vuelve a sus papeles, consulta uno.)* Pero hoy van a entender que las... que los factores enumerados en el cuadro sinóptico... Es decir: todo eso del «malestar de las clases medias»... de «los conatos de agitación obrera y campesina»... del «acceso al poder político de la burguesía industrial»... etcétera, etcétera... Lo tienen anotado del otro día, ¿verdad?... Pues bien; espero que quedara claro que todo eso... esa manera de reflejar... de deformar la Historia de España corresponde... O sea: que la visión materialista y liberal de la Historia no puede... En fin: vamos al nuevo cuadro sinóptico... *(Toma el papel que buscó y consultó antes.)* Pero conviene, primero, recordar... que la grandeza de España depende... Es decir, que toda la Historia patria es una lucha entre la misión imperial de crear una unidad universal en lo trascendente[12]... y cristiana, claro... un imperio cristiano universal... O sea, esa vocación que se expresa en el lema del Movimiento Nacional: «Por el Imperio hacia Dios»[13], sí... «Por

---

[12] *Unidad de destino en lo universal:* con esta frase se definía España en la ley de principios del Movimiento Nacional, 17 de mayo de 1958. El enunciado proviene del 2.º de los 27 puntos del ideario de Falange Española y de las JONS. La frase, además, era repetida por José Antonio en sus discursos. Franco, temeroso de la disgregación, eliminó el concepto «nación» y lo sustituyó por el falangista «unidad histórica».

[13] *Por el Imperio hacia Dios:* consigna de Falange que engloba la idea de España como Imperio en una concepción que se remontaba a los Reyes Católicos e implicaba un enfoque católico. La frase se hizo de uso común en la posguerra. Fue Ramiro Ledesma el primero que lanzó la idea en la frase «Por Dios

el Imperio hacia...» ¿Se dan cuenta?... Una lucha de esto, decía, contra las fuerzas disgregadoras... de adentro y de afuera, que... en el siglo diecinueve[14]... *(Se vuelve hacia la pizarra.)* se llamarán... se llamaron... Vamos al nuevo... Anoten, por favor... *(Escribe: «Afrancesamiento»*[15]*. Lo dice:)* «Afrancesamiento»... «Masonería»[16]... *(Lo escribe.)* «Liberalis-

---

hacia el Imperio», frente a la posterior divisa. La expresión se convirtió en proclama triunfalista. El término «Imperio» daba solemnidad verbal e implicaba que España recuperaba su ser como Imperio. El vocablo se puso tan de moda que aparecieron: *Autotransportes Imperio, Tintes Imperio, Cine Imperio...*

[14] *En el siglo diecinueve:* la interpretación que del XIX hizo el franquismo fue negativa ya que este siglo era liberal e iba asociado a nacionalismo, separatismo y republicanismo, conceptos odiados por el Régimen.

[15] *Afrancesamiento:* término que se usaba en el siglo XVIII aplicado a aquellos que «imitan con afectación las costumbres francesas». Posteriormente designaba al «español que en la guerra de la Independencia siguió y apoyó al partido francés». Las connotaciones peyorativas se intensificaron al adquirir el vocablo una significación política en 1811. El sustantivo se empleó durante la guerra contra Napoleón (1808-1814) en el sentido de colaboracionismo con el enemigo. También se generalizó y se aplicó a aquellos que eran partidarios de las reformas. Franco detestaba la palabra. Al final de la Guerra Civil, Azaña sería calificado por los vencedores como «príncipe de los francófilos españoles».

[16] *Masonería:* vocablo maldito de nuestra historia contemporánea. Procede del francés «francmaçon», imitado del inglés «freemason» (albañil libre). Su origen está en los gremios de constructores medievales que crearon sus propias ramas de defensa y se constituyeron en una suerte de sociedad secreta: en las fórmulas geométricas que creían decisivas para la duración de sus obras, y herencia de toda una tradición pitagórica, cabalística y mágica, como clave de la relación con lo divino. A los constructores se unieron en Inglaterra en el siglo XVII otras personas deseosas de esos saberes; en el XVIII esto maduró en la masonería especulativa y se crean en Londres cuatro grandes logias. En el mismo siglo en Francia, la masonería era muy importante y de ella procederá el lema revolucionario «Libertad, Igualdad, Fraternidad». La declaración de Independencia de los Estados Unidos tuvo mucho de masónica: masones fueron Washington y Franklin, entre otros. También entró en España, animó al liberalismo romántico y llegó al XX. La masonería aparecía vinculada al liberalismo. Sus principios básicos son: neutralidad religiosa y política, fraternidad e integridad, todo ello dentro de un amplio universo de ritos y simbología. Sus enemigos le han criticado el carácter secreto e impenetrable de la organización. Franco, como Fernando VII, convirtió la represión de la masonería en una obsesión personal. Toda la legislación antimasónica que crea es reflejo de esta preocupación. En 1940 sería penalizada retroactivamente, sólo en 1979 volvería a ser planamente legal.

mo»[17] *(Lo escribe.)* «Partidos políticos»[18] *(Lo escribe.)* «Regionalismos»[19]... que darán lugar a... *(Escribe «Regionalismos», una flecha y «Separatismos»[20].)* que darán lugar, en el siglo veinte, a los separatismos... Luego tenemos... *(Mira el papel.)* el «Republicanismo»[21]... *(Lo escribe.)* Y por último, el colmo de todos los males... *(Escribe con letras grandes: «COMUNISMO».)* el comunismo, sí... que fue barrido de nuestra patria... junto con todos los demás males antiespañoles... por el Alzamiento Nacional[22]... *(Se vuelve y mira la sala.)* ¿Está claro? *(Saca de nue-*

---

[17] *Liberalismo:* la acepción de liberal era generoso, desprendido. Es a lo largo del XIX cuando el término amplía su significado. Se trata de un concepto controvertido. Puede decirse que es un movimiento que pone énfasis en la libertad individual y desconfía del poder político. Las libertades y derechos del individuo han de ser salvaguardadas mediante una serie de mecanismos jurídico-políticos basados en el principio del gobierno limitado. Es en 1810-1814 cuando en el plano léxico se relacionan liberalismo y revolución, para, posteriormente, asociarse con ruptura con el orden establecido.

[18] *Partidos políticos:* neologismo que irá cargándose de nuevas notas sémicas y connotaciones al hilo de los cambios políticos y sociales en la España del XIX. En principio tenía un significado peyorativo: desunión, y el término englobaba a agrupaciones poco estructuradas que comportaban algunas ideas y ambiciones comunes. A partir de 1836 empieza a dibujarse con nitidez el concepto, cuando cristalizan los dos grupos políticos protagonistas de ese momento: moderados y progresistas. Como el absolutismo, Franco negará la existencia de partidos.

[19] *Regionalismos:* la palabra, de origen francés, no aparece en español hasta 1885. Ya Antonio Capmany en el XVIII expresa la necesidad de amar a la provincia (Cataluña) para poder amar a la nación (España). El primer regionalismo surge como resultado del abandono del federalismo por parte de Almirall que propone un modelo basado en la experiencia histórica y en la identidad colectiva. Más adelante se pensará que el regionalismo es la legítima aspiración de los pueblos a vivir según «las leyes de su existencia social». Es a partir de 1892 cuando el término es sustituido por la voz «nacionalismo». Franco persiguió los nacionalismos porque atentaban contra su idea de nación, por ello prohibió el uso del euskera, gallego y catalán, así como bautizar a los recién nacidos con nombres vascos o catalanes.

[20] *Separatismos:* son el aspecto más radical del nacionalismo, surgen a finales del XIX en España. Propugnaban la independencia de determinados territorios que tuvieran una identidad cultural propia como Cataluña y el País Vasco.

[21] *Republicanismo:* aparece en España en el XIX en el periodo de la Restauración. Defiende como forma de estado la República en lugar de la Monarquía.

[22] *Alzamiento Nacional:* así se llamó al golpe de Estado que un grupo de militares dio contra la República. Fue encabezado por Emilio Mola y culminado

vo el pañuelo, lo sacude y se seca el sudor de la frente con una punta.) Está claro, ¿no? ¿Han tomado nota? *(Se sienta.)* Aquí se ve muy bien cómo los... las influencias extranjeras... sobre todo de Francia, tradicional enemiga de España... y cuna de la Ilustración y de la Revolución... sin olvidar a la Inglaterra protestante, siempre envidiosa de nuestro poderío naval... Pues bien: si a estas intrigas extranjeras unimos el olvido... el abandono de los ideales nacionales... del impulso imperial... del lema «Por el Imperio hacia Dios»... *(Mira el papel.)* Que, de todos modos aún late... aún brilla en medio de la decadencia del siglo diecinueve en... en las guerras carlistas[23], que representan la esencia tradicionalista y católica y el... la recuperación de los valores hispánicos en pugna...
(Una tenue lluvia de polvo blanco comienza a caer sobre el profesor.)
...en heroica lucha contra el debilitamiento de... contra una España agonizante que había traicionado sus... su vocación... traicionado su misión evangelizadora... Y por eso el Carlismo[24] será la fuerza viva que mantendrá el espíritu nacional... con todas sus... con todos sus valores... en medio de la disgregación política que impera en... que impera en el siglo diecinueve...

(La luz ha ido extinguiéndose: no así la lluvia de polvo de tiza.)

OSCURO

por Franco. Después se llamó «Movimiento» y más tarde, «Movimiento Nacional». Los dos términos ocuparían una posición transcendental en el léxico franquista para definir el 18 de julio en contraposición con: sublevación, rebelión o golpe de estado usados por la República. El Alzamiento Nacional fue considerado como una Cruzada contra el masón, el marxista y el impío.

[23] *Guerras carlistas:* los carlistas eran partidarios de la legitimidad de los descendientes de Carlos V, hermano de Fernando VII, al trono. Mantuvieron durante el XIX varias guerras contra los partidarios liberales de la hija de Fernando VII, Isabel II. Los carlistas se regían ideológicamente por el foralismo y el tradicionalismo. Su lema era «Dios, patria y rey».

[24] *Carlismo:* movimiento sociopolítico antiliberal y antirrevolucionario que apareció en España a fines del Antiguo Régimen. El vocablo surgió en el reinado de Fernando VII por parte de aquellos que apoyaban la figura de Carlos María Isidro de Borbón, pretendiente al trono y hermano de Fernando VII, en contra de la propuesta de este último que declaró sucesora a su hija Isabel. Cuando muere Fernando VII, Carlos María se proclama Carlos V. Durante la Guerra Civil, estos carlistas se organizaron en una tropa de elite, los requetés, que apoyaron a Franco.

Plato único

(*Trastienda de un taller de electricidad. Una puerta comunica con el negocio. Suena desde la calle música de organillo. Anochece. Un muchacho escuálido está pintando concienzudamente un rótulo de madera, del que sólo vemos la parte posterior. Unta el pincel en un bote, mira y remira su obra. Retoca algo.*
Entra un hombre rollizo y cincuentón, cargado con un rollo de cable eléctrico. Cojea ostensiblemente de la pierna derecha.)

COSME. *(Al muchacho.)* Qué, Jenaro: ¿ya acabas?
JENARO. Enseguida, don Cosme. Me falta la «S» de Dios.
COSME. *(Mirando el rótulo con ojo crítico.)* Esa «I»... ¿no está un poco torcida?
JENARO. ¿Torcida? *(La mira.)*
COSME. O encorvada, no sé... En fin: blandengue. A ver si me la pones recta, firme, vertical.
JENARO. No es la «I», don Cosme. Es el fondo, que queda un poco turbio. Ya le dije que este azul no era muy católico.
COSME. ¿Qué dices? Este azul es magnífico. Azul prusia. De primera calidad.
JENARO. Pues será el aguarrás, que no disuelve bien. Mire aquí cómo está: todo desvaído. Que se ve hasta la carcoma de la madera.
COSME. Eso será: el aguarrás. *(Toma una botella, la mira y la huele.)* A saber lo que te habrá dado el rojo de Sebas...
JENARO. *(Alarmado.)* ¿Es un rojo, el señor Sebas?
COSME. Bueno... rojillo... *(Va al fondo a dejar el rollo de cable.)* Cojeaba del pie izquierdo, antes de la guerra. (JENARO *ob-*

serva los andares de COSME.) Luego, cerró la droguería y desapareció. Y nadie sabe dónde se metió hasta la Liberación[25]. *(Ha tomado una caja de herramientas y va a salir por donde entró.)* Vamos, no te entretengas y termina. Si hay que darle una repasada al fondo, se la das. Pero no te vas hasta acabarlo: mañana sin falta lo quiero colocar. Voy a remachar los ganchos...
JENARO. Don Cosme...
COSME. *(Se para.)* ¿Qué?
JENARO. Esto... ¿No me podría adelantar ni una pesetilla?
COSME. Ya sabes que el día de pago es el sábado.
JENARO. Sí, pero...
COSME. Nada de peros: el sábado es lo establecido por la ley. Y yo lo hago todo a derechas[26].

(Sale. JENARO *va a decirle algo, pero vuelve resignado a su trabajo. Se oyen unos golpes de martillo y, al poco, un grito de* COSME *seguido de una maldición.* JENARO *se acerca a la puerta.)*

JENARO. ¿Le ha pasado algo, don Cosme?
VOZ DE COSME. Nada: que me he dado un martillazo en el dedo... Es esta escalera, que cojea como un demonio...

(JENARO *vuelve a su trabajo y enseguida entra* COSME *chupándose un dedo, cargado con una escalera de mano.)*

JENARO. ¿Se ha hecho daño?
COSME. ¿Daño, un martillazo? Comparado con la metralla[27]... *(Deja la escalera.)*
JENARO. Eso es verdad.
COSME. ¿Dónde está el botiquín?
JENARO. ¿El qué?

---

[25] *Liberación:* sinónimo de Alzamiento.
[26] *Yo hago todo a derechas:* juego lingüístico que señala la ideología de Cosme en el sentido de que todo lo que realiza está dentro del orden establecido.
[27] *Metralla:* alusión a la participación del personaje en la Guerra Civil y de ahí su cojera.

Plato único. Foto de Javier Valderas.

Cosme. Bueno: el rollo de vendas.
Jenaro. Ahí, en el estante.
Cosme. *(Mientras se cura parsimoniosamente el dedo.)* Pues sí: eso del nombre es muy importante para el comercio, no te vayas a creer. Un nombre que llama la atención es la mitad del éxito. La gente se fija, se lo aprende, lo comenta... y eso, a la larga, es clientela. En la familia hemos tenido siempre mucha vista para eso. Mi abuelo, que era un guasón, se llamaba Adelino. ¿Y sabes cómo le puso a la tienda?
Jenaro. Ni idea.
Cosme. «La lámpara maravillosa»[28]... *(Ríe.)* ¿Entiendes?
Jenaro. No.
Cosme. ¡Sí, hombre! ¡Adelino y la lámpara maravillosa! *(Ríe.)* ¿Te das cuenta?
Jenaro. Sí que tiene gracia, sí...
Cosme. Mi padre, en cambio, era muy devoto. Y cuando abrió este local, pues le buscó un nombre a tono con su carácter: «Yo soy la luz de la vida»[29]... ¿Te das cuenta?
Jenaro. Ya veo. Y usted ha sacado la guasa del abuelo.
Cosme. ¿Cómo, la guasa?
Jenaro. Sí, por el nombrecito éste... *(Por el rótulo.)*
Cosme. Aquí no hay ninguna guasa. ¿Dónde ves tú la guasa?
Jenaro. Hombre... eso del amperio...
Cosme. ¡Pero qué corto eres, Jenaro! ¡Qué corto! Esto es muy serio. Es un homenaje al Caudillo[30], que nos ha devuelto el orgullo imperial... Porque yo soy un patriota, un hombre que ha luchado por la salvación de España. *(Cami-*

---

[28] *La lámpara maravillosa:* el título completo del cuento a que se hace referencia es *Aladino y la lámpara maravillosa,* de autor anónimo e incluido en el libro *Las mil y una noches.*
[29] *Yo soy la luz de la vida:* palabras dichas por Jesucristo en el sermón que comenzaba: «Yo soy la luz del mundo», evangelio según San Juan, capítulo VIII, versículo 12 y que dice así: «Yo soy la luz del mundo: el que me siga no caminará en la oscuridad, sino que tendrá la luz de la vida.» Indudablemente el uso en esta escena es paródico al dar nombre a una tienda de electricidad.
[30] *Caudillo:* Franco se autointituló: «Caudillo de España por la gracia de Dios.» En la ley de Sucesión se hizo llamar «Caudillo», denominación que en la Edad Media correspondía al jefe de las tropas reales. Franco equiparaba el término a jefe máximo.

na exaltándose.) Un hombre que marchó al frente movido por la fe y ahora camina, movido por la misma fe, «al paso alegre de la paz», como dice el himno de la Falange. Y quiero que se note.
JENARO. *(Mirándole andar.)* No, si ya se nota, ya; pero...
COSME. Pero, ¿qué?
JENARO. No sé, don Cosme. Usted entiende más que yo, pero a mí se me figura que lo pueden tomar como de broma.
COSME. ¿De broma? ¿Tú crees que alguien puede bromear con una cosa así? Cualquiera comprende lo serio que es. *(Contempla el rótulo.)* ¿Te das cuenta? Esto quiere decir que hasta un humilde trabajador, electricista por más señas —o sea, yo—, que hasta en el comercio más modesto, un español de verdad puede servir a Dios y a la Patria. Tiene mucha enjundia este nombre, mucha enjundia... Todo el mundo lo entenderá. *(Se lía un cigarrillo.)*
JENARO. Bueno, bueno: si usted lo dice...
COSME. Lo digo.
JENARO. Y hablando de enjundia, don Cosme...
COSME. ¿Qué?
JENARO. Pues eso: que hoy en casa no hemos comido más que un plato de alubias.
COSME. *(Tras una breve pausa.)* Ya... ¿Qué día es hoy?
JENARO. ¿Hoy? Pues martes.
COSME. Martes, sí. ¿Y no sabes que el martes es el Día del Plato Único?[31].
JENARO. ¿El Día del Plato Único?
COSME. ¿Que no lees los periódicos?
JENARO. No mucho... Como no sé leer...

---

[31] *Plato Único:* una orden del 30 de octubre de 1936 establecía la austeridad en la comida los días 1 y 15 de cada mes en el servicio de un único plato en restaurantes, hoteles y cualquier establecimiento público. El 50 por ciento del importe de cada plato se recaudaba para fines benéficos de Auxilio Social. El 16 de junio de 1938 la obligación del plato único pasó a semanal, fijándose el viernes como día obligatorio. El 25 por ciento iría al Fondo de Protección Benéfico-Social y el otro 25 por ciento al subsidio Procombatientes. Los lunes se declararon «día semanal sin postre» con el fin de ahorrar en abastecimientos. En casos particulares y por patriotismo también solía haber un día semanal de plato único con el fin de contribuir a paliar la escasez de alimentos.

Cosme. Pues deberías aprender. Así no estaríais tú y tu madre tan en las nubes.
Jenaro. Eso es verdad. Pero con las doce horas que hago aquí, luego, claro...
Cosme. Pues has de saber que el Caudillo, que está en todo, ha implantado el Día del Plato Único. *(Enciende el cigarrillo y lo fuma.)*
Jenaro. ¿Y eso qué es?
Cosme. Pues que un día a la semana, el martes, precisamente, todos los buenos españoles[32] hemos de comer un solo plato en cada comida, para ahorrar alimentos. ¿Lo entiendes?
Jenaro. Ya...
Cosme. Porque el país está muy pobre, por culpa de los rojos, que acabaron con todo. Y hemos de apretarnos el cinturón para sacarlo adelante.
Jenaro. Sí, eso ya lo sé. Mire... *(Le señala su propio cinturón.)*
Cosme. Y con eso del plato único, haz la cuenta. Tú multiplica y verás la de comida que se ahorra, multiplica...
Jenaro. Bueno, es que multiplicar tampoco sé. Mi madre sólo me ha enseñado a sumar y a restar.
Cosme. Pues así no llegarás muy lejos, muchacho... Por cierto: ¿está tu madre en casa?
Jenaro. No. Creo que ha ido a hablar con su señora.
Cosme. *(Alarmado.)* ¿Con mi señora? ¿Y para qué?
Jenaro. No sé. A lo mejor, como ayer no fue a lavarles la ropa...
Cosme. Es verdad. Será por eso...
Jenaro. Pues eso: que multiplicar no sé, pero que así, a ojo, en casa habremos ahorrado un almacén de comida, digo yo... Porque, desde que acabó la guerra, mi madre y yo tenemos martes todos los días...
Cosme. *(Distraído.)* ¿Qué?
Jenaro. No, nada.
Cosme. ¿Qué dices de todos los días?
Jenaro. ¿Y usted también celebra el Plato Único?

---

[32] *Los buenos españoles:* se consideraban como tales a aquellos que durante la posguerra española reaccionaban contra los que no habían sabido gobernar, es decir, contra la República.

Cosme. ¿Quién, yo? ¿Cómo no voy a celebrarlo? ¿Tú me has visto flaquear alguna vez?
Jenaro. Por eso lo digo...
Cosme. ¿Qué?
Jenaro. Eso: que usted no flaquea por ningún lado.
Cosme. Claro que no. Y menos, con las órdenes del Caudillo, que está en todo.

(Suena una campanilla.)

Y si todos los españoles hiciéramos lo mismo... O sea: cumplir sin flaquear las órdenes del Caudillo...
Jenaro. Están llamando.
Cosme. ...En dos o tres años tendríamos a España en Primera División.

(Vuelve a sonar la campanilla.)

De las naciones, quiero decir...
Jenaro. Eso estaría muy bien... Porque así la gente...
Cosme. ¿No oyes que están llamando?
Jenaro. *(Yendo hacia la salida)*... Se lo apretaría más a gusto...
Cosme. ¿Qué?
Jenaro. *(Fuera.)* El cinturón, digo.
Cosme. Sea quien sea, que vuelva mañana, que ya hemos cerrado.
Jenaro. *(Entrando.)* Es mi madre.
Cosme. *(Alarmado.)* ¿Tu madre? ¿Y qué quiere... a estas horas? Ya hemos cerrado.
Jenaro. Por eso. Que quiere hablar con usted.
Cosme. *(Nervioso.)* ¿Aquí? Quiero decir: ¿a estas horas? Ya... ya vamos a cerrar...
Jenaro. Eso dice.
Cosme. *(Por el rótulo.)* Desde luego, este azul no está bien disuelto... Y por eso no resaltan bien las letras... Vas a ir a la droguería y le dices a Sebas que te dé un aguarrás como Dios manda, de buena calidad... *(Coge la botella.)* Y de paso le devuelves este meado de gatos que te vendió, que así no hay azul prusia que luzca.

JENARO. ¿Ahora?
COSME. Ahora mismo, sí. Lo quiero colocar esta noche sin falta...
JENARO. Pero si ya habrá cerrado...
COSME. Pues que te abra. Esto hay que terminarlo hoy mismo.
JENARO. Pero, don Cosme...
COSME. ¿Tú me has oído? Ahora mismo. Conque, arreando.
JENARO. *(Sale refunfuñando.)* Pues vaya...

(Al quedar solo, COSME se alisa rápidamente el pelo con saliva y se remete la camisa dentro de los pantalones. Así le sorprende BENIGNA al entrar. Es una mujer rondando los cuarenta, aún atractiva y de aspecto humilde. Lleva un atado de ropa y viene airada.)

COSME. *(Zalamero.)* ¿Qué te trae por aquí, Benigna? ¿Y cómo es que ayer no viniste a casa?
BENIGNA. Pues me pasa que su señora debe de andar con la mosca en la oreja, porque, mire... *(Y le enseña el atado.)*
COSME. *(Asustado.)* ¿Con la mosca? ¿Y por qué? ¿Qué es esto?
BENIGNA. Su ropa de ustedes, que para que la lave en mi casa, dice, ¿qué le parece?
COSME. A ver, a ver... ¿Qué mosca es esa? Quiero decir... ¿Qué es eso de que mi mujer...?
BENIGNA. Pues que lavarla en mi casa es poner yo el agua, y a ver qué agua voy a poner yo, que no tengo en mi casa, que usted bien lo sabe, y si he de subírmela yo, el agua, digo, de la boca de riego, pues imagínese, cinco pisos, que usted bien lo sabe, y aunque ella ponga el jabón, pues, ¿qué?, lo de subirme los cinco pisos cargada, ¿qué?, y además, que no sé dónde la voy a tender, que el terrado es como un palomar, y además eso, que si las palomas me la cagan, ¿qué?, la ropa tendida, digo, pues a lavarla otra vez, ¿no?, y otra vez a subir agua, ¿no?, cinco pisos, ¿qué se ha creído?...
COSME. *(Que ha tratado inútilmente de interrumpir su perorata.)* Pero, Benigna... Calla, Benigna, y dime... dime una cosa...
BENIGNA. ...¿Que soy una mula de carga?

Cosme. Eso de que mi mujer tiene la mosca detrás de la oreja... ¿Qué quieres decir? ¿Te ha sonsacado algo? Que ella, cuando empieza a preguntar...
Benigna. Pues me ha «sonsacado» sus calzoncillos, me los ha puesto delante de las narices y...
Cosme. *(Espantado.)* ¡No será posible!
Benigna. ...Y me ha dicho: «¿A usted no le parece que mi marido tenga algún escape?»... Y la verdad es que había un cuajo en la bragueta...
Cosme. *(Ídem.)* ¡No lo quiera Dios!
Benigna. Pues lo querrá el diablo, pero el caso es que...
Cosme. ¿Y tú, qué le has contestado?
Benigna. ¿Contestarle, yo? Buena soy yo para contestar a las señoras... Ya ve, a mi marido, que en paz descanse, cómo le fue por contestarle a su patrono...
Cosme. Entonces, ¿te has quedado callada?
Benigna. ¿Callarme, yo? Ya ve a mi padre, que en gloria esté, la que le dieron por callarse cuando el sargento le preguntó por...
Cosme. *(Estallando.)* ¡Pues qué coño has hecho!

(Se escucha el abrirse de una puerta y Cosme *cambia rápidamente de actitud y de tono.)*

No, mal chico no es... Sólo que a veces está un poco distraído, como pensando en la mona de Pascua[33]...
Benigna. Talmente su padre, ya lo puede decir...

(Entra Jenaro *con la misma botella que llevaba al salir.)*

Cosme. ¿Qué? ¿Ya te lo han cambiado?
Jenaro. Estaba cerrado, ya se lo decía yo.
Cosme. ¿Pero no has llamado?
Benigna. *(Reparando en la camisa de* Jenaro, *que tiene manchas de pintura.)* ¡Virgen del Carmen! ¿Has visto cómo te la has puesto?

---

[33] *Pensar en la mona de Pascua:* estar distraído, con la cabeza en otra cosa.

JENARO. ¿Cómo?
BENIGNA. *(Por las manchas.)* Mira esto... y esto...
JENARO. Es que llevo todo el día dándole a...
BENIGNA. Echada a perder, ya ves... Porque esto no hay forma de quitarlo...
JENARO. Que sí, madre... Que con este aguarrás, luego ni se nota. ¿No es verdad, don Cosme?
COSME. ¿Qué? Sí... eso es: ni se nota... Pero ya basta: llévate el rótulo afuera y ve colocándolo, que ahora te ayudo.
JENARO. ¿Colocarlo, dice? Si ya es de noche...
COSME. Hacemos una prueba, a ver cómo queda, y mañana...
BENIGNA. *(A* COSME.*)* Entonces, ¿qué?
COSME. *(A* JENARO.*)* ¿Me estás oyendo?
JENARO. *(A* BENIGNA.*)* ¿Se da cuenta?
BENIGNA. *(A* JENARO.*)* ¿De qué?
COSME. *(A* BENIGNA.*)* Y usted, me aclara lo de la ropa.
JENARO. *(A* COSME.*)* Dígale por qué llego tarde a casa.
BENIGNA. *(A* COSME.*)* No hay nada que aclarar.
COSME. *(A* BENIGNA.*)* ¿Qué quiere decir?
JENARO. *(A* COSME.*)* Y encima, a dormir sin cenar.
BENIGNA. *(A* JENARO.*)* Te acabas el boniato[34].
COSME. *(A* JENARO.*)* Tú ve poniéndolo, que en seguida voy a ayudarte.
JENARO. *(Saliendo con el rótulo.)* Yo, para mí, que se lo van a tomar a guasa...
BENIGNA. *(A* COSME.*)* ¿Que qué he hecho? Pues hablarle de los calzoncillos de mi marido, que en paz descanse, y de lo sucios que me los daba cada semana, lo mismo por delante que por detrás, que así son los hombres: muy pulidos de cuello para arriba, pero, del ombligo para abajo, una guarrería...
COSME. Un respeto, Benigna. Que yo...
BENIGNA. ¿Que usted...? Pues como todos.
COSME. *(Se le acerca, meloso, vigilando la puerta.)* Pero bien que te engolosinan las mías...
BENIGNA. *(En guardia.)* ¿Las suyas, qué?

---

[34] *Boniato:* tubérculo comestible de uso frecuente en la posguerra española. Servía como sucedáneo de la patata.

COSME. *(Lúbrico.)* Mis guarradillas, ¿no? Bien que te ponen la carne recocida.

BENIGNA. *(Esquivándole.)* ¿Eso? A lo más, un hervor... Y ahora que lo dice: de hoy en adelante, se acabó la carne de estraperlo[35].

COSME. ¿Qué quieres decir?

BENIGNA. Que una servidora ya ha cumplido de sobra, ¿o no? ¿O pensaba que, por emplearme al chico en la tienda, me iba a tener de segundo plato toda la vida?

COSME. Pero, Benigna... Yo creía que...

BENIGNA. ¿Qué se lo hacía por gusto? Ande, don Cosme, ande... ¿Usted se acuerda de mi marido? *(Indica su robustez.)*

COSME. Sí, claro... Pero...

BENIGNA. Pues, entonces.

COSME. *(Turbado.)* ¿Qué... qué tiene que ver? ¿Tu marido, dices? ¿A qué viene eso? Yo... ¿Tienes alguna queja de...?

BENIGNA. Una será viuda, pero tonta no... Y además, que a mi Jenaro lo va a tomar don Bernardo de monaguillo.

COSME. ¿Don Bernardo? ¿Ese cura maricón?

BENIGNA. No blasfeme, que los curas no tienen sexo.

COSME. *(Furioso.)* ¡Esos son los ángeles!

BENIGNA. De la misma cuadrilla, ya ve...

COSME. *(La acomete, apasionado.)* Yo lo que digo, Benigna, es que no me puedes...

BENIGNA. *(Conteniéndolo con un gesto hacia la puerta.)* ¡El chico!

COSME. *(Refrenándose.)* ¿No te das cuenta? Un hombre como yo necesita...

---

[35] *Estraperlo:* nombre dado a una ruleta fraudulenta, obtenido de la combinación de los nombres de sus autores (Strauss y Perlo o Perlovich o Perl) que se introdujo en 1935. Estuvo implicado un sobrino de Alejandro Lerroux lo que provocó la dimisión de éste. Se ha convertido en sinónimo de fraude y mercado negro. Strauss contactó con Alejandro Lerroux y creyéndose autorizado hizo funcionar la ruleta en el casino de San Sebastián el 12 de septiembre de 1934, se la clausuraron ya que los juegos de azar estaban prohibidos en España. Intentó sobornar y chantajear a Lerroux, sin conseguirlo. Con el fin de obtener dinero hizo público que había hecho costosos regalos a personas próximas al gobierno de Lerroux. Uno de los centros del estraperlo de artículos de lujo en la inmediata posguerra fue el bar de Pedro Chicote en la Gran Vía madrileña en donde se fraguaron muchas de las fortunas de entonces.

BENIGNA. Repórtese, caray.
COSME. Tú ya me conoces, lo tragón que soy...
BENIGNA. Pues ya lo sabe: a partir de hoy, a ayunar tocan...
COSME. Benigna, por lo que más quieras...

(Un ruido exterior les interrumpe. Entra JENARO *con el rótulo.)*

JENARO. ¿No se lo decía yo, don Cosme? Ahí afuera se ha armado una rechifla con esto...

(Ahora puede leerse el envés del rótulo: «POR EL AMPERIO HACIA DIOS»[36]*. Y debajo, a menor tamaño: «Cosme López, electricidad en general».)*

COSME. ¿Qué?
BENIGNA. *(Yendo hacia la puerta.)* Vamos a casa, Jenaro. Que aquí don Cosme tendrá que irse a cenar.
JENARO. ¿A cenar? *(A* COSME.*)* ¿Verdad que no, don Cosme? ¿Que a usted hoy también le toca plato único?
BENIGNA. *(Lanzándole el atado de ropa a* COSME, *que lo atrapa al vuelo.)* Eso mismo: plato único hoy... y todos los días.

(Y sale, llevándose a JENARO *de la mano. El rótulo, al soltarlo el muchacho, cae al suelo.* COSME *reacciona, saliendo de su desconcierto, y va a enderezarlo. Lo mira, perplejo, mira también el atado que lleva en la mano y, finalmente, hacia la puerta. Parece que va a decir algo, pero no sabe qué.)*

OSCURO

---

[36] *Por el Amperio hacia Dios:* frase construida sobre la ya comentada *Por el Imperio hacia Dios,* con una clara intención paródica. Se sabe que hubo un comerciante que llamó así a su tienda.

El anillo

(Dormitorio elegante y casi lujoso. Es de noche. Entran MARGA *y* CARMINA, *ambas de unos treinta años, vestidas de «soirée».)*

MARGA. *(Encendiendo la luz.)* ...Pero, ¿te lo has pasado bien, sí o no?
CARMINA. Claro, mujer.
MARGA. ¿De verdad?
CARMINA. Sí, sí: de verdad.
MARGA. *(Por su vestido.)* Anda, ayúdame... (CARMINA *le ayuda a desabrochárselo.)* Pues nadie lo hubiera dicho, hija... Ponías una cara...
CARMINA. Bueno, es que no estoy acostumbrada a esos ambientes.
MARGA. Y la música, ¿qué te ha parecido?
CARMINA. Muy bonita, preciosa... ¿Cómo se llamaba el cantante?
MARGA. Bonet de San Pedro[37], mujer. ¿En qué mundo vives? *(Canturrea mientras se suelta el pelo.)*
CARMINA. Sí, muy bonita. *(Se quita los zapatos y se los tiende a* MARGA.) Toma los zapatos.

---
[37] *Bonet de San Pedro:* (1917-2002), figura de la canción popular mallorquina. Su verdadero nombre era Pere Bonet Mir. Su carrera como cantante comenzó en 1932. En el 39 ingresó en la orquesta «Gran Casino» de Barcelona. Fundó en 1942 el grupo «Bonet de San Pedro y los siete de Palma» que se disolvería en 1946. Autor de cientos de canciones, fue considerado el pionero del *swing* en España.

MARGA. *(Señalando.)* Déjalos ahí. ¿Te han hecho daño?
CARMINA. No. Al principio los notaba un poco justos, pero luego no.
MARGA. Claro, que tampoco los has usado mucho...
CARMINA. ¿Qué quieres decir?
MARGA. Que casi no has bailado.
CARMINA. Compréndelo, Marga: en mi situación...
MARGA. ¿Qué situación ni qué gaitas? Eso son pamplinas. Tú ahora sólo tienes que mirar por ti. Lo mismo que hizo él. *(Ante la reacción de* CARMINA, *cambia de tono.)* Perdona, Carmina. No quería decir eso...
CARMINA. *(Cambiando de tema.)* ¿Te doy ahora el vestido? *(Va a quitárselo.)*
MARGA. No, ya me lo darás mañana. Qué bien te sienta, ¿eh? *(Comienza a desmaquillarse.)*
CARMINA. Sí. *(Se mira en el espejo.)*
MARGA. Seguimos teniendo el mismo tipo. Bueno: yo, algunos kilos más...
CARMINA. ...Que te favorecen mucho. Tu marido está que bebe los vientos por ti.
MARGA. ¿Ése? Ése bebe los vientos por el lucero del alba. Menudos pulmones tiene[38]...
CARMINA. ¡Qué cosas dices! Si esta noche lo tenías hecho un caramelo...
MARGA. Claro: para poner caliente al mandamás ése.
CARMINA. ¿Al señor Ripoll?
MARGA. ¡Y dale con «señor Ripoll»! Toda la noche diciéndote que le llamaras Esteban, y tú: «señor Ripoll» aquí, «señor Ripoll» allá...
CARMINA. ¡Pero si no lo conocía de nada! Y además, es jefe de... no sé qué.
MARGA. De Abastecimientos[39], sí. Por eso mismo.

---

[38] *Menudos pulmones tiene:* referencia metafórica a los amoríos de su marido. El hecho de que Marga no lo exprese enfadada es debido a que las mujeres de la alta burguesía aceptaban que sus maridos tuvieran amantes.

[39] *De Abastecimientos:* al ser imprescindible el racionamiento se creó el cargo de «Jefe de Abastecimientos» que tenía como misión requisar los alimentos. Para ello se creó en 1939 la Comisaría General de Abastecimientos que

El anillo. Foto de Javier Valderas.

Carmina. Por eso mismo, ¿qué?
Marga. ¿No te lo dijo Ramón? Tenías que estar amable con él.
Carmina. Bueno, amable sí, es natural... ¿Es que he estado antipática?
Marga. Mira, Carmina: no te hagas la tonta. Estar amable quiere decir... estar amable, ¿comprendes?
Carmina. *(Tras una pausa.)* ¿Te refieres a... bailar con él... como bailabas tú?
Marga. *(Molesta.)* ¡Eso por lo menos! *(Silencio.* Carmina *se va quitando los pendientes, el collar, etc.)* ¿Quieres beber algo?
Carmina. No, gracias.
Marga. Yo sí. ¿Me sirves una ginebra? *(Señala.)* Está allí.
Carmina. Sí, ya lo sé. *(Va a servirle, pero antes le da las joyas.)* Toma... Y muchas gracias.
Marga. Déjalas aquí. Y nada de gracias. Lo que es mío es tuyo. Como antes.
Carmina. No. *(Va al mueble bar.)*
Marga. No, ¿qué?
Carmina. Como antes, no. Nada es como antes.
Marga. ¿Por qué no?
Carmina. *(Tras una pausa.)* Ha habido una guerra, Marga. ¿Lo recuerdas?
Marga. La guerra acabó hace tres años, Carmina. La guerra acabó. Ahora vivimos en paz otra vez. ¿No puedes olvidar?
Carmina. Puedo olvidar, sí. Espero poder. Pero nada es como antes.
Marga. Quiero decir que tú y yo...
Carmina. ¿La quieres con hielo?
Marga. *(Tras una pausa.)* Sí, gracias. (Carmina *le da el vaso.* Marga *bebe.)* ¿Quieres tú otra?
Carmina. He bebido mucho esta noche. Estoy un poco mareada... y cansada. Si no me necesitas, me iría a dormir.
Marga. No, necesitarte no. Pero... *(Se interrumpe.)*
Carmina. ¿Tardará mucho Ramón?

---

controlaba las existencias disponibles y las necesidades de la población. El estraperlo, comercio ilegal de artículos intervenidos por el Estado, fue algo corriente. Los poderosos o quienes tenían relaciones con el poder lo practicaron a gran escala para enriquecerse, que es lo que hace el personaje del texto.

Marga. Supongo que sí.
Carmina. ¿No iba a llevar al hotel al señor... a Esteban?
Marga. Sí, pero en el hotel está La Parrilla.
Carmina. ¿Qué parrilla?
Marga. ¿No has oído hablar de La Parrilla del Ritz?[40].
Carmina. No.
Marga. Es una sala de fiestas... y una oficina de negocios. Ramón le debe buena parte de su fortuna.
Carmina. No te entiendo.
Marga. *(Sirviéndose más ginebra.)* ¡Ay, primita, qué candor! Llevas más de un año viviendo con nosotros y aún estás en las nubes. En estos tiempos, hay que ser generoso con tipos como Esteban, por mucho que le suden las manos y diga ordinarieces. Él es quien concede los cupos de algodón para la fábrica, ¿comprendes?
Carmina. Creo que sí.
Marga. «Camisa vieja»[41], ¿sabes?... Y con un hermano en la Fiscalía de Tasas[42], además. Ramón le debe muchos favores... Aunque se los paga bien, esa es la verdad. Y no sólo en metálico...
Carmina. Ya.
Marga. ¿Qué quieres? Todos lo hacen. Y Ramón tuvo que empezar de cero, ya lo sabes. Al acabar la guerra, estábamos como vosotros: con lo puesto.
Carmina. Sí, ya lo sé.
Marga. Claro que Ramón no tenía nada que temer... ¿De verdad que estás cansada?
Carmina. Sí, ¿por qué?
Marga. Me gustaría tanto que me dieras un masaje en el cuello... ¿Te acuerdas?
Carmina. ¡Cómo no me voy a acordar!

---

[40] *La Parrilla del Ritz:* localizada en el hotel del mismo nombre en Barcelona era el lugar en el que se reunían los estraperlistas y nuevos ricos para hacer sus chanchullos.
[41] *Camisa vieja:* tenían esta consideración los falangistas fundacionales y aquellos afiliados a Falange Española antes de las elecciones de 1936.
[42] *Fiscalía de Tasas:* en 1940 se crea este organismo con la misma finalidad que el anteriormente mencionado «Comisaría General de Abastecimientos y Transportes».

Marga. Supongo que me duele de tanto echar atrás la cabeza, al bailar con Esteban... ¡para no tragarme su caspa! *(Ríe.)* ¿Me haces ese favor?

Carmina. Bueno: siéntate aquí. *(Marga se sienta. Carmina le hace un masaje en el cuello.)*

Marga. Gracias, primita. Lo haces tan bien... *(Canturrea la canción de antes durante un tiempo.)* Dime una cosa, Carmina: ¿sigues pensando que algún día volverá?

Carmina. *(Se interrumpe.)* ¿Quién? ¿Luis?

Marga. Sí.

Carmina. *(Reanuda el masaje.)* Estoy segura.

Marga. ¿Aunque no sepas nada de él? ¿Ni dónde está? ¿Ni... si está vivo?

Carmina. *(Firme.)* Está vivo.

Marga. ¿Y por qué no te lo ha hecho saber en estos años? *(Silencio.)* Di. ¿Por qué?

Carmina. *(Cortándola.)* Dejemos eso, Marga, por favor.

Marga. No puedes pasarte la vida así, esperando, subida en un pedestal. Luis huyó, como tantos otros, y tres son muchos años para no dar señales de vida. Tienes que ver las cosas como son, Carmina; dejarte de ilusiones y vivir de realidades, igual que todo el mundo. Con nosotros, ya sabes que no te faltará de nada: eres más que una hermana para mí... Y Ramón también te quiere mucho. Pero, la verdad, podrías hacer algo más para adaptarte a nosotros, a la vida que hacemos... a los tiempos que corren, vamos. Y no estar siempre como... como de luto.

Carmina. No estoy de luto, Marga.

Marga. Ya sabes lo que quiero decir... *(Se levanta.)* Pero, déjame: me haces daño en vez de aliviarme. *(Se palpa el cuello.)*

Carmina. Perdona, no estaba en lo que hacía... *(Pausa.)* Quieres decir... que os resulto incómoda...

Marga. ¡Cómo puedes decir eso! De ningún modo... *(Se sirve más ginebra.)* Lo que pasa es que... Esta noche, por ejemplo: ¿qué te hubiera costado quitarte el anillo?

Carmina. ¿El anillo?

Marga. Sí, es una tontería, una pequeñez, pero... Ramón le había dicho a Esteban que estabas soltera. ¿Cómo explicarle, si no, tu situación? Y, al fin y al cabo: una boda civil...

en guerra... ni seis meses juntos vivisteis; y luego... En fin, que me parece excesivo hacerte la perfecta casada cuando, en realidad...

CARMINA. En realidad, ¿qué?

MARGA. Ya me entiendes.

CARMINA. No, no te entiendo. *(Pausa.)* ¿Quieres decir que aquella boda no cuenta? ¿Que es mejor borrar mi matrimonio, ocultarlo? ¿Negar a Luis? Es eso, ¿no?... Negar nuestra vida en común, la causa que nos unió... Quitarme el anillo, esconderlo... ¿O quizás, fundirlo y hacerme una moneda de Franco[43]... o una medalla de la Virgen del Carmen?

MARGA. *(Tensa.)* Yo no he dicho nada de eso. *(Silencio largo.)*

CARMINA. *(Juguetea con su anillo.)* Sí, sería lo más conveniente para todos. ¿Adónde voy yo, con esta historia de fantasmas, verdad? A ciertas cosas, más vale echarles tierra encima. En los tiempos que corren... *(Se quita el anillo y se mira la mano.)* Al fin y al cabo, ¿qué importancia tiene, llevarlo o no? Mi mano es la misma... *(Simula tenderla a un interlocutor invisible.)* «¿Cómo está usted, Esteban? ¿Se divirtió anoche, en La Parrilla? Hoy lo pasaremos mejor, ya lo verá...» ¿Es así, Marga? ¿Eso es estar amable? ¿Adaptarme a vosotros, a los tiempos que corren?

MARGA. *(Estallando.)* ¡Déjame en paz!

CARMINA. *(Tras un silencio, mirando el anillo.)* ¿A qué hora quieres que te despierte mañana? *(Silencio.)* ¿A las diez, como siempre? *(Silencio. Se dispone a salir.)* Buenas noches, Marga. Que descanses. (MARGA *sigue en silencio, rígida.* CARMINA *espera un momento y por fin sale... ¿poniéndose el anillo?* MARGA *continúa inmóvil.)*

OSCURO

---

[43] *Una moneda de Franco:* era normal en estos años y una muestra de adhesión al Régimen fundir las joyas y hacerse una moneda con la efigie de Franco. En boca de Carmina la cita tiene un matiz irónico.

Filas prietas

(Interior de lo que parece ser un amplio almacén abandonado en medio del campo. Formas y volúmenes irreconocibles se insinúan bajo la escasa luz que llega del exterior, en donde llueve intensamente. Pequeña puerta en un lateral de primer término. Densa penumbra al fondo. Se acercan voces juveniles: —¡Por aquí! —¡No resbaléis! —¡Esperadme! —¡Daos prisa! —¡No me empujes! —Aquí hay una puerta. —Está cerrada. —No, mira: se puede abrir. —Por favor, deprisa, que estoy empapada. —¿Y cómo estamos los demás? —¿Qué pasa? —¡Ya casi está! —Ayúdame... *La puerta se abre violentamente y entra en tropel un grupo chicos y chicas de entre quince y veinte años, ellos en uniforme del Frente de Juventudes*[44]. *La lluvia los ha empapado, pero están divertidos y excitados.)*

JAIME. *(Empujando la puerta.)* ¡Ya está!
ANTONIO. ¡Por fin!
REMEDIOS. Menos mal...
CELIA. Ya era hora...
JAIME. ¡Adelante!
ANTONIO. Cuidado con los clavos.

---

[44] *Frente de Juventudes:* se crea en 1940 con el fin de encuadrar a toda la juventud española entre los siete y los veintiún años, para los chicos, y de los siete a los dieciséis para las chicas. Se les inculcaban los valores tradicionales del catolicismo, la exaltación de la Patria y el orden político establecido. La afiliación era obligatoria. Las actividades más relevantes que organizaban fueron los campamentos de verano en donde profesores falangistas y un capellán estructuraban la vida diaria de manera militar.

BERTA. ¡Estamos salvados!
PILAR. No lo digas tan pronto...

> *(Han ido entrando atropelladamente, sacudiéndose el agua del pelo y la ropa. A menudo hablan varios a la vez.)*

ANTONIO. Por lo menos, estamos a cubierto.
REMEDIOS. ¡Vaya diluvio!
DAMIÁN. Un poco más, y nos ahogamos.
ELOY. Dios aprieta, pero no ahoga.
CELIA. ¡Madre mía, cómo me he puesto de barro!
DAMIÁN. ¿Estamos todos?
PILAR. Sí, creo que sí...
BERTA. ¡No! Falta Martín.
ELOY. Venía detrás de mí.
JAIME. Estará cazando ranas...
REMEDIOS. O se habrá ahogado en un charco...
ELOY. *(Grita desde la puerta.)* ¡Martín! ¡Martín!
DAMIÁN. *(A* CELIA.*)* ¿Qué te pasa? ¿Te has hecho daño?
CELIA. Creo que me he torcido el tobillo...
DAMIÁN. A ver...
CELIA. No, no es nada...
REMEDIOS. *(Por el local.)* ¿Qué sitio es éste?
PILAR. No sé. Por fuera parecía una fábrica.
REMEDIOS. ¿En medio del campo?
PILAR. O un taller.
JAIME. Es un almacén.
ANTONIO. ¿De qué?
CELIA. Yo diría que es una ermita.
ELOY. *(En la puerta.)* ¡Por ahí viene! ¡Eh, Martín! ¡Aquí!
JAIME. No creo... Un almacén del ejército. De Intendencia, o algo así. Abandonado, claro...
DAMIÁN. ¡Mira que si encontramos provisiones!
BERTA. ¿Y las nuestras? ¿Quién ha cogido la comida?
REMEDIOS. ¡Es verdad! ¡Se quedó en la fuente!
ELOY. ¡No! ¡La trae Martín! ¡Por eso volvió atrás!
ANTONIO. ¡Bravo! ¡Eso es un Jefe de Escuadra![45].

---

[45] *Jefe de Escuadra:* encargado de dirigir las escuadras que eran un tipo de división de las demarcaciones de Falange Española Independiente.

Filas prietas. Foto de Huo-Lean Chou.

Filas prietas. Foto de Pablo Rogero.

Todos. *(Junto a la puerta.)* ¡Viva Martín! ¡Viva! ¡Es un héroe! ¡Nuestro salvador! ¡Viva! ¡Nuestro héroe! ¡Bravo!
Martín. *(Entrando con una gran cesta.)* ¡Vuestro burro de carga! ¡Valientes falangistas[46] estáis hechos! Caen cuatro gotas... ¡y todo el mundo a correr! ¡Cagonzones!
Celia. ¡Cuatro gotas, dice!
Pilar. ¡Si parece el fin del mundo!
Antonio. Y en un descampado, con los rayos...
Martín. Lo dicho: unos cagonzones. Cuando volvamos al campamento, ya veréis la risa...
Berta. Pero, mírate: estás empapado...
Jaime. *(Con sorna.)* Será de sudor, que por cuatro gotas, ¿verdad?...
Damián. Propongo que hagamos una hoguera para secarnos. Aquí hay madera...
Remedios. Buena idea. Y para entrar un poco en calor.
Celia. Sí, porque yo me estoy quedando helada.
Eloy. ¿Y por qué no te quitas algo de ropa? Digo: para que se te seque...
Celia. ¡Descarado!
Eloy. Mujer: si es para que no te enfríes...
Celia. Ya, ya... Un sinvergüenza es lo que eres tú.
Damián. *(Que ha recogido maderas.)* Mirad esta caja... Aquí pone algo en alemán.
Jaime. A ver, a ver... Es verdad: armamento ligero... Tenía yo razón. Esto debió ser un almacén durante la guerra.

---

[46] *Falangistas:* la Falange fue fundada por José Antonio Primo de Rivera el 29 de octubre de 1933 en el Teatro de La Comedia de Madrid. Nace inspirada en el fascismo italiano. En 1934 se fusiona con las JONS., que fue dirigida por José Antonio Primo de Rivera, Julio Ruiz de Alda y Ramiro Ledesma. Falange declaraba su fe en España como unidad de destino en la historia y el mundo frente a los separatismos territoriales. Afirmaba que «la razón, la justicia y la Patria, serán defendidas por la violencia, cuando por la violencia se las ataque». La camisa azul del uniforme llevaba, en uno de los bolsillos del pecho, bordado el escudo falangista con el yugo y las flechas. Posteriormente cuando Franco se apropió de la Falange se conservó como parte del uniforme del Movimiento que los altos cargos usaban en las solemnidades.

Damián. Armamento alemán... *(Saluda, brazo en alto.)* ¡Heil, Hitler![47]. *(Todos responden al saludo.)*
Antonio. ¿Os imagináis, si encontrásemos armas por aquí? *(Algunos de los chicos rebuscan excitados.)*
Remedios. Dejad estar las armas y encended esa hoguera.
Martín. Eso es. Y vamos a comer, que yo tengo hambre. *(Asentimiento de los otros.)*
Pilar. Pero, ¿pensáis que nos quedemos aquí mucho rato? Yo he de estar en casa a las ocho.
Martín. Por lo menos, hasta que pare de llover.
Pilar. ¿Y vamos a comer aquí, en medio de tanta porquería?
Martín. Si te da asco, no comas.
Antonio. *(A Pilar.)* Y me das tu ración.
Celia. *(En una zona del proscenio.)* Esta parte parece más limpia.
Berta. Y se puede adecentar algo. ¿Vamos, chicas? *(Algunas le ayudan.)*
Antonio. *(A Jaime.)* Seguro que tu hermano está matando rusos con armas como estas...
Jaime. Seguro... *(Empuñando un madero como una metralleta.)* ¡Tragad plomo, bolcheviques![48]. ¡Rendíos a la División Azul![49]. ¡Ta-ta-ta-ta-ta-ta-ta-ta-ta-ta...!

---

[47] *¡Heil, Hitler!:* exclamación usada por los nazis acompañándose del brazo en alto. Franco impuso este saludo y lo establece como saludo nacional. En principio fue el de Falange Española, pero Franco lo hace oficial después de haber integrado dicho partido en el Estado.
[48] *Bolcheviques:* término adoptado por los partidarios de Lenin para designar la izquierda del partido social demócrata ruso que obtuvo la mayoría en el II Congreso de este partido en 1903 contra los mencheviques. Jaime lo utiliza como insulto en este simulacro de fuego.
[49] *División Azul:* unidad creada el 27 de junio de 1941 como apoyo al ejército alemán en el frente del Este europeo durante la II Guerra Mundial, para responder a la ayuda que España había recibido de Alemania en la Guerra Civil. Su función era la de hostigar a Rusia. La formaron 47.000 voluntarios en su mayoría falangistas deseosos de terminar con el comunismo. Se consideró una unidad más del ejército alemán y estaba plenamente integrada en la Wehrmacht. Fue Serrano Suñer, cuñado de Franco, quien comunicó al embajador alemán en España, Von Stohrer, el deseo de Franco de mandar una fuerza expedicionaria a la URSS, al conocer éste la noticia de la invasión de Rusia por parte de los alemanes.

(ANTONIO y DAMIÁN *fingen caer alcanzados por las balas.*)

BERTA. ¿Queréis no armar escándalo? No me gusta nada este sitio...
CELIA. ¿Por qué?
BERTA. No sé. A mí también me parece una ermita... o una capilla de...
ELOY. ¿De un cementerio? Me pareció ver unos cipreses ahí detrás.
REMEDIOS. ¡Cállate, malasombra! No empieces con tus bromas macabras.
ELOY. *(Canta y danza.)* ¡Tumba-tumba-tumba! ¡Tumba-tumba-tumba!

(*Algunos chicos le secundan entre risas.*)

BERTA. ¡Basta ya, herejes! De los muertos no hay que burlarse.
CELIA. ¿Habéis visto el techo? Es como una bóveda.
DAMIÁN. Pero tiene tragaluces. Mira... *(Señala.)*
PILAR. ¿Y qué son aquellos ganchos?
JAIME. Para colgar lámparas, quizás.
ANTONIO. O cadáveres, ¿verdad, Eloy? Puestos a secar... *(Risas.)*
ELOY. Eso: como jamones. *(Más risas.)*
PILAR. ¡Brutos, más que brutos!
MARTÍN. ¿Quién tiene cerillas? Las mías están mojadas y no se encienden.
DAMIÁN. Yo llevo mechero... pero puede que le pase lo mismo... *(Se lo da.)*
MARTÍN. A ver, dame... *(Prueba a encenderlo, sin éxito.)*
REMEDIOS. Si os parece, vamos preparando los bocadillos.
CELIA. Yo te ayudo.
ELOY. Y yo corto el pan... ¡con mi navaja de Albacete! *(Abre una gran navaja.)*
REMEDIOS. ¡Mira que eres salvaje! ¿Para qué llevas esa espadota?
ELOY. En el monte, nunca se sabe...
BERTA. ¿Lo dices por los maquis?[50]. Di: ¿lo dices por los...?

---

[50] *Maquis:* procede de la expresión francesa «prendre le maquis» (irse al monte), que es lo que hacían los corsos después de alguna venganza de clan

ELOY. Nunca se sabe.
BERTA. Por aquí no hay ninguno, estoy segura. Acabaron con ellos el año pasado.
CELIA. ¿Es verdad que tenemos pan blanco?[51].
JAIME. Y tanto que es verdad. En mi mochila lo llevo.
ANTONIO. ¡Qué bien vive el amigo!
DAMIÁN. Como que tiene cartilla de primera[52].
JAIME. Me lo han enviado mis tías... *(A* DAMIÁN.*)* Pero tú no hables, que tu padre...
MARTÍN. *(Desistiendo.)* Nada: no hay fuego que valga. Tendremos que secarnos al aire.
CELIA. ¿Y calentarnos?
MARTÍN. Eso... cada oveja con su pareja.
CELIA. ¡Y dale! Mira que sois verdes...
MARTÍN. Tú, que eres una mal pensada. Mi pareja es ésta... *(Saca una bota de vino.)* ¿Alguien quiere darle unos toques? No soy nada celoso.
DAMIÁN. Pues, hombre... A mí siempre me ha gustado tu novia. Pásamela.
JAIME. Y luego a mí.
MARTÍN. Pero yo la estreno... *(Bebe.)*

---

para huir de la justicia. Así se llamó a la resistencia francesa contra la ocupación alemana y el gobierno de Vichy. Con este nombre se designaba a la guerrilla de resistencia armada antifranquista durante la Guerra Civil. Los maquis vivían escondidos en las sierras y los montes. Continuaron actuando en la posguerra con la intención de acabar con el régimen de Franco. Los guerrilleros estaban convencidos de que su acción sería apoyada por los aliados y todos aquellos que deseaban el final del Régimen, pero no fue así. La censura prohibió a los periódicos hacer la más mínima referencia a este movimiento.

[51] *Pan blanco:* la incredulidad de Celia tiene pleno sentido ya que en este momento de la posguerra el pan blanco era un artículo de lujo. La mayoría de la población tomaba pan negro, más áspero y basto.

[52] *Cartilla de primera:* las cartillas de racionamiento eran unos cuadernillos en los que se indicaban las raciones de comida, tabaco... que cada familia podía comprar mensualmente ya que una serie de alimentos y bienes de consumo, como ya hemos explicado, estaban racionados debido a su escasez al terminar la Guerra Civil. Había que presentarla en los comercios y los comerciantes cortaban los correspondientes cupones. La cartilla de primera permitía comprar mejores y más cantidad de alimentos. El racionamiento duró de 1939 a 1952.

BERTA. Callad un momento. *(Escucha.)* Me parece que hay ratas...
PILAR. ¿Ratas? ¡Virgen Santísima!
REMEDIOS. ¡Yo me vuelvo al pueblo! ¡Prefiero mojarme!

(Algunas chicas van hacia la puerta, asustadas.)

ELOY. Calma, calma... A lo mejor son conejos.
ANTONIO. O piojos gordos, ¿verdad, Eloy?
JAIME. ¿Por dónde las has oído?
BERTA. *(Señalando hacia el fondo.)* Por allá. Qué horror, ¿no?
PILAR. Ya decía yo que este sitio, con tanta porquería...
CELIA. A mí no me dan miedo. Por mi barrio se pasean a la luz del día.
MARTÍN. Pues por el mío no, porque las cazarían para guisarlas y comérselas.
REMEDIOS. ¡Asquerosos! ¡Me vais a hacer vomitar!
JAIME. ¡Callaos! *(Escucha.)* Berta tiene razón: se oyen por ahí...
ELOY. Preparo mi navaja, ¿eh, Jaime?
DAMIÁN. ¿Y por qué no las dejáis estar? Al fin y al cabo, les hemos invadido la casa. Hay que ser amables con ellas, ¿no?
ANTONIO. Bien dicho, Damián. Vamos a comer tranquilos y luego, con dejarles los restos, quedamos como unos marqueses.
PILAR. Sí... Vosotros, mucha guasa. Pero si aparece alguna, a mí me da un ataque.
REMEDIOS. Yo ya tengo unos nervios...
MARTÍN. *(Ofreciéndole la bota de vino.)* Toma, Reme: esto te los templará.
DAMIÁN. ¡Eh, tú...! Que yo iba el segundo.
MARTÍN. Las señoras, primero.
JAIME. *(Tirando una madera al rincón que señaló* BERTA.*)* ¡A la mierda las ratas! Vamos con esos bocadillos, que ya deben de ser más de las tres.
DAMIÁN. *(Consultando su reloj.)* Las tres y media.
ELOY. ¡Olé con los señoritos!
DAMIÁN. ¿Qué pasa? ¿Envidia?
ELOY. No, hombre... Admiración. A ver, a ver... *(Lo inspecciona.)*

DAMIÁN. Es suizo.
JAIME. Hay mucho judío por allí[53].
ANTONIO. Es verdad: traficantes y capitalistas. Dice mi padre que...

> *(Es interrumpido por un grito de* BERTA *que sobresalta a todos. Al mirar hacia donde señala la chica, descubren un bulto humano que acaba de emerger del lugar adonde* JAIME *arrojó la madera. Su apariencia es la de un mendigo o vagabundo, miserablemente vestido, y enarbola la madera con aire aturdido. Gritos de las chicas.)*

MARTÍN. ¿Qué demonios...?
PILAR. ¡Socorro, socorro!
ANTONIO. ¡Cálmate, Pilar!
JAIME. ¿Quién... quién es usted? ¿Qué está haciendo aquí?

> *(El* HOMBRE *no responde. Tan sólo contempla al grupo, extrañado.)*

MARTÍN. ¡Vamos, conteste! ¿Quién es usted?
ANTONIO. *(En voz baja.)* Cuidado, Martín, que lleva un palo...
BERTA. *(Susurrando.)* Estaba escondido... espiándonos todo el rato...
MARTÍN. ¿Qué pasa? ¿Por qué no contesta?
JAIME. ¿No me oye? ¿Qué está haciendo aquí?

> *(El* HOMBRE *se agacha y busca algo en el suelo.)*

MARTÍN. ¡Cuidado con lo que hace, amigo! ¡Eloy, la navaja!
ELOY. *(Muy nervioso.)* Sí, la navaja... *(Buscándola.)* ¿Dónde la he metido? Hace un momento la tenía en...

---

[53] *Mucho judío por allí:* Jaime expresa en esta frase el desprecio y el odio que se sentía por los judíos no sólo debido al manifestado por Franco, también condensa el antisemitismo reflejo del de Hitler.

(El HOMBRE *se incorpora con un viejo sombrero en la mano y la madera en la otra. Se pone el sombrero, se lo quita en humilde reverencia y se lo vuelve a poner. En su expresión hay una extraña sonrisa.)*

DAMIÁN. Déjese de cumplidos y haga el favor de...
MARTÍN. Le advierto que somos una Escuadra del Frente de Juventudes. No le conviene hacer ninguna tontería.
JAIME. *(En voz baja.)* Cuidado, que a lo mejor hay más...

(Crece la inquietud en el grupo, que vigila en todas direcciones. El HOMBRE *se señala la boca y los oídos, negando con la cabeza y emitiendo apagados sonidos guturales.)*

MARTÍN. ¿Qué quiere decir? ¿Que no nos oye?
ANTONIO. ¿Nos quiere decir que es... que está sordo? ¿Es eso?
CELIA. ¿Y mudo? ¿Será sordomudo?

(El HOMBRE *vuelve a saludar ceremoniosamente.)*

ELOY. *(Encontrando su navaja.)* ¡Aquí está!
MARTÍN. No se haga el tonto y conteste: ¿quién es usted?
JAIME. ¿Por qué se esconde aquí?
ANTONIO. Y se había cerrado por dentro, ¿verdad?

(El HOMBRE *levanta la madera. Sobresalto del grupo.)*

REMEDIOS. ¡Cuidado! ¡Nos está amenazando! ¿Nos está amenazando?

(El HOMBRE *se señala la espalda y tira la madera al suelo.)*

BERTA. Quiere decir que le hemos tirado la madera encima.

(El HOMBRE *señala el suelo y hace gestos de dormir.)*

MARTÍN. ¿Que estaba durmiendo y le hemos despertado? ¿Es eso? ¿Que le hemos dado con la madera?

PILAR. *(Susurrando.)* No os fiéis de él. Con esa pinta... Y viviendo aquí...
ELOY. Es verdad. Parece...
ANTONIO. Sí, eso: ¿un ladrón?
PILAR. Sí: o un criminal.
BERTA. O peor... Un maquis...
DAMIÁN. *(A los otros.)* ¿Será verdad que es sordomudo?
JAIME. Cualquiera sabe... A lo mejor lo hace para que nos confiemos.
REMEDIOS. Podría ser cualquier cosa. Con ese aspecto...
ELOY. Y viviendo aquí...
CELIA. Pues a mí no me parece peligroso.
ANTONIO. Dejadme a mí. *(Avanza unos pasos y grita, apoyándose con gestos.)* ¿Es que vive aquí? ¿Es esta su casa?

(El HOMBRE *hace gestos de que no entiende.)*

DAMIÁN. ¿Cómo va a ser esta su casa? Se ve enseguida que se ha metido aquí... por las buenas.
ANTONIO. *(A* DAMIÁN.*)* Quiero decir... si es el sitio donde vive normalmente.
CELIA. *(Señalando el rincón.)* Allí tiene... como un refugio.
BERTA. Sí: una especie de chabola.
JAIME. *(Al* HOMBRE, *fuerte.)* ¡Si no contesta, vamos a buscar a la Guardia Civil!
MARTÍN. ¿Qué dices?
JAIME. ¿Me oye? ¡A la Guardia Civil!
MARTÍN. Para esto nos bastamos nosotros...

(El HOMBRE *sonríe estúpidamente.)*

DAMIÁN. Pero, ¿no ves que es sordo?
CELIA. Calla, que es para comprobarlo. ¿Verdad, Jaime?
MARTÍN. Pues no reacciona.
JAIME. Parece que no...
PILAR. Pero también podría...
MARTÍN. ¿Qué? ¿Hacerse el tonto?
PILAR. A mí una vez me robó el bolso una mujer que se hacía la coja. Y salió corriendo como...

(El Hombre *emite un sonido inarticulado y va rápidamente hacia su refugio del rincón.)*

Berta. *(Asustada.)* ¡Eh, mirad! ¡Se mete en su refugio! A ver si tiene un arma...
Antonio. ¡Oiga! ¿Adónde va? ¡Ojo con lo que hace!
Eloy. ¡Tengo la navaja!
Jaime. ¡Dámela!
Eloy. ¿A ti? ¿Por qué?
Jaime. ¡Tú dámela! *(Se la quita.)*
Celia. Pero, ¿qué os pasa? Si no ha hecho nada. Sólo meterse en su...
Martín. *(Cogiendo un palo del suelo.)* No nos pongamos nerviosos. En guardia, pero tranquilos...

(Otros hacen lo mismo. Remedios, Pilar *y* Berta *se arriman a la puerta.)*

Remedios. ¿Y si no está solo?
Pilar. ¿Qué quieres decir?
Remedios. Si hay otros ahí, escondidos...
Berta. *(Que ha entreabierto la puerta.)* Llueve más que antes...
Damián. Pues a mí, que sea sordo o no, me da igual. Lo que peor me huele es que viva aquí, y la mala traza que tiene. Un tipo así...
Eloy. Tienes razón. Buena gente seguro que no es.
Pilar. *(A* Berta.*)* Dile a tu primo que no se acerque tanto.
Berta. Ya lo conoces: siempre en primera línea... ¡Martín!
Martín. ¿Qué?
Berta. ¿Por qué no volvemos al albergue? Total, aunque nos mojemos...
Jaime. ¿Qué te has creído? ¿Que ese tipo nos va a hacer huir? *(A los demás.)* ¿Eh, muchachos?
Martín. Eres tonta, Berta. En el Frente de Juventudes no hay cobardes.
Antonio. Y los «flechas»[54] no retroceden nunca.

---

[54] *Los flechas:* se llamaban «Flechas y Pelayos» a las juventudes tradicionales que se agrupaban bajo ese nombre y estaban constituidas por las filas del mo-

REMEDIOS. Si no lo decimos por eso. Es que... se nos va a estropear la excursión.

> *(Del interior del refugio surge un estridente sonido que asusta a todos y, al momento, aparece el* HOMBRE *soplando en una vieja corneta. Aunque parece querer interpretar alguna melodía —quizás un toque militar—, el resultado es espeluznante. La alarma del grupo de jóvenes se expresa en gritos y exclamaciones diversas. El* HOMBRE *interrumpe un momento sus intentos, saluda con una sonriente reverencia y quitándose el sombrero, y vuelve a tocar en estilo circense. Ahora se entienden algunas frases excitadas de los jóvenes.)*

ANTONIO. ...¡Que no siga con eso, le digo! ¿Está loco, o qué?
JAIME. Se está burlando de nosotros, ¿eh?
PILAR. *(Tapándose los oídos.)* ¡Que se calle, que se calle! ¡No lo soporto!
BERTA. ¡Basta ya! ¡Es horrible!
CELIA. ¡Pare de una vez!
REMEDIOS. ¡Vámonos de aquí! ¡Qué horror!
ELOY. ¡Es una señal! ¡Está avisando a los suyos!
JAIME. ¿Qué quieres decir?
ANTONIO. ¡Sí, eso es! ¡Una llamada! ¡Está llamando a su gente!
CELIA. ¿Qué gente?
MARTÍN. ¡Basta ya! ¿Me oye? ¡Le ordeno que pare!
JAIME. ¡Si no para, lo va a sentir! *(Se acerca, amenazador, al* HOMBRE, *seguido por otros.)*
ELOY. ¡Sí! ¡Van a venir los de su banda! ¡Es una señal! ¡Cállese!
DAMIÁN. ¡Se lo decimos en serio, muy en serio! ¡Cállese de una vez!
MARTÍN. ¡Todos conmigo y prietas las filas![55].

---

vimiento juvenil de la España tradicional, creados a imagen y semejanza de los «barilla» de Mussolini.

[55] *Prietas las filas:* expresión procedente del himno del Frente de Juventudes de la FET y de las JONS en su rama juvenil. Comenzaba así: «Prietas las filas, recias, marciales...» Solía cantarse en formación, en posición de firmes o en marcha.

(Hay un brusco cambio de luz, que coincide con el silencio de la corneta, pero no con la acción —muda— de hacerla sonar. Los cinco chicos, armados con palos, hierros y la navaja, avanzan hacia el HOMBRE *con movimientos lentos. En un lateral del proscenio, las cuatro chicas, dando la espalda a la escena que se desarrolla tras ellas, entonan una letanía con súbita y extraña serenidad.)*

REMEDIOS. De los peligros del mundo, líbranos, Señor.
PILAR. De la amenaza del mal, líbranos, Señor.
BERTA. De nuestro eterno enemigo, líbranos, Señor.
CELIA. De los que turban la paz, líbranos, Señor.
BERTA. De los que claman venganza, líbranos, Señor.
PILAR. Del imperio de las sombras, líbranos, Señor.
REMEDIOS. De los que no se conforman, líbranos, Señor.
CELIA. De la cima y el abismo, líbranos, Señor.
REMEDIOS. Del que teme a la justicia, líbranos, Señor.
BERTA. De quien no te reconoce, líbranos, Señor.
PILAR. De la multitud rebelde, líbranos, Señor.
CELIA. De quien no sabe su nombre, líbranos, Señor.
REMEDIOS. De quien sólo tiene nombre, líbranos, Señor.
BERTA. De quien no sé ni su nombre, líbranos, Señor.
PILAR. De quienes no tienen nombre, líbranos, Señor.

(La letanía ha ido creciendo en excitación.)

CELIA. De los derrotados, líbranos, Señor.
PILAR. De los fugitivos, líbranos, Señor.
BERTA. De los fusilados, líbranos, Señor.
REMEDIOS. De los humillados, líbranos, Señor.
CELIA. De los encerrados, líbranos, Señor.
PILAR. De la hoz y del martillo[56], líbranos, Señor.
BERTA. De la rabia y de la idea[57], líbranos, Señor.

---

[56] *De la hoz y del martillo:* alusión al emblema de la bandera de la URSS. El martillo simboliza la clase trabajadora y la hoz la campesina.

[57] *De la rabia y de la idea:* verso que corresponde a *El mañana efímero* de Antonio Machado (1875-1939), con ello aludía el poeta a la España del trabajo y de la cultura. Durante la Guerra Civil, Machado tomó partido por la República. La referencia a este poeta, como las posteriores, no es, por tanto, inocente.

REMEDIOS. De la paz y la palabra[58], líbranos, Señor.
CELIA. De realidad y deseo[59], líbranos, Señor.

> *(Mientras las chicas entonaban su letanía, los chicos han llegado junto al* HOMBRE *—siempre tocando la corneta en silencio— y, con la misma lentitud, descargan sobre él una lluvia de golpes y navajazos. El* HOMBRE *termina por desplomarse sin separar la corneta de sus labios y los chicos continúan ensañándose con el cuerpo caído. Cuando por fin le arrebatan la corneta y la enarbolan como un trofeo, la luz vuelve a transformarse, al tiempo que irrumpe a todo volumen el Primer Movimiento del «Magnificat» de J. S. Bach, volviendo inaudible la letanía de las chicas.)*

OSCURO

---

[58] *De la paz y la palabra:* alusión al libro de Blas de Otero (1916-1979) *Pido la paz y la palabra* (1955), obra que se enmarca dentro del movimiento conocido como «poesía social».

[59] *De realidad y deseo:* volumen perteneciente a Luis Cernuda (1902-1963) cuyo título exacto es *La realidad y el deseo*. Al ser el núcleo temático de la obra de Cernuda la antítesis entre la realidad y el deseo, se explica que el poeta a partir de 1936 titulara el conjunto de su poesía con esta oposición y presente sus obras poéticas como secciones sucesivas de un gran libro.

Intimidad

(Una celda estrecha. Diez mujeres duermen en el suelo, sobre sendos jergones. Una de ellas, TERESA, *tiene el sueño inquieto: se revuelve y murmura palabras ininteligibles. Un movimiento brusco le hace golpear un cacharro de lata. Al sonido se despierta otra,* NATI. *Se incorpora y mira un rato a su compañera. Se despereza. Está entumecida y tiene frío. Va a acostarse de nuevo, pero cambia de opinión y se pone en pie. No hace nada más que balancearse levemente, con los brazos en torno al cuerpo, mirando la pared con expresión vacía. Bruscamente,* TERESA *se incorpora y queda sentada en el jergón, todavía agitada por la pesadilla. Tarda en reconocer la situación en que está. Sin mirar a* NATI, *pregunta:)*

TERESA. ¿Qué hora es?
NATI. *(Con áspera sorna.)* Se me ha parado el reloj.
TERESA. Quiero decir... ¿Es de noche aún?
NATI. Supongo.
TERESA. *(Reparando en que* NATI *está de pie.)* ¿No dormías?
NATI. Hasta que me has despertado, sí.
TERESA. ¿Yo? ¿Cómo?
NATI. Es igual.
TERESA. ¿He vuelto a soñar... en voz alta?
NATI. ¿Qué más da?
TERESA. *(Después de una pausa; dura.)* No me gusta que me espíes.
NATI. ¿Quién te espía a ti? ¡Tiene gracia! Encima de que no me dejas dormir...
TERESA. Podías haberme despertado.

Nati. Sí: con el desayuno y el diario...
Teresa. *(Murmura.)* Hasta los sueños me robas...
Nati. ¡Los piojos te robo yo a ti! No empieces con esas que acabaremos mal. *(Vuelve al jergón y se acuesta.)* A ver si, estando tú despierta, puedo dormir un rato... *(Busca una postura y queda inmóvil.)*
Teresa. *(La mira unos instantes en silencio.)* Sí, eso es: duerme. Y bien tranquila. A ti te da igual todo, ¿no? Estar aquí... o en la calle. Mientras te den de comer... Menudas tragaderas...
Nati. *(Sin moverse.)* ¿No puedes cerrar el pico, coño?

(Teresa *calla. Se pone en pie con dificultad y habla dirigiéndose al público, con expresión neutra*[60]*.)*

Teresa. Me da miedo dormir. El cuerpo lo tengo roto de las palizas y, en cuanto me acuesto, empiezan los dolores. Pero lo peor viene luego, cuando me duermo: entonces se levantan, una a una, todas las horas negras de estos años y se me juntan en un sólo sueño. Algo así debe de ser el infierno, si existe: todos los horrores juntos en un solo sueño interminable. Tres años de pesadillas: mil infiernos vividos entre cuatro paredes, estas u otras parecidas. Demasiado para una pobre maestra; demasiado incluso para una maestra comunista. A mi marido y a mí nos juzgaron el veintiuno de diciembre de mil novecientos cuarenta y uno por rebelión militar, y nos acusaron de haber matado a don Pedro, el cura del pueblo. Más de dos años estuvimos sin juicio, y en ese tiempo nos sacaron cuatro o cinco veces para interrogarnos. A mí me llevaban donde estaban las porras y los vergajos y me hacían elegir, a ver con cuál quería que me pegasen. También me obligaban a dar vueltas, a gatas, alrededor de la mesa mientras todos me iban arreando. Tengo varias costillas desviadas, las muñecas torcidas y

---

[60] Tanto este monólogo como el que más adelante pronuncia Nati está basado en los testimonios recogidos en el libro *Los topos* de Manuel Leguineche y Jesús Torbado, Madrid, Aguilar, 1999, págs. 13-14. Puede comprobarse que Sinisterra no duda en copiar textualmente las experiencias reales contadas por Teodomira Gallarda, militante comunista.

Intimidad. Foto de Javier Valderas.

algo se me ha quedado en la columna, que cada vez me duele más. Nos condenaron a muerte, y a mi marido lo fusilaron un año después, ahora hace seis meses. No sé cuándo se me llevarán a mí, pero espero que sea pronto.

(NATI *se da la vuelta en el jergón y la ve. Se incorpora a medias.*)

NATI. ¿Qué haces ahí?
TERESA. Nada.
NATI. ¿Pasa algo? *(Escucha.)* ¿Están sacando gente?
TERESA. *(Alarmada.)* ¿Por qué lo dices? ¿Sabes algo?
NATI. ¿Qué voy a saber?
TERESA. Esta tarde hablabas con la Balbina. ¿Qué te ha dicho?
NATI. ¿Esta tarde? ¿Cuándo?
TERESA. Si sabes algo y no me lo dices, eres peor que una perra...
NATI. ¡Ah! ¿En la capilla? *(Ríe.)* ¡Vaya vista que tienes! Y luego dices que yo te espío... No me ha dicho nada, no. Me he acercado yo para pedirle tabaco... *(Pausa.)* ¿No te lo crees?
TERESA. De ti no me creo nada.
NATI. Debería dejarte con el miedo en el cuerpo, por tiñosa; pero mira... *(Rebusca bajo el jergón y saca un cigarrillo.)* ¿Te das cuenta? (TERESA *no contesta.* NATI *saca una cerilla, enciende el cigarrillo y se pone a fumar con tosca voluptuosidad.*) No te ofrezco porque sé que te da asco cómo los consigo. ¿Verdad que sí? Bueno, allá tú... A mí, que la tipa esa me toquetee un poco, me da igual. Cosas peores he aguantado... y gratis.
TERESA. Mucho has aguantado tú...
NATI. ¡A ti y a la madre que te parió, he aguantado! ¡Ya ves si es aguantar!
TERESA. ¡No me grites!
NATI. ¡No me jodas, tú!

(*Una de las durmientes sisea fuertemente. Las dos callan. Quedan un rato tensas, en silencio. Luego,* TERESA *va al jergón y se tumba con cierta dificultad.* NATI *queda semi-incorporada, fumando.*)

(Al público, con expresión neutra.) No. A mí nunca me han pegado. Y sólo estuve una semana en comisaría. Pero en esa semana, cada noche se me montaban ocho o nueve guardias, uno detrás de otro. «Tú, cenetista»[61], me decían, «¿no queríais el amor libre?» Me llevaban a una especie de almacén, me desnudaban del todo y me ataban del techo. Y mientras dos me sujetaban de las piernas, iban pasando los demás, uno detrás de otro. Al principio me revolvía y gritaba como una bestia, hasta que me di cuenta de que eso les gustaba más, y entonces me quedaba como muerta. Pero a ellos les daba igual. Ya en la cárcel, antes del juicio, vi que estaba preñada y quise abortar. Lo intenté varias veces, pero sólo conseguí hacerme daño. Así que decidí esperar a que naciera el niño. Las celadoras me decían que no me preocupara, que enseguida se lo llevarían las monjas para cuidarlo en un hospicio. Por eso, en cuanto nació, a la primera que me dejaron sola con él, le di el pasaporte[62]. Estaba muy flaco y tenía cara de pez, con los ojos saltones. No me costó nada, sólo tuve que apretarle un poco el cuello: él, ni se enteró. No se extrañó nadie, porque allí se morían muchos niños pequeños, del hambre y de los malos tratos. Las funcionarias los cogían y los tiraban amontonados en los retretes, y las madres tenían que hacer guardia para que las ratas no se comieran los cuerpecillos. Yo, ni esa guardia le hice.

(TERESA *se da la vuelta en su jergón.*)

TERESA. Nati... (NATI *no contesta.*) Nati, por favor...
NATI. *(Se vuelve hacia ella.)* ¿Qué quieres?
TERESA. Tengo miedo. *(Silencio.)* ¿Tú no tienes miedo?
NATI. No.
TERESA. ¿No piensas que puedan venir a buscarte en cualquier momento? Incluso esta noche...

---
[61] *Cenetista:* la CNT era un sindicato anarquista fundado en Barcelona en 1910. Pasó a la clandestinidad en la dictadura de Primo de Rivera. Se incorporó a la FAI en 1927.
[62] *Le di el pasaporte:* matar a alguien.

NATI. Sí.
TERESA. ¿Y eso no te da miedo?
NATI. No. De noche, no. Yo el miedo lo tengo de día.
TERESA. ¿Por qué?
NATI. ¿Y yo qué sé? Siempre ha sido así, desde pequeña. Por la noche nunca tenía miedo. En cambio, de día...
TERESA. *(Perpleja, casi ríe.)* Tú no estás bien de la cabeza...
NATI. ¿Qué tiene de particular? Si lo piensas, tanto mal te puede llegar de día como de noche. Todo es una pura mierda.
TERESA. Ya, pero... es la sensación.
NATI. *(Rotunda.)* Todo es una pura mierda. *(Silencio.)* ¿Sabes una cosa? (TERESA *no contesta, ensimismada.)* Teresa...
TERESA. *(Reacciona.)* ¿Qué?
NATI. ¿Sabes una cosa? Antes, cuando soñabas en voz alta, decías...
TERESA. ¡Me has estado espiando!
NATI. ¡Y dale con el espiar! ¿Qué querías que hiciera? ¿Taparme los oídos?
TERESA. ¡Podías haberme despertado!
NATI. ¿Quieres no gritar? No me he enterado de nada, ¿me oyes? *(Transición.)* Y además... ¿Qué miedo tienes a que me entere de...? ¿De qué? ¿Hay... algo sucio en tu hoja de servicios? ¿Algún chivatazo? ¿Alguna... traición?
TERESA. ¡Eso tú, que te vendes por cualquier cosa! ¡En cuerpo y en alma!... No, Nati: no va por ahí. Es algo que tú no entiendes...
NATI. ¡Ya salió la señora maestra!
TERESA. Intimidad, Nati. ¿Sabes lo que es eso? Aquí, oliéndonos el culo unas a otras todo el santo día... y aún más por la noche; amontonadas como animales para dormir, y en manada de un lado a otro para trabajar, para comer, para cagar... Tener por lo menos un pequeño rincón de una misma que las otras no puedan tocar, ni ver, ni oír... Los sueños, por muy horribles que sean. Algo privado, sí... y es gracioso que yo lo diga. Privado. ¿Lo entiendes?
NATI. Lo del culo no lo dirás por mí, que bien que me lo lavo cada día... *(Transición.)* No, no lo entiendo. Yo me conformo con aguantar aquí, y entera si puede ser, todo lo que haga falta. A ver si mientras llega un indulto...

Teresa. Un indulto...
Nati. ¿También le haces ascos? Pues, ¿sabes lo que decías, soñando?
Teresa. No me importa.
Nati. No te importa, ¿eh? ¡Pero te conviene saberlo!
Teresa. ¡Te digo que te calles!
Nati. Sólo se entendía una palabra, una sola: «Perdón.» ¿Te enteras? «Perdón, perdón, perdón»... Eso decías.
Teresa. *(Tras una pausa, débilmente.)* No has debido decírmelo. *(Silencio.)* No has debido escucharlo. ¿Qué ganabas con eso? *(Silencio.)* Di, ¿qué ganabas?
Nati. Era tu intimidad, ¿no? Pues para ti. A mí no me gusta quedarme con lo que no es mío. No soy una ladrona.

(Se escucha ruido de abrir y cerrar puertas, y pasos de varias personas acercándose. Las dos mujeres se miran, inmóviles en común inquietud.)

OSCURO

Dos exilios[63]

(El espacio escénico está dividido en dos espacios dramáticos contiguos, pero bien diferenciados en aspecto y atmósfera. Uno representa la cocina de una casa mexicana de estilo colonial; ambiente diurno, polícromo y luminoso. El otro, en su semi-penumbra, sugiere un gabinete o despacho de trabajo más bien modesto, atestado de libros y papeles, en una vivienda española de clase media. En el primero, un hombre de unos cuarenta años —JORGE—, *en ropa veraniega, está preparando una comida con relativa pericia. El otro espacio, por el momento, permanece vacío.)*

JORGE. *(Tras canturrear una canción española, mira de reojo al público y lo interpela, sin interrumpir su tarea.)* No... el marmitako no me preocupa... Se hace solo, como quien dice. La cosa está en echar el bonito los últimos cuatro minutos. Ni uno más ni uno menos. Y no pasarse con la sal, claro... En casa se chupaban los dedos. «Ni que fuera vasco el xiquet»[64], decía la tía Dolores... Pero esto del guacamole[65], con lo fácil que parece... ¿Quién me mandaba a mí dármelas de aclimatado?... «No se preocupe, señor Licenciado[66]: ustedes

---

[63] *Dos exilios:* el título hace referencia al exilio interior y al exterior vivido por los dos personajes del texto. El autor, muy libremente, utiliza datos de la historia familiar. Su padre fue detenido una noche e ingresado en la Cárcel Modelo por haber aportado una pequeña donación para el Socorro Rojo, organismo clandestino encargado de ayudar a las familias de los presos políticos.

[64] *Xiquet:* término valenciano que significa 'muchacho', 'chico'.

[65] *Guacamole:* plato mexicano hecho a base de aguacate, cebolla, chile verde y cilantro picados hasta conseguir una textura cremosa.

[66] *Licenciado:* tratamiento de uso común en México para las personas que han obtenido un título universitario.

traigan los antojitos[67] mexicanos, que yo me encargo también del guacamole...» Y ahora, ¿qué? ¿Cuál es la proporción? ¿Tres aguacates, dos tomates, una cebolla y un chile, o...? ¿O un tomate y dos chiles para...? Sí, puedo ir probándolo, pero... ¿y el cilantro?[68]. *(Mira su reloj.)* Bueno, tranquilo: aún falta media hora. Y, al fin y al cabo, no va a depender mi futuro profesional de este maldito guacamole, faltaría más... Claro que esta comida, sí, va a ser una especie de... de examen, sí... Pero un examen de periodismo, no de cocina mexicana... *(Se interrumpe. Piensa.)* ¿De periodismo? Tampoco. Llevo cinco años trabajando en el «Novedades»[69]... y el Licenciado me conoce bien, sabe lo que valgo, está contento conmigo, muy contento... Entonces... ¿De qué me quiere examinar, para nombrarme Redactor Jefe?

> *(Sigue preparando el guacamole en silencio, pensativo, al tiempo que, en el otro espacio, se enciende una luz triste y entra* LEANDRO, *algo más joven que* JORGE, *en pijama y batín de invierno, y con un cubo. Su actitud denota no poca inquietud y una cierta furtividad. Busca, revisa y aparta papeles, cartas, revistas y libros, como seleccionando algunos de ellos, que va metiendo en el cubo. Se dirige de pronto al público, con cierta brusquedad.)*

LEANDRO. Sí, ya sé: es absurdo, irracional... Despertarse así, en mitad de la noche, con el presentimiento de que van a venir. Pero así es como ocurre, así es como lo hacen... Una denuncia, una sospecha... ¿qué sé yo?... un rumor, y ya. Se presentan así, en mitad de la noche, lo registran todo y...

---

[67] *Antojitos:* es el equivalente mexicano de las tapas españolas. Se toman como aperitivo. Hay muchos tipos: huaraches, quesadillas, sopes, chalupas... La base principal es la harina de maíz, con ella se hace una oblea regular que se cuece a la plancha. El relleno es variado. Hay que enrollarlas para comerlas con la mano y se acompañan con diferentes salsas elaboradas a base de chiles.

[68] *Chile:* ingrediente muy utilizado en la cocina mexicana. Es muy aromático y picante. *Cilantro:* planta de color verde y de hoja pequeña que se utiliza mucho en la cocina mexicana para perfumar.

[69] Parece ser que este periódico mexicano cerró a fines del año 2002, tras 66 años de publicación diaria ininterrumpida.

Dos exilios. Foto de Huo-Lean Chou.

¡claro que encuentran algo! Cualquier cosa les sirve, si se te quieren llevar[70]... *(Muestra una revista.)* Esto, por ejemplo... «Nueva Cultura»[71]. No es más que una revista literaria. Pero, claro... *(La hojea.)* ¿Quién aparece por aquí?... Alberti[72]... Machado... Max Aub[73]... María Zambrano[74]... Todos «rojos»... Suficiente para llevárseme[75]. *(Arroja la revista al cubo.)* Al fuego también... *(Al público.)* No, no es cobardía. Pero sé lo que me juego... lo que nos jugamos estos días. Están nerviosos, asustados incluso... y dan palos de ciego. La semana pasada detuvieron a Fornas y a Peláez... ¿por qué? *(Pausa. Arroja otros papeles al cubo.)* Sí, claro... Motivos no les faltan. Esa condena de las Naciones Unidas[76] al régi-

---

[70] *Si se te quieren llevar:* todo lo que manifiesta Leandro en estas líneas hace referencia a la posibilidad real de que la policía podía presentarse en las casas, sin avisar, con el fin de registrarla y encontrar propaganda, para ellos, subversiva, libros prohibidos... Fueron miles las detenciones llevadas a cabo por este sistema.

[71] *Nueva Cultura:* revista fundada por el pintor Josep Renau en 1935 que la dirigió hasta 1937. Integraba a intelectuales de izquierdas.

[72] *Alberti:* (1902-1999), escritor que perteneció a la Generación del 27. Ingresó en los años 20 en el Partido Comunista. De ahí el adjetivo, «rojo», que se le aplica, irónicamente, a él, Max Aub y María Zambrano. Apoyó a la República. Tuvo que exiliarse y regresó a España en 1977, una vez muerto Franco. Escribió poesía, *Marinero en tierra, Cal y Canto, Sobre los ángeles...*, y teatro *El hombre deshabitado, Fermín Galán* o *Noche de guerra en el Museo del Prado*, entre otras obras.

[73] *Max Aub:* (1903-1972), dramaturgo y novelista. Se exilió tras la guerra. Destaca su gran ciclo narrativo sobre la Guerra Civil, la serie de los «campos» *Campo cerrado, Campo de sangre, Campo abierto, Campo del moro, Campo francés* y *Campo de los almendros*, libros en los que Aub analiza los orígenes de la guerra, el conflicto bélico mismo y los primeros momentos del exilio.

[74] *María Zambrano:* (1904-1991), alumna de Ortega y Gasset, Julián Besteiro, García Morente y Zubiri, fue profesora de Metafísica, colaboradora de *La revista de Occidente, Cruz y Raya* y *Hora de España* en 1936. Colaboró con la República, motivo por el cual tuvo que exiliarse en 1939. Amiga de Octavio Paz, León Felipe, Cernuda, Guillén, Miguel Hernández, Camus..., escribió *El hombre y lo divino, Persona y democracia, Claros del bosque* y *De la aurora*.

[75] *Llevárseme:* detenido por la policía si le encontraban la mencionada revista.

[76] *Naciones Unidas:* en 1946 las Naciones Unidas declaraban a España «peligro para la paz» y recomendaban la ruptura total de relaciones diplomáticas y comerciales. España quedó replegada sobre sí misma, su industria, prácticamente, paralizada como consecuencia de la escasez de materias primas y la falta de ayuda internacional.

men... les ha jodido, y bien. Eso significa que... significa algo, mucho. Por no hablar del bloqueo económico, que... *(Sigue buscando y seleccionando papeles y libros, que echa en el cubo.)*

JORGE. ¡Carajo! ¡Me corté! *(Se chupa el dedo y va a enjuagárselo en el grifo.)* Pues sí que estoy nervioso, ¿cómo no voy a estar nervioso?, estoy nervioso, claro que sí... Este almuerzo es... decisivo, crucial para... para mi futuro. No la comida, desde luego. Me salga mejor o peor, ¿qué más da? Tampoco el Licenciado es ningún «gourmet», aún se le nota el barro del rancho en las botas[77]... Pero eso me gusta. Sí: eso me gusta. Es un tipo que viene de abajo, como yo. Quizás por eso le caí bien desde el primer momento. Puede que a mí también se me note el barro en los zapatos... *(Se los mira.)* El barro, no sé... Pero me los manché de guacamole... *(Se agacha para limpiarse algo en los zapatos, y luego sigue con su ocupación.)*

LEANDRO. *(Ha encontrado unos folletos clandestinos y los hojea.)* ...Aunque es verdad que no mueven un dedo para acabar con él... como dice «Solidaridad Obrera»[78]... *(Lee.)* «Lo lógico, lo verdaderamente democrático y humano, hubiera sido que las potencias que han luchado por y para la democracia mundial»... Ja... «hubieran procedido de inmediato y con todo vigor contra Franco y su gente. Pero en vez de ello...» *(Escucha, súbitamente alarmado.)* ¿Qué pasa? Alguien sube por la escalera... ¿A estas horas? *(Desgarra rápidamente el folleto, lo echa al cubo y se incorpora en un impulso de huida. Lo interrumpe y queda inmóvil, escuchando.)*

JORGE. *(Probando el guacamole.)* Creo que me pasé con la cebolla. ¿Le pongo otro aguacate? ¿Medio? *(Sigue cocinando.)*

---

[77] *Se le nota el barro del rancho en las botas:* expresión, inventada por Sinisterra, equivalente a «el pelo de la dehesa», es decir, persona sin pulir e ignorante.

[78] *Solidaridad Obrera:* periódico anarcosindicalista español portavoz de la CNT. Apareció el 19 de octubre de 1907 en Barcelona como representante del organismo del mismo nombre. De 1939 a 1942 se editó en la clandestinidad y en México de 1945 a 1973 con carácter cultural. Reapareció en España quincenalmente en 1976. Las citas que se dan son textuales. Están sacadas del libro *El fin de la esperanza. Testimonio*, de Juan Hermanos. Introducción de Francisco Caudet y prefacio de Jean-Paul Sartre, Madrid, Tecnos, 1998.

LEANDRO. *(Relajándose.)* No... Son los vecinos de arriba. ¿A estas horas? Son una pareja rara... *(Se sienta y continúa con su tarea.)*
JORGE. Sí... Puede que sea eso... Catarme... Averiguarme el punto de cebolla... O sea: de rojo. Sí, no me extrañaría... Al fin y al cabo, tampoco le conviene tener a un bolchevique de Redactor Jefe... *(Ríe.)* ¡Un bolchevique, yo!
LEANDRO. No me extrañaría que fueran de los nuestros...
JORGE. Con uno en la familia ya hay bastante... *(Se pone serio e interrumpe su tarea.)* Bueno: tampoco es que Leandro fuera comunista, pero...
LEANDRO. *(Casi divertido.)* ¡Vaya! ¿Qué hace esto por aquí? *(Hojea unas publicaciones infantiles.)* «Florita»[79]... «Pulgarcito»[80]... «El guerrero del antifaz»[81]... ¿Cómo ha venido a mezclarse esto... esta basura, con...? Ah, sí: le dije a Consuelo que se los escondiera a los niños, que... ¿cómo le dije?... que «nos los estaban envenenando con ideología fascista»... *(Pausa.)* Envenenando... Pobres chavales... *(Queda pensativo. Luego, deja aparte los tebeos.)*
JORGE. ¿Qué habrá sido de él... y de Consuelo y el niño? Cinco años sin noticias... o seis... Me dijo Toldrá... ¿o fue Vicente?... que ya no vivían en Valencia, el cilantro lo pongo de a poquitos... *(Sonríe.)* «De a poquitos»... Ya hablo como un mexicano, eso les gusta, que no me las dé de español... *(Pausa.)* Seis años...

---

[79] *Florita:* en 1947 el dibujante Vicente Roso Mengual crea *El Coyote*, lo más sorprendente de la publicación fue el personaje Florita. Pronto se empezaron a recibir miles de cartas de lectoras que solicitaban que se ampliaran las páginas en las que aparecía Florita. Roso sugirió la creación de una revista para las chicas, pero con Florita como heroína. En mayo de 1949 nacía *Florita*, revista estrella para la mayoría de las adolescentes.

[80] *Pulgarcito:* surge en 1923. Fuerte competidora del *TBO*. Su mascota es el niño que toma su nombre del cuento infantil según un diseño del dibujante Niel. Hasta el final de la Guerra Civil cultivó una temática infantil, pero en los años 40 inicia la burla de personajes e instituciones tan intocables en España como el matrimonio y ofrecerá la otra cara de España: pluriempleo, oficinas siniestras, colas, estraperlo, los nuevos ricos...

[81] *El guerrero del antifaz:* apareció en 1944 y duró hasta 1966. Fue nuestro primer héroe en plena Guerra Mundial. Los dibujos eran de Manuel Gago y los guiones de éste y Quesada.

LEANDRO. ¿Hago bien en querer protegerlos... de esta mierda? ¿No estaremos criando unos... unos inadaptados? Si Europa no interviene, y pronto...

JORGE. Debería poder decirle: «No se apure, señor Licenciado, que a mí, de rojo y de español ya me queda poco...» *(Pausa.)* Bueno: tampoco hay que exagerar. Republicano soy, y antifascista... Sólo que nunca milité, porque a mí, los partidos... *(Gesto vago.)* Y que un periodista, en cuanto se afilia, deja de ser un buen profesional... ¿O no? *(Pausa.)* Veamos cómo va el marmitako... *(Va hacia el fogón y huele la cazuela.)*

LEANDRO. *(Recoge el folleto desgarrado y lee.)* «...de inmediato y con todo vigor contra Franco y su gente...» *(Queda pensativo.)*

JORGE. *(En el fogón.)* Las patatas no son como las de allá. Espero que no se me deshagan...

LEANDRO. *(Reanudando su tarea.)* En cualquier caso, esas manifestaciones en Londres, en París, en Nueva York... El pueblo está con nosotros en todo el mundo. Tarde o temprano, los gobiernos, las Naciones Unidas... No sé: algo más que declaraciones y recomendaciones. Incluso aquí, algo se está moviendo... a pesar del miedo y del cansancio. No nos dejarán solos.

JORGE. *(Volviendo al banco de la cocina.)* Las crónicas de las Baleares[82], por ejemplo, bajo el fuego de la artillería franquista...

LEANDRO. No pueden dejarnos solos...

JORGE. ...era periodismo, simplemente. Buen periodismo, no propaganda política. ¿Y eso por qué?

LEANDRO. ...exiliados en nuestro propio país.

---

[82] *Las crónicas de las Baleares:* el autor se refiere a los artículos que Joaquín Sanchis Nadal, tío suyo, escribió sobre la Guerra Civil cuando en 1936 fue enviado a Baleares para cubrir la información de la columna Bayo. En la última que publicó, podía leerse «bajo el fuego de la artillería facciosa», frase similar a la que Jorge dice. Fue uno de los 55 periodistas que, según los datos del SERE, llegaron a México en los primeros momentos del exilio.

JORGE. Porque ningún carnet me dictaba el estilo. Lo mismo que aquí... y eso el Licenciado lo sabe. ¿Por qué estamos ya compitiendo con «El Universal»[83] y el «Excelsior»?[84].
LEANDRO. Comparado con esto, el otro exilio... ¿qué es?
JORGE. Porque mi pluma es libre.
LEANDRO. ¿Qué es la nostalgia, comparado con... esto? *(Desgarra con rabia un puñado de papeles.)*
JORGE. Bueno, no quiero pecar de vanidoso. Hay un buen equipo en el diario... y muchas ganas de crecer. Pero tampoco voy a negar que yo... *(Prueba el guacamole.)* Mmmm... Esto no está nada mal... Quizás, un poco más de chile...
LEANDRO. *(Encontrando una carpeta.)* ¿Y esto? *(La abre.)* Ahá... Reportajes de Jorge... ¿No se lo llevó todo? *(Arrojando la carpeta al cubo.)* Al fuego. *(Queda pensativo y mira la carpeta largamente.)*

(En su espacio, JORGE *canturrea la canción española mientras trocea el chile. Por fin,* LEANDRO *recoge la carpeta y comienza a hojear los recortes de prensa. En el espacio de* JORGE *suena un teléfono. Limpiándose las manos con un paño, sale de la cocina y se escucha su conversación.)*

JORGE. *(En off.)* ¿Bueno?... Sí, señor Licenciado, yo soy. ¿Cómo va todo? ¿Ya vienen para acá?... Ah, ¿sí?... ¿Cuánto?... Vaya por Dios... Bien, no importa: no creo que se nos vaya a estropear el... ¿Cómo?... ¿Qué problema?... ¿Con mi reportaje? ¿Qué... qué fue lo que no le gustó?... ¿Al Presidente? ¿Y qué fue lo...? Pero ¿por qué? Yo sólo cité las palabras de Ávila Camacho[85]... Claro, claro, pero... Sí, sí... Ya

---

[83] *El Universal:* tras el triunfo del bando constitucionalista nace en México en 1916 el periódico *El Universal* con el apoyo del victorioso grupo del futuro presidente Venustiano Carranza y al servicio de sus intereses. Las relaciones de este periódico con el poder están presentes desde el año de su aparición hasta los más recientes.

[84] *Excelsior:* fundado en 1917 en México por Rafael Alducín. Durante décadas fue el periódico más importante de este país. Se transformó en cooperativa en 1932 y pasó a ser propiedad de los trabajadores. Su primer titular aludía a la revolución bolchevique.

[85] *Manuel Ávila Camacho:* (1897-1955) fue presidente de México de 1940 a 1946. Dio gran impulso a la educación, realizó importantes campañas de alfa-

recuerdo... ¿En qué contexto?... Bueno, mirándolo así... Pero yo me refería a... No, no, no: eso es una interpretación tor... equivocada... Perdone, señor Licenciado, pero el Presidente sabe muy bien que yo... que nosotros... Ya... ya... De acuerdo: lo hablamos ahorita. Pero, por favor, dígale usted al señor Presidente que yo nunca... ¿Oiga? ¿Me oye? Señor Lic... Se cortó... ¿Se cortó? *(Silencio.)*

LEANDRO. *(Que ha estado leyendo un recorte, sonríe.)* La verdad es que escribía bien, el muy cabrón. No acabó ninguna carrera, pero... Sí: talento para esto, lo tenía. Demasiado. Si se lo proponía, pintaba lo negro blanco y lo blanco negro. A mí, en cambio, cada verso me costaba sudar sangre... Seguro que le va bien por allá, por... las Américas[86]... *(Pausa.)* ¿Adónde habrá ido a parar?

(En su espacio, JORGE *reaparece, inquieto, fumando un cigarrillo.)*

JORGE. No lo comprendo... Es... un malentendido...

LEANDRO. ¿A Santo Domingo? ¿A México?... ¿Al fondo del mar? Me contaron que los submarinos alemanes atacaban a los barcos de refugiados[87]... ¿A la Argentina? *(Cierra la carpeta y la mira.)* ¿Qué hago con esto? Son cosas de mi hermano, no mías. Recuerdos de familia, como quien dice. Por esto no me van a.... *(Pausa.)* Mi hermano...

JORGE. ¿O es que vuelve el fantasma de los gachupines?[88]. Pero el presidente no es tonto, ¿cómo puede pensar que yo...?

---

betización, reanudó las relaciones diplomáticas con Gran Bretaña y la Unión Soviética, decretó la congelación de las rentas en beneficio de las clases populares y nacionalizó las empresas petroleras. En plena Guerra Mundial, el ataque sufrido por barcos mexicanos petroleros le obligó a entrar en la guerra contra Alemania, Japón e Italia.

[86] *Las Américas:* expresión popular que designaba a los países de América Latina. Surgió la frase «hacer las Américas» que aludía a los españoles que cruzaban el océano con la ilusión de enriquecerse, de hacer fortuna.

[87] *Barcos de refugiados:* tres fueron los barcos que transportaban exiliados españoles rumbo a América: Sinaia, Ipanema y Mexique. Fueron bombardeados en diversas ocasiones.

[88] *Gachupines:* se llamaban así a los inmigrantes procedentes de España que se establecieron en México entre 1778-1790. Eran de origen humilde y busca-

LEANDRO. Siempre supo nadar y guardar la ropa. Seguro que, si no se hubiera ido, ahora estaría escribiendo en el «Levante»[89]... o en el «ABC»...

JORGE. *(Vuelve al banco de la cocina.)* Vamos a añadirle el chile...

LEANDRO. ¿Soy injusto con él, como dice Consuelo? La última vez que nos vimos, en Barcelona... hubo tantas cosas que no nos dijimos... Con los fascistas a unas horas de la ciudad, los bombardeos, el miedo en las calles... El fin del mundo. Y Paquito con fiebre, y a Consuelo que se le había retirado la leche... No, no era el mejor momento para discutir sobre las causas de la derrota... *(Mira de nuevo la carpeta, pensativo. Luego se pone en pie y va a salir con ella.)* En el baúl de los niños no registrarán... *(Sale.)*

JORGE. *(Dando un golpe en la mesa.)* ¡Claro! ¡El «contexto»... el «nuevo contexto» es el... son las garantías que Camacho les dio a los gringos! ¿Seré imbécil? Sí... la entrevista con el embajador gringo, antes de las elecciones... y la promesa... la garantía de no meter comunistas en el gobierno, a pesar del apoyo de Lombardo[90]... Claro que sí... «Nuevo contex-

---

ban enriquecerse. Formaron una próspera clase empresarial muy activa en el comercio y minería. Esto unido a su carácter arrogante y fanfarrón dio lugar a que cada vez fueran peor vistos, de ahí que se acuñara este término con sentido peyorativo. Cuando estalla la Guerra Civil española estos antiguos residentes españoles veían la causa republicana con muy poca simpatía y al Alzamiento con verdadero entusiasmo.

[89] *Levante:* diario valenciano del Movimiento Nacional.

[90] *Lombardo:* Vicente Lombardo Toledano (1894-1968), pilar de la política mexicana. Marxista, abogado y escritor, fue miembro del Partido Laborista mexicano de 1921 a 1932. Integró el grupo Solidario del Movimiento Obrero y funda la Confederación General de Obreros y Campesinos de México (CGOCM). Durante la presidencia de Cárdenas esta confederación, el sindicato de electricistas, ferrocarrileros, mineros y la Central Sindical Unitaria de México se unen y dan lugar al Comité Nacional de la Defensa Proletaria. Organizó el PRM, en 1938. Dirigió la Confederación de Trabajadores de América Latina. Líder del Partido Popular en 1948 y candidato a la presidencia de México en 1952. La revolución mexicana fue su escuela de educación política. Estuvo muy interesado en la educación y propuso que la universidad adoptara la ideología socialista y defendió la libertad de cátedra. El lombardismo será una de las características que definieron a la izquierda mexicana.

to», naturalmente... O sea: adiós a la era Cárdenas[91], liquidación total... Al carajo con esas... ¿cómo dijo?... esas «ideas exóticas», sí, de reforma agraria, educación socialista, expropiación petrolera... *(Ríe.)* ¡Viva el sector privado! *(De nuevo inquieto.)* Y yo, imbécil de mí, poniendo en titulares las viejas consignas izquierdistas de Cárdenas...*(Prueba el guacamole.)* ¡Aaahg! ¡Me pasé con el chile! *(Se sirve precipitadamente un vaso de vino.)* Ni Pancho Villa se traga esto... *(Busca y encuentra un pan, del que arranca un pedazo, y lo mastica concienzudamente.)*

LEANDRO. *(Entra y va hacia su mesa, buscando algo.)* Duermen tranquilos... y Consuelo también. Sólo yo estoy inquieto... *(Mira hacia arriba.)* Y la pareja de arriba... ¿Qué hacen, con tanto movimiento, a estas horas? *(Encuentra un cigarrillo y lo enciende.)* ¿Lo mismo que yo, tal vez? ¿Destruyendo material... peligroso?[92]. Quizás les ha llegado alguna información y... *(Reanuda la búsqueda con apresurada inquietud.)* Tendría gracia que fueran de los míos, y que no lo supiéramos... ¿Dónde puse los números de «Independencia»?[93].

JORGE. *(Algo más aliviado, bebe otro trago de vino.)* No, no es fácil encontrarle el punto al guacamole... ni a este país. Te abre las puertas de par en par, pero luego... ¡cuidadito con resbalar! Espero que este resbalón no me cueste el ascenso...

---

[91] *Cárdenas:* (1895-1970), ejerció la presidencia de México de 1934 a 1940. Apoyado por los sindicatos, exilió a Calles. Nacionalizó los ferrocarriles, mejoró las condiciones de vida de los campesinos y obreros, llevó a cabo la expropiación petrolera y reformó la educación. Sus dos preocupaciones básicas fueron: la integración de los trabajadores y el reparto de la tierra. Su reforma agraria eliminó el latifundismo. Aceptó a Trotski como refugiado político, apoyó la República española y acogió a miles de españoles que huyeron del bando vencedor en la Guerra Civil española.

[92] *Material peligroso:* Leandro vuelve a señalar el riesgo en el que se encuentra por tener en su casa libros y periódicos clandestinos. El artículo 251 del Código Penal definía como propaganda ilegal «la impresión de toda clase de libros, folletos, hojas sueltas, carteles, periódicos y todo género de publicaciones tipográficas o de otra especie, así como su distribución o tenencia para ser repartidos y que «atentara contra el orden y la seguridad del Estado».

[93] *Independencia:* revista de la cultura española, fundada en 1946 por Emilio Herrera. En ella colaboraron los Semprún, Pablo Azcárate y otros intelectuales de izquierdas.

LEANDRO. ¿De los míos? ¿Quiénes son ahora los míos? Si no me hubiera distanciado de los compañeros de la UIL[94], me habría llegado también alguna información... Y no estaría actuando ahora por... por presentimientos. *(Rompe papeles y los tira al cubo.)*

JORGE. *(Busca y se pone a pelar y partir otro aguacate.)* Al fin y al cabo, yo, este giro a la derecha ya lo había olido hace tiempo... Sí, el año pasado: cuando Churchill dijo en Fulton[95] eso de que un... un telón de acero, eso es... había caído desde el Báltico hasta el Adriático... Estaba yo con Téllez en el «Tupinamba»[96]... y con otros exiliados, y recuerdo que le dije: «Tú mira un mapa y verás cómo la España de Franco queda a este lado del teloncito ese... ¿Serán capaces de perdonarle su compadreo con Hitler y con Mussolini?»... Eso le dije: y, al paso que vamos, no me extrañaría...

LEANDRO. *(Con cierta brusquedad.)* Pero, en realidad, ¿qué es lo que no le perdono? ¿Que quisiera huir... o que lo consiguiera? ¿No huyeron también, o lo intentaron, otros cientos de miles? *(Pausa.)* ¿No lo intenté... yo también?

JORGE. Sí... un nuevo fantasma recorre Europa[97]...y América: el fantasma del anticomunismo...

---

[94] *UIL:* Unión de Intelectuales Libres. Esta organización se configuró en 1944 por la Asociación de Intelectuales Democráticos, la Agrupación de Intelectuales Antifascistas y la Alianza de Intelectuales para la Democracia. Formaba parte de la resistencia interior contra el franquismo. En 1947 editará tres revistas clandestinas: *Demócrito, Cuadernos de Estudio* y *Nuestro Tiempo*.

[95] *Fulton:* siendo Churchill primer ministro durante la II Guerra Mundial, pronunció unos de los discursos más trascendentales de la historia, «El telón de acero». Lo hizo en Fulton, Missouri, en 1946 siendo huésped de honor del presidente Truman. Según Churchill «de Stettin, en el Báltico, a Trieste, en el Adriático, un telón de acero ha descendido a través del Continente». Este discurso significó el primer reconocimiento público de la guerra fría. Lo que Rusia deseaba, según Churchill, era una expansión ilimitada del comunismo. El primer ministro advirtió del peligro que representaba este sentimiento, por eso defendió la alianza angloamericana.

[96] *Tupinamba:* bar en el que se reunían los exiliados españoles refugiados en México. Está situado en la calle Bolívar en el centro histórico de la ciudad de México.

[97] *Un nuevo fantasma recorre Europa:* así empieza el Manifiesto Comunista. Sinisterra pone la frase en boca de alguien que ha coqueteado con el comunismo. Hay que recordar, además, que el poeta Rafael Alberti tituló de este modo un libro de poemas publicado en 1933.

LEANDRO. Hubo tantas cosas... que no nos dijimos... Por ejemplo: que estuve a punto de... sí, de abandonar a Consuelo y al niño... y largarme a Francia con unos compañeros de la 26 División[98].

JORGE. Si los vientos no cambian, a Franco lo dejarán tranquilo. Y entonces, ¿qué será del exilio republicano, que cada día espera su caída?

LEANDRO. No: esto no lo sabe nadie. Se lo quise decir a Jorge, aquella última vez, para sacarme la vergüenza de encima, pero...

JORGE. Y los que están allá en España, tragando mierda... o luchando, ¿qué será de ellos?

LEANDRO. ¿Cómo hubiera podido explicarle por qué no me escapé? Fue algo tan... absurdo, tan poco heroico...

JORGE. ¿Y de Leandro? ¿Qué será de él? ¿Perderá la esperanza... si es que le queda alguna?

LEANDRO. Estaba allí la fila de camiones, en la avenida bombardeada, y los compañeros me ofrecían subir a uno... «¡Vamos, Leandro! ¡Sube, que ya salimos!»...

JORGE. No creo: era terco como... es terco como una mula, igual que papá.

LEANDRO. Y entonces vi aquello... Aquel hombre allí, casi un viejo, en medio de la avenida bombardeada... Un jardinero, un jardinero municipal, creo... con un capazo, unas tijeras de podar y una especie de hoz... Sonaban las sirenas... y bombas no muy lejos...

JORGE. Habrá quienes resistan, supongo.

LEANDRO. Entonces nos miró, miró la fila de camiones... la 26 División en retirada.

JORGE. Y seguro que Leandro es uno de ellos.

LEANDRO. Y levantó el puño con un gesto pequeño... y se puso a podar unas adelfas mustias.

---

[98] *La 26 División:* la columna Durruti se acabó militarizando en 1937 y se rebautizó como la 26 División del Ejército Popular. Más tarde sus integrantes, exiliados en Francia, lucharon en la II Guerra Mundial contra el fascismo. Su prestigio se debía a su valentía y eficacia guerrillera.

(Quedan los dos en silencio, pensativos. La luz se transforma hasta unificar los dos ambientes. Entonces, lentamente, los dos hombres se vuelven el uno hacia el otro y se miran. No hay extrañeza al verse.)

JORGE. Ese batín... era de papá, ¿no?
LEANDRO. Sí. *(Pausa.)* Y el pijama también.
JORGE. ¿Has adelgazado un poco... o me lo parece?
LEANDRO. No sé... Puede. *(Pausa.)* Se te ve bien.
JORGE. Sí, ¿verdad? En general... estoy bien.
LEANDRO. ¿Dónde?
JORGE. ¿Qué?
LEANDRO. ¿Dónde estás?
JORGE. Ah... *(Indica su entorno.)* Aquí, en México.
LEANDRO. En México...
JORGE. Sí. Nos acogieron... a miles. Fueron muy generosos con[99]...
LEANDRO. *(Le interrumpe.)* Sí, ya sé. *(Pausa.)* Yo sigo en Valencia.
JORGE. Ah, ¿sí? Me dijeron que... ¿Y cómo está Consuelo... y el chico? Pedrito, ¿no?
LEANDRO. Paquito... Bien, están bien. Durmiendo. *(Pausa.)* Tuvimos otro. Papá se empeñó en que le pusiéramos Jorge.
JORGE. Ah...
LEANDRO. Ya sabes cómo era él.
JORGE. Sí... *(Pausa.)* Yo también me acuerdo mucho de ti, de vosotros...
LEANDRO. Claro...
JORGE. Pero os perdí la pista. Me dijeron que ya no vivíais en Valencia.
LEANDRO. Estuve tres años en la cárcel de Torrero. Y Consuelo se vino a vivir a Zaragoza, para estar cerca. Allí nació Jorgito.
JORGE. Ya... *(Pausa.)* ¿Y fue... fue muy duro?
LEANDRO. *(Tras una pausa.)* Sobreviví... ¿Y tú?

---

[99] *Generosos con:* alusión a la acogida que el gobierno mexicano bajo la presidencia de Cárdenas dispensó a los españoles que, huyendo del bando nacionalista, decidieron refugiarse en este país.

JORGE. También... Quiero decir que... Bueno, pasé unos meses en Argelés[100]... Horrible. Lo llamaban «campo de refugiados», pero era un campo de concentración. Menos mal que el SERE[101] y la embajada de México nos...
LEANDRO. *(Le interrumpe.)* Jorge...
JORGE. Sí.
LEANDRO. Hay algo que quisiera decirte...
JORGE. Yo también.
LEANDRO. Que te diré algún día... si nos encontramos...
JORGE. Claro que nos encontraremos. La situación mundial está cambiando. Pronto voy a poder...
LEANDRO. Sé que fui muy duro contigo en Barcelona, cuando nos vimos por última vez...
JORGE. Era lógico... Yo me iba, y tú... habías decidido quedarte, resistir...
LEANDRO. Sí, pero has de saber...
JORGE. Cuando nos encontremos, te explicaré lo que...
LEANDRO. Hay algo que no te dije, que nunca le he dicho a nadie...

(Suena el timbre de una puerta. Ambos tienen un leve sobresalto. JORGE *mira su reloj y* LEANDRO *el cubo con los papeles. La luz, muy poco a poco, va delimitando de nuevo los dos ambientes.)*

JORGE. Llaman a la puerta.
LEANDRO. Sí.

---

[100] *Argelés:* campo de concentración que el gobierno francés improvisó en las playas de Argelés para acoger a miles de refugiados españoles en 1939. Las condiciones de este campo eran tan tremendas e inhumanas que Albert Sarrault, ministro de Interior, lo definió, a principios de 1939, no como «un lugar penitenciario, sino como un campo de concentración».
[101] *SERE:* siglas que corresponden al Servicio de Educación de Refugiados Españoles, creado en 1939 con el fin de auxiliar a la organización de exiliados españoles y ayudarles a que salieran de España. Fue creado por la República, lo controlaba Negrín. Cuando Francia dejó de ser un lugar seguro para los exiliados españoles, el SERE repartió en los campos de concentración franceses solicitudes para poder ir a México. Con ellas se hicieron las listas de los primeros grupos de exiliados que abandonaron durante el verano del 39 el continente europeo.

JORGE. ¿Tú esperabas a alguien?
LEANDRO. *(Tras una pausa.)* En cierto modo... sí.
JORGE. Yo también.
LEANDRO. ¿Sigues escribiendo?
JORGE. No sé hacer otra cosa... ¿Y tú? ¿Aún haces versos?
LEANDRO. De vez en cuando. Pero...

(Suena de nuevo el timbre.)

JORGE. Tengo que abrir... *(Toma fuerzas y bebe del vaso de vino.)* Me espera... un mal trago.
LEANDRO. A mí también.

(La luz es otra vez como al principio. JORGE *y* LEANDRO *van saliendo. Suena el timbre por tercera vez, más perentorio.)*

OSCURO

El topo[102]

(Pequeño cuarto de casa campesina. Escasos muebles. Entre ellos, un arcón. Desorden. Es de noche. Un hombre se está vistiendo. Escucha inquieto. Cuando va a ponerse los zapatos, le inmoviliza el sonido de una puerta que se abre y luego se cierra. Pasos. Tiene un reflejo de huida, que interrumpe.)

MIGUEL. *(Susurra hacia la única puerta del cuarto.)* ¿Julia?
(Entra una mujer quitándose una toca.)
JULIA. ¿Qué haces?
MIGUEL. ¿Te han hecho algo?
JULIA. ¿Cómo se te ocurre salir aquí? Podían haber vuelto antes de soltarme. *(Enciende un quinqué.)*
MIGUEL. No podía aguantar más... ¿Qué te han hecho esta vez? ¿Cómo has tardado tanto?
JULIA. Sospechan algo. *(Por el desorden del cuarto.)* Mira cómo lo han puesto todo... *(Comienza a arreglar.)* Pues abajo está aún peor. Y hasta el corral han revuelto. Como si tuvieran tu olor en las narices...
MIGUEL. ¿Piensas que tu cuñada...?
JULIA. ¿Esa? No le conviene abrir la boca. Además, tampoco lo sabe de cierto... *(Ve los zapatos[103]. Sobresaltada:)* ¿Qué ha-

---

[102] *Topo:* así se denominaban a aquellos que tuvieron que permanecer escondidos durante años, como el personaje del texto, en los sótanos de sus casas para no ser detenidos o fusilados por la Guardia Civil debido a su oposición al régimen franquista. Sólo sus familias sabían que vivían. Aprovechaban la noche y los momentos de cierta tranquilidad para salir de los agujeros en donde se escondían con el fin de lavarse y comer.

[103] *Los zapatos:* se convertirán en símbolo de libertad, de huida, de ahí la reacción de Julia.

ces con eso? *(El hombre no responde.)* ¿Por qué te ponías los zapatos? *(Ídem.)* ¿Me quieres decir...?

MIGUEL. *(Brusco.)* ¡No aguanto más, Julia!

JULIA. No levantes la voz. ¿Qué es lo que no...?

MIGUEL. Esto, esta vida. Que no la aguanto más. Que yo me entrego.

JULIA. ¡Tú estás loco! ¿Entregarte?

MIGUEL. Loco me voy a volver si sigo aquí. Y tú... ¿Qué te han hecho esta vez?

JULIA. *(Mintiendo.)* Nada... Nada de particular. Pero, ¿tú sabes lo que te harán a ti si te entregas?

MIGUEL. Me da igual.

JULIA. ¿Igual? ¿Es que no sabes lo que hicieron con Martín, y con tu primo, y con el Cañas[104]...?

MIGUEL. Esos tenían culpas que pagar... y de sangre. Pero yo no hice nada. ¿De qué me pueden culpar a mí?

JULIA. ¿Y qué hizo el Honorio, di? ¿Y qué hizo don Gonzalo, el maestro? *(El hombre no responde. Transición:)* Tendrás hambre, que no has comido nada desde el mediodía. *(Sale. El hombre va a decir algo. Se interrumpe. Toma los zapatos y los mira.)*

MIGUEL. *(Bajo.)* Me iré a la sierra... *(Sube la voz.)* ¿Me oyes? Me iré a la sierra.

JULIA. *(Dentro.)* No levantes la voz. *(Entra con un tazón de sopa y una cuchara.)* Está fría... ¿Qué dices de la sierra?

MIGUEL. *(Mientras come.)* Digo que, si no me entrego, prefiero esconderme en la sierra que seguir aquí. La sierra es grande... y me la conozco como la palma de la mano.

JULIA. ¿Y dónde crees tú que están los civiles cuando no vienen por aquí? Se la recorren de parte a parte, día y noche. Y cuenta todos los que han cazado en estos años. *(Coge los zapatos.)*

MIGUEL. ¿Piensas tú que aquí no me cazarán un día u otro? Y peor: como a un conejo, como a una rata[105]...

---

[104] *El Cañas:* la anteposición del artículo en los apellidos, nombres propios y motes es de uso normal en ambientes rurales.

[105] *Como a una rata:* todas las comparaciones que hace Miguel son oportunas ya que él siente que vive en una madriguera.

El topo. Foto de Javier Valderas.

JULIA. Si en nueve años no han dado contigo...
MIGUEL. Nueve años...
JULIA. Sí. Y bien que lo han intentado. Un día u otro se cansarán... o se olvidarán.
MIGUEL. Esos no olvidan, no... Y además, aunque lo olviden, ¿qué vamos a hacer? ¿Seguir así otros nueve años, o diez, o quince?
JULIA. ¡Los que hagan falta!
MIGUEL. No puede ser, Julia. Yo no aguantaré... Ni tú tampoco. *(Ella va a salir con los zapatos.)* ¿Adónde vas?
JULIA. Te traeré algo más de comer...
MIGUEL. *(Duro; por lo zapatos.)* No te lleves eso.
JULIA. *(Conteniendo su excitación para no elevar la voz.)* Tú no te irás, Miguel. No dejaré que te vayas. Hacerte matar así, después de tantos años, después de todo lo que... Porque yo no cuento, ¿verdad? Lo que yo he pasado por guardarte, lo que me harían a mí si te cogieran... Eso no cuenta. Tú vas y dices: no aguanto más. Y punto. Crees que arreglas algo, que se acaba lo malo de estos años... Pues no sabes nada. Nada de nada. No se van a conformar con mandarte a la cárcel, o con pegarte un tiro... No, eso sería poca cosa. El tiempo que han perdido en buscarte, la mala sangre que han criado todos estos años... se lo iban a cobrar a su manera. A su manera[106]... *(Su cuerpo parece encogerse. El hombre se le acerca, alarmado.)*
MIGUEL. ¿Qué te pasa? ¿Qué te han hecho esta vez? *(La zarandea levemente. Los zapatos caen al suelo.)* ¡Dime qué te han...!
JULIA. ¡No levantes la voz! *(Le muestra el pecho.)* Mira los culatazos... *(La nuca.)* Y mira aquí... *(La oreja.)* Y el pendiente, arrancado de un tirón...
MIGUEL. *(Abalanzándose, ciego de rabia, hacia la puerta.)* ¡Cabrones! ¡Hijos de puta!
JULIA. *(Reteniéndolo.)* ¡Miguel! *(El hombre se inmoviliza en el umbral. Suena, lejano, el traqueteo de un carro. Ambos escuchan.)* Es Luciano, que sale al campo... Está amaneciendo.

---

[106] *A su manera:* clara referencia a las torturas a las que someterían a Miguel antes de matarlo.

(Hay una larga pausa. Él, apoyado en el quicio, respira sonoramente. Ella se arregla la blusa y el pelo. Luego apaga el quinqué, pues ya se difunde por el cuarto cierta claridad.)

MIGUEL. *(Murmura débilmente.)* No aguanto más...
JULIA. *(Mientras sale.)* Adela no tardará. Me dijo ayer que vendría temprano por las cestas. *(Vuelve a entrar con un orinal, que entrega al hombre.)* No te entretengas. *(Él lo toma y orina maquinalmente mientras ella recoge el tazón de sopa de encima del arcón.)* ¿Quieres comer algo más? *(Él niega con la cabeza. Ella espera a que él acabe y luego sale con el tazón y el orinal.)*
MIGUEL. *(Mientras se quita la chaqueta.)* ¿Qué te han dicho?
JULIA. *(Entra con una jofaina y un paño, que sostiene en sus manos mientras él se lava la cara y manos.)* Creen que andas huido con los de la sierra y que vienes aquí de tanto en tanto. Parece que ayer hubo tiros allá arriba y murieron dos civiles... Y dicen que un cabo dijo que te vio en la partida, disparando.
MIGUEL. *(Murmura.)* Así tendría que ser...
JULIA. ¿Qué quieres decir? *(Él no contesta.)* De la partida mataron a tres en el monte, y otros tres malheridos que traían se les quedaron al interrogarlos. *(Silencio. Él ha terminado de lavarse. Ella sale con la jofaina y el paño.)*
MIGUEL. *(Se quita la camisa.)* He pensado en agrandar el agujero. Cada vez me duelen más las piernas de tenerlas encogidas. Y si ahora tú vas a ir a la aceituna, tanto tiempo ahí metido...
JULIA. *(Entra.)* Me parece muy bien. Mañana empezamos. *(Le ayuda a mover el arcón.)*
MIGUEL. También algo por arriba, para que entre más aire y un poco de luz.
JULIA. Pues claro que sí.
MIGUEL. *(Se frota los ojos.)* Me parece que estoy perdiendo vista.
JULIA. *(Recogiendo la chaqueta y la camisa.)* No te entretengas.
MIGUEL. *(Va a meterse tras el arcón.)* ¿Y no vas a dormir nada?
JULIA. A la tarde me echaré un rato.
MIGUEL. Ve al médico, que vea lo que te han hecho esos. Que te dé algo.
JULIA. Sí, anda, métete ya.

MIGUEL. *(Desaparece tras el arcón, por lo que parece ser un agujero en la pared.)* Hasta la noche.
JULIA. Hasta la noche. *(Vuelve a poner el arcón como estaba.)* ¿Estás bien? *(No se oye la respuesta. Queda arrodillada junto al arcón, pensativa. Suenan dos golpes fuera.)* Es Adela. *(Va a incorporarse.)* Ah, ¿no te he dicho que está esperando un crío? *(Pausa. Murmura:)* Sí: está esperando un crío. *(Tras una breve pausa, se pone en pie, decidida, recoge los zapatos, los mira, mira si todo está en orden a su alrededor y sale.)*

OSCURO

Atajo[107]

A. No sé adónde vamos a ir a parar...
B. Ya lo puede usted decir, don Abundio.
A. ¿Sí? ¿Ya?
B. Sí.
A. Pues lo digo: no sé adónde vamos a ir a parar.
B. Muy bien dicho.
A. Y usted, don Bolonio, ¿lo sabe?
B. Que si sé, ¿qué?
A. Adónde vamos a ir a parar.
B. Puedo imaginarlo.
A. ¿Y decirlo?
B. También.
A. Pues dígalo, hombre, dígalo, que no nos oye nadie.
B. Al muladar judeomasónico[108] que el inverecundo republicanismo criptomarxista y afeminado escondió en las cloacas del solar patrio.

---

[107] *Atajo:* «senda o lugar por donde se abrevia el camino.» Es obvia la referencia al libro de José María Escrivá de Balaguer *Camino*, así como sus connotaciones paródicas. A lo largo del texto hay constantes referencias a los rápidos procedimientos empleados por el Opus Dei para enriquecerse. Como todo el texto es un homenaje a la revista *La Codorniz*, no hay que olvidar que cuando Perich escribió y publicó su libro *Autopista* (1970) y fue preguntado por el título comentó que si había habido alguien que había publicado un libro titulado *Camino*, él tenía perfecto derecho a ampliar los límites y denominar al suyo *Autopista*.

[108] *Judeomasónico:* uno de los términos franquistas para desacreditar las actividades de la oposición era «contubernio judeomasónico» y «contubernio bolchevique». Entre las obsesiones franquistas se encontraba la de que tanto el judaísmo internacional, la masonería como el comunismo eran considerados enemigos activos del Régimen por lo que había que combatir contra ellos.

A. ¡Cáspita, don Bolonio! Me anonada usted.
B. Anonádese, don Abundio, anonádese, que esto no es nada.
A. ¿Nada?
B. Nada, comparado con el relajamiento de las costumbres, de la moral y del espíritu de la Cruzada[109].
A. Por no hablar del escote de doña Carmen[110].
B. ¿De quién? ¿De la Caudilla?[111].
A. ¿No la vio usted en el No-Do[112], la otra semana?
B. No voy al cine.
A. Ah, ¿no? ¿Desde cuándo?
B. Desde el año pasado. Cuando se toleró que pasaran «Gilda»[113], me dije: Esto es el principio del fin... Y no he vuelto a pisar un cine.
A. Hizo usted muy bien, don Bolonio: ahí está la puerta de la decadencia, de la indecencia y de la concupiscencia.
B. Y de la delincuencia... Pero, ¿qué es eso del escote de doña Carmen?
A. Algo bochornoso, aunque me tachen de antipatriota... ¡Iba enseñando media clavícula!

---

[109] *Cruzada:* así llamó el franquismo a la Guerra Civil. El término se lo sugirió la Iglesia ya que la contienda fue considerada como una cruzada contra el marxista, el masón y el impío. Menéndez y Pelayo, afirmó que la Guerra Civil «era una cruzada por la religión, por la Patria y por la civilización».

[110] *Doña Carmen:* nombre de la esposa de Franco. La referencia al escote es irónica, pues, como es bien sabido, la «primera dama» tenía verdadera obsesión en vigilar que el escote de las locutoras fuera el adecuado y dentro de lo correcto.

[111] *La Caudilla:* Preston en su libro *Palomas de guerra* comenta que así se llamaba a Carmen Polo, «la señora era el espejo del señor, la Caudilla...».

[112] *No-Do:* Noticias y Documentales. Fue el noticiero obligatorio en las salas de los cines españoles y se proyectaba antes de la película. Se emitió de 1942 a 1980. Sirvió al Régimen para difundir sus valores y exaltar la figura del dictador. Su sintonía, la inevitable y omnipresente imagen de Franco, el optimismo que transmitía sobre España y el entusiasmo de sus narradores fueron sus características principales.

[113] *Gilda:* película protagonizada por Rita Hayworth, dirigida por Charles Vidor y estrenada en 1946. El eslogan que encabezaba el cartel publicitario de la película presagiaba el impacto en la audiencia: «Nunca hubo una mujer como Gilda.» En España se creyó que la escena en la que Rita Hayworth se despoja de uno de sus guantes era el prolegómeno de un desnudo integral por lo que la escena fue censurada y cortada.

Atajo. Foto de Javier Valderas.

B. ¡Santos Justo y Pastor! ¿Nuestra primera dama?
A. Ya ve qué ejemplo. Luego, que nadie se extrañe de lo que pasa en los parques, en los guateques, en las playas...
B. Ni de que permitan volver a Ortega y a Gasset[114]... y a Dalí.
A. Todo es uno y lo mismo: «Gilda», Ortega, los guateques...
B. Y el escote de doña Carmen.
A. El principio del fin.
B. ¿Y para esto ganamos la guerra, hace diez años?
A. Esa es otra: cada año, menos fusilados.
B. Y en las cárceles, más presos comunes y menos políticos.
A. Y en Barcelona ya están volviendo a permitir el catalán.
B. ¡No será verdad!
A. No en la calle, naturalmente, pero sí en algunos lugares de tolerancia.
B. Esa es la madre del cordero, don Abundio: la tolerancia. Se empieza tolerando y se acaba claudicando.
A. La culpa de todo, a mi modesto entender, la tienen los turistas, que propagan los aires mefíticos de la Europa liberal y filocomunista.
B. Eso, y la pertinaz sequía[115].
A. Y el mambo.
B. Y «La Codorniz»[116].
A. Y la escalera esa[117].

---

[114] *Ortega y Gasset:* (1883-1956), catedrático de Metafísica e intelectual de obligada referencia pues tuvo activa presencia en la vida cultural española. Apoyó la Segunda República y fundó, con Gregorio Marañón y Pérez de Ayala, la Agrupación al Servicio de la República. Antes de estallar la Guerra Civil abandonó España. Regresó en 1946. No fue repuesto en su cátedra. Sus ideas influyeron en la literatura española del siglo XX. Entre sus ensayos hay que destacar: *España invertebrada, La deshumanización del arte* y *La rebelión de las masas.*
[115] *La pertinaz sequía:* Franco aludía constantemente a ella con el fin de justificar los cortes de luz porque no había agua en los pantanos.
[116] *La Codorniz:* el 8 de junio de 1941 aparece creada por Miguel Mihura, Tono, Neville y Álvaro de la Iglesia, la revista *La Codorniz*. Se presentaba como «la revista más audaz para el lector más inteligente». Acuñó un estilo de humor, «el codornicesco», basado en el absurdo y el disparate. Desaparece en 1978. Su crítica afilada y sutil le costó numerosas suspensiones.
[117] *La escalera:* referencia a la obra del dramaturgo Antonio Buero Vallejo, autor que apoyó al bando republicano durante la Guerra Civil. Colaboró en

B. ¿Qué escalera?
A. Una de una comedia que van a estrenar, si Dios no lo remedia.
B. ¿La del rojo ese que estaba en la cárcel?
A. Nosecuantos Vallejo, creo que se llama.
B. Sí, de una historia en una escalera mugrienta, creo...
A. Pues ya ve, don Bolonio, hasta el teatro está infectado de pesimismo torticero y corrosivo.
B. Y por ahí se afloja la reciedumbre de la raza[118] y el temple viril de la juventud.
A. No me extrañaría que, un día de estos, mis braceros me pidieran aumento de jornal.
B. Lo mismo que los obreros de mis fábricas.
A. Productores[119], querrá usted decir.
B. Perdón, sí... Productores.
A. Cáspita, qué novedad.
B. ¿Novedad? ¿Dónde?
A. Ahí al lado, esa puerta...
B. ¿Qué le pasa?
A. Está abierta.
B. ¿Y eso qué tiene de particular? Las puertas, ya se sabe.
A. ¿Usted la había visto abierta alguna vez?
B. Ahora que lo dice...
A. Yo pensaba que la casa estaba abandonada, pero mire...
B. Ya veo, ya... De abandonada, nada.
A. Por fuera es una cosa y por dentro otra, ¿se ha fijado?

Madrid con grupos clandestinos de signo comunista que pretendían reorganizar la resistencia antifranquista. Es detenido y condenado a muerte. Tras una espera de ocho meses se le conmutó la pena capital por la de treinta años de prisión. Sale en libertad provisional en 1946. *Historia de una escalera* se estrenó en 1949, fecha emblemática para el teatro español ya que, según los especialistas, la obra mencionada, dará lugar al nacimiento del teatro español de posguerra.

[118] *Reciedumbre de la raza:* el fundador del Opus Dei, estimaba la fortaleza, el vigor, de la virilidad por encima de todo y desdeñaba a quienes carecían de ella por considerarlos «dulzones y tiernos como merengues». De hecho muchos de los aforismos de *Camino* inciden en esta idea: «No me seas flojo, blando» (máxima 193); «Sé recio. Sé viril» (máxima 212).

[119] *Productores:* como no estaba bien visto en el lenguaje del Movimiento decir «obreros», se sustituyó por el eufemismo «productores».

B. Con lo modesto que es el edificio, ¿eh?...
A. ...Y lo suntuoso[120] que se ve el interior, sí.
B. Suntuoso, pero no ostentoso.
A. Bueno... Esa alfombra ha de ser por lo menos turca.
B. ¿Tanto?
A. Por lo menos.
B. Los muebles, en cambio, son bien castizos.
A. Y macizos.
B. Sobre todo aquel bargueño.
A. Su nombre lo dice todo.
B. Ya no se hacen muebles así.
A. Ni como aquella consola, ¿se ha fijado?
B. ¿La del fondo?
A. Sí... ¿Qué hay encima?
B. No sé... Parece un pato[121].
A. ¿Un pato? ¿Disecado, quiere usted decir?
B. O en efigie.
A. Qué extraño, ¿no?
B. Extraño, ¿por qué? El pato es un animal muy noble... y muy adaptadizo.
A. ¿Adaptaqué?
B. Quiero decir, que lo mismo vuela que nada que anda... Sabe moverse por cualquier medio. Y nunca se mancha las plumas.
A. Eso es verdad...

---

[120] *Suntuoso:* todas las referencias que se hacen al edificio que se describe aluden al hecho conocido de que todo lo que rodeara a José María Escrivá tenía que ser de gran calidad y riqueza. Éste se tomaba mucho interés en la elección del mobiliario y accesorios (vajilla y cubertería de oro, porcelanas...) de las casas en las que vivía. Su oratorio no tenía que ver con la austeridad que recomendaba a sus seguidores. Su amor por la opulencia y el lujo quedan de manifiesto en el palacio Bruno Buozzi en el que residió en Roma, lleno de marfiles chinos, sedas, arcones de maderas preciosas, lámparas, relojes de bronce..., y a ello se refieren don Abundio y don Bolonio.

[121] *Pato:* el Opus está lleno de símbolos. Uno de ellos era la representación gráfica de palmípedos, concretamente del signo hermético de la oca y la pata de ganso. Se conservan dibujos de estas extremidades, realizados por el propio Escrivá de Balaguer, en cristal, madera, papel y porcelana. Los templarios usaban el dibujo de la pata de oca como símbolo de reconocimiento y firma.

B. En cambio, lo que a mí me extraña, ya ve usted, es el sitio propiamente.
A. Tiene razón... ¿Qué es? ¿Un salón estrecho... o un pasillo ancho?
B. No, no... Quiero decir... el sitio. ¿Es un despacho, un vestíbulo, un aposento, un gabinete, una oficina, una delegatina, un oratorio, un condominio, un archirretrete[122], una antecámara, un equiponderante...?
A. ¿Por qué un oratorio, y perdone la interrupción?
B. Hombre... Lo digo por aquello, que parece un reclinatorio.
A. Es verdad. Y si no me engaña la vista, hay también un ofertorio... y un expiatorio, y un oratorio, y un refectorio, y un propiciatorio, y un locutorio, y un derogatorio, y un lavatorio, y un comulgatorio, y un conminatorio, y un flagelatorio, y un absolutorio... y hasta un fumigatorio.
B. Y una percha.
A. También.
B. No le falta detalle.
A. Lo que es digno de encomio, sobre todo, es cómo han aprovechado el sitio.
B. Desde luego, esta gente, sea quien sea, sabe estar a todas.
A. ¡Vaya! Mire: ha entrado alguien. Una señora de negro.
B. No: es una sirvienta[123]. ¿No ve la cofia... y el delantal blanco?
A. Cierto: una sirvienta. ¿Cómo he podido confundirme?
B. No se amilane, don Abundio. Son los tiempos. Hasta las diferencias se están perdiendo.
A. Y así no hay sociedad que se sostenga.

---

[122] *Un archirretrete:* esta enumeración caótica de don Bolonio, así como la de don Abundio persiguen parodiar el lugar que están viendo, intención que tiene que ver con lo que explicábamos en la nota 120. El uso del sintagma nominal con determinante indefinido, el polisíndeton y la invención de palabras contribuyen a dar esa sensación de caos y desorden en contraposición con la obsesión que Escrivá de Balaguer tenía por el orden.

[123] *Es una sirvienta:* el Opus se ocupaba de formar a las sirvientas. Se creía que las actividades de la organización dependían del comportamiento eficaz del personal auxiliar, por ello lo seleccionaban con sumo cuidado. El elitismo de la organización las obligaba a ir vestidas de negro.

B. Disimule, disimule, que parece que sale...
A. No... Se queda en la puerta... Mira a un lado y a otro... Ojalá que no la cierre...
B. ¡Oh, no! ¿La cierra?
A. No, se mete otra vez... Va hacia la consola, le dice algo al pato...
B. ¡Y de malos modos! ¡Qué descarada! A un bicho tan noble...
A. ¿Y ahora? ¿Qué busca en el bargueño?
B. No sé... Abre todos los cajones... y con un desparpajo...
A. Me temo, don Bolonio, que estamos siendo testigos de un hurto.
B. Pues no se va a salir con la suya, ¿eh, don Abundio? Buenos somos nosotros para...
A. Espere, hombre, espere... No se sulfure. Mientras no dé con el cuerpo del delito...
B. ¡Lo encontró! ¿Ve? Ya lo tiene en sus manos... ¿Es un collar?
A. No sé... Parece más bien una cinta... o una cenefilla...
B. ¡No! ¡Es una liga![124]. Mire cómo se sube la falda... para ponérsela.
A. Qué falta de recato... Con la puerta abierta...
B. Menos mal que nosotros la estamos viendo... involuntariamente.
A. Yo diría incluso que casualmente.
B. Circunstancialmente.
A. Transitoriamente.
B. Subsidiariamente.
A. Negligentemente.
B. Genéricamente.
A. Oficiosamente.
B. Simbólicamente, como quien dice.
A. Pero, ¿qué le pasa? ¿Por qué esos gritos de dolor, esas muecas?

---

[124] *Liga:* alusión indirecta al cilicio que usaban los que pertenecían al Opus, para los militantes solteros era obligatorio. Se lo ponían en el muslo para mortificarse y evitar caer en las tentaciones de la carne. La idea del castigo corporal está presente en *Camino*.

B. Tienen que ver con... es algo de la liga que se ha puesto...
A. Se ve que le aprieta mucho...
B. ¡Pobre mujer! ¡Cómo sufre! Pero, ¿por qué no se la quita?
A. Y ahora, ¿ve?, se arrodilla...
B. En el reclinatorio.
A. Ante el expiatorio.
B. Junto al propiciatorio.
A. Tras el conminatorio.
B. Cabe[125] el ofertorio.
A. Bajo el fumigatorio.
B. Al ladito de la percha.
A. Será una sirvienta, pero devota como Isabel la Católica.
B. ¡Eh, mire! ¡Tenemos visita! Ha entrado un hombre...
A. No: es un sacerdote[126].
B. Es verdad: un sacerdote. Pero qué aire tan campechano. Parece un baturrico.
A. Con gafas.
B. Pues más a mi favor.
A. Qué nerviosa se ha puesto ella... ¿Ve cómo se retuerce las manos?
B. ¿Qué «retuerce»? Se las acaricia de pura fruición...
A. Pero, ¿qué fruición va a fruir la pobre, con la bronca[127] que le está echando el cura?
B. ¿Llama usted «bronca» a esa dulce admonición paternal?
A. Yo más bien diría que la está toreando, porque el manto lo mueve como un capote.

---

[125] *Cabe:* arcaísmo, «junto a».
[126] *Un sacerdote:* esta alusión, así como las siguientes: «baturrico» y «con gafas», confirma que Sinisterra se refiere al fundador del Opus Dei, José María Escrivá de Balaguer. Como dato curioso hay que decir que en el expediente de estudios del curso 1915-1916 que se conserva en Logroño, puede observarse que el nombre de Monseñor aparece con B y sin acento, Escriba, y así consta también en su partida de nacimiento. Con el tiempo empezó a firmar con «v» y transformó su apellido, por las implícitas referencias judías —«escriba» es el intérprete de la ley judía—, acentuó la «a» y añadió «de» porque sonaba más nobiliario.
[127] *Bronca:* de nuevo una referencia al creador de la Obra. De él se decía que a pesar de sus maneras atildadas y suaves y su aparente campechanía tenía muy mal carácter, era violento, brusco y colérico.

B. Eso es de pura campechanía[128]... Y mire, mire cómo le tiende la mano, para alzarla del suelo en que está postrada.
A. Pues a mí me parece que le está reclamando algo, y con una saña que no veas...
B. ¿Por qué lo dice? Ah... ¿porque ella se quita los pendientes?
A. Y el anillo... y la pulsera... y se los entrega.
B. Eso es una ofrenda filial, de gratitud por los sabios consejos que le ha dado el padre.
A. Será eso: que se los ha metido en el bolsillo de la sotana como un rayo.
B. ¿Ve como sí? Y ahora él va a corresponder, regalándole algo...
A. ¿Eso que saca de la gaveta? ¿Qué es?
B. Pues así, a primera vista... parece un látigo de siete colas[129].
A. ¿Un látigo?
B. O algo así...
A. ¡Ah, claro! ¡Unas disciplinas[130], para mortificarse!
B. Sí: le está ordenando que se flagele, por ladrona.
A. ¿Qué dice? ¿No ve como se sube la sotana y le ofrece el trasero? ¡Quiere que ella lo azote!
B. ¡Por favor, don Abundio! Es ella quien se sube las faldas, para que él le flagele las nalgas. ¿No tiene ojos en la cara?
A. ¡Claro que los tengo! Y con ellos veo que ese santo varón ama más la mortificación que las natillas.
B. ¿Qué dice de natillas? ¡Hiel! ¡Amarga hiel le está dando a esa pobre muchacha, con tamaña azotaina![131]

---

[128] *Campechanía:* Monseñor tenía fama de persona llana.

[129] *Látigo de siete colas:* se comenta que Escrivá usaba un látigo de nueve colas y una cadena con púas para flagelarse. Parece ser que se lo enseñaba a los más allegados y conocidos.

[130] *Unas disciplinas:* son azotes de cuerda de cáñamo cuyas puntas están rematadas con nudos o con bolitas de plomo sujetas al extremo de cada cuerda. Los jóvenes seguidores las utilizaban una o dos veces por semana, mientras que el cilicio lo llevaban dos horas diarias. Todas estas alusiones están usadas con un claro matiz de burla.

[131] *Azotaina:* posible referencia a la anécdota que cuenta Carmen Tapia en su libro *Tras el umbral, una vida en el Opus Dei*. Según la autora un día Monseñor se enfadó con una numeraria que le llevó el correo directamente. Comenzó a gritar que la azotaran, que le levantaran las faldas, le bajaran las bragas y

A. ¿No oye los gemidos que lanza el padre, a cada zurriagazo? Tiene vocación de mártir.
B. No lo soporto más. Bien está que el delito pague, pero no de ese modo. Y, total, por unas ligas... ¡Allá voy!
A. ¡No! ¿Qué hace, don Bolonio? ¡Vuelva aquí! No tiene derecho a allanar una morada ajena. Y menos, estorbando un rapto de piedad... ¿Ve, ve, ve cómo los conturba su intromisión? Pídales perdón y vuelva aquí... ¿Se da cuenta? ¡Ha hecho huir a la sirvienta! ¿Y ahora? ¿Qué hace? ¿Se encara con el cura? ¿Cómo se atreve? ¡Don Bolonio! ¿No me oye? Pídale disculpas y venga aquí... que es la hora del plátano. Mire... aquí los traigo: uno para usted y otro para mí. Ni verdes ni maduros, como le gustan. Recién traídos de las Islas Canarias. De estos no le llegan a cualquiera, ¿eh, don Bolonio? ¡Don Bolonio! ¿Se da cuenta? ¡Ha despertado usted la cólera de ese pan bendito! Le está bien empleado, por... ¡Cuidado! ¡Está fuera de sí! ¿Y ahora? ¿Por qué le da usted su tarjeta? ¿Pretende acaso desafiarle a un duelo, impío? ¿A un ministro del Señor? Pero... ¿qué le...? Cómo se calmó de golpe... Qué súbita mudanza... ¿Ha sido por leer su tarjeta?[132]. Vea qué fácil perdón tiene el reverendo. Y usted, tomándolo por un déspota, ¿se da cuenta? Lo mismo que pasa con el Caudillo y el contubernio internacional antiespañol[133]. Mucho llamarle dictador[134], ne-

---

la azotaran hasta que se arrepintiera de lo que había hecho. Todo el pasaje encaja con las obsesiones sexuales de José María Escrivá y que se entreven en *Camino*.

[132] *Tarjeta:* el fundador se calma porque el nombre escrito en la tarjeta es el de una persona influyente, por tanto, un posible candidato para formar parte del Opus.

[133] *Contubernio internacional antiespañol:* uno de los términos franquistas para desacreditar a la oposición. Se hizo famosa la expresión «contubernio de Munich». Con ella se designó a la reunión que españoles de la oposición moderada y algunos exiliados celebraron en esa ciudad el 8 de junio de 1962 para estudiar las condiciones que debía reunir el régimen de Franco para poder entrar en la Comunidad Económica Europea. La resolución que se aprobó pedía la democratización de España. La reacción del régimen franquista fue implacable y obligó a los asistentes a elegir entre el exilio o el confinamiento en su propio país.

[134] *Dictador:* tanto Franco como los franquistas rechazaron que su gobierno fuera una dictadura y él un dictador ya que los consideraban términos insultantes. Eran vocablos que no se podían decir ni escribir a pesar de que la censura permitía que se llamase dictadura al mandato de Primo de Rivera.

gándole el pan y la sal... y luego, ¿qué? Ya lo está viendo ahora: los americanos[135], bailándole el agua, y los demás... Pero, hombre, don Bolonio: tampoco es preciso que le baile usted la jota, para congraciarse... Pues, anda, que el reverendo... ¡con qué gracia le secunda! ¡Y la buena pareja que hacen! Sí, señor: eso es un padre dicharachero y moderno... y no esos curillas que se las dan de obreros[136]... Quiero decir: de productores. Por ahí, por ahí vendrá la renovación de la Iglesia: por el cilicio y el bullicio, por la palmeta y la cuchufleta, por la disciplina y la chilindrina[137]. ¿No es verdad, don Bolonio? ¡Eh! ¿Qué hacen ahora? ¿Adónde van, tan codo a codo? ¡Vuelva aquí, don Bolonio! ¡No me deje tirado como una colilla, carape![138]. ¡Don Bolonio! ¿Habráse visto? Esto no se le hace a un Alférez Provisional... y Porronero Mayor Vitalicio de la Cofradía del Santo Vinagre[139], además. Hombre, por Dios, faltaría más... Desairitos a mí... Pues, ¿sabe lo que le digo? ¡Que me voy a comer mi plátano sin más contemplaciones! ¡Yo sólo y ya mismo! ¡A ver...! Estos cachalotes de la industria, porque mangonean las licencias de importación, ya se creen los amos de España... Mmmmm... Qué rico: ni verde ni maduro. Él se lo pierde, por meapilas.

***

---

[135] *Americanos:* España y Estados Unidos mantuvieron una serie de conversaciones desde 1947 a septiembre de 1953. El resultado fue la cesión de territorio español para instalar bases militares norteamericanas a cambio de ayuda económica. Hay que recordar que a fines de los 40 era el principio de la guerra fría y Estados Unidos, abanderado de esta lucha, necesitaba aliados en el frente occidental. España, que debido a su situación geográfica dominaba la entrada y salida del Mediterráneo y continente europeo, se perfilaba como la candidata ideal para asumir el puesto. 1947 marcó el comienzo de un tímido acercamiento hispano-norteamericano. La ayuda de Estados Unidos no implicaba la liberalización del régimen de Franco, ni que el presidente Truman fuera a influir en ello. El acercamiento no se consolidó hasta 1951.
[136] *Curas obreros:* muchos eclesiásticos se implicaron en actividades sociales. El Régimen los veía como una influencia negativa ya que estaba convencido de que transmitían ideas marxistas en el mensaje cristiano. Estaban muy vigilados por la policía.
[137] *Chilindrina:* cosa banal y sin importancia. Broma.
[138] *Carape:* equivale a «¡Caramba!».
[139] *Porronero Mayor Vitalicio de la Cofradía del Santo Vinagre:* invención del autor con intenciones paródicas.

B. ¿Qué hace usted, don Abundio?
A. Pues ya ve: zamparme también su plátano.
B. Pero, ¿así? ¿De ese modo tan... tan obsceno?
A. ¿Obsceno? ¿Qué quiere usted de...? Pero ¿qué le han hecho, don Bolonio?
B. ¿A mí?
A. ¿Le han lavado la cabeza?[140].
B. ¿Por qué lo dice?
A. Lleva usted el pelo lleno de espuma.
B. Ah, ¿sí? Pues no: no me han lavado nada. Aunque es verdad que el cerebro me lo noto limpio, prístino, impoluto...
A. ¿Y se ha fijado en la marca del champú?
B. Allí no hay más champú que la palabra.
A. ¿Qué palabra?
B. «Hoc enim faciens, et teipsum salvum facies, et eos qui te audiunt»[141].
A. ¡Córcholis, don Bolonio! ¿Desde cuándo habla usted latín?
B. ¿Es latín, esto? Ya me parecía a mí...
A. Lo que a mí me va pareciendo, amigo mío, es que en esa casa hay gato encerrado.
B. ¿Encerrado? Al contrario: ahí un gato podría corretear libremente por salas, pasillos, escaleras... y no se imagina hasta dónde podría llegar.

---

[140] *La cabeza:* es sabido que a aquellos que querían entrar en el Opus se le sometía a un lavado de cerebro ideológico utilizando el adoctrinamiento machacón.

[141] *Hoc enim faciens, et teipsum salvum facies, et eos qui te audiunt:* frase latina que Sanchis ha tomado del libro de Federico M. Requena y Javier Sesé, *Fuentes para la historia del Opus Dei*, Barcelona, Ariel, 2002. Su traducción sería: «Harás esto y alcanzarás la salvación y también aquellos que te escuchan.» Se sabe que Monseñor era un alumno muy malo en latín. Esta lengua se convirtió en una verdadera obsesión en el Opus con el fin de demostrar el dominio de ésta y desmentir la insuficiencia de José María Escrivá. Las máximas de *Camino* están llenas de frases latinas. Los traductores que realizaron la versión española para el libro de Jesús Ynfante afirman que el original estaba escrito en un latín torpe, salpicado de faltas de ortografía. De hecho en la frase transcrita hay una falta: «teipsum» que debe escribirse separado. Juan Goytisolo ha señalado que la prosa de Escrivá es zafia, pobre y el pensamiento expresado simple, «a mil años luz de Santa Teresa y de San Juan de la Cruz».

A. Pues no, francamente: no me lo imagino.
B. No sé si decírselo... Le encuentro un poco escéptico.
A. ¿Escéptico yo, que soy tan confianzudo y boquirroto?
B. Está bien, se lo digo: podría llegar hasta el mismísimo Palacio del Pardo[142].
A. ¡Hasta el Pardo! ¡Pobre gato!
B. Y pasando por varios ministerios.
A. Pues vaya una caminata que se daría el minino...
B. Parece largo el camino, sí. Pero, en realidad, es un atajo.
A. ¿Un atajo?
B. Sí: un atajo... hacia la santidad[143].
A. Pero, esa gente, ¿puede canonizar a un gato?[144].
B. No, hombre... Olvídese del gato. Me refiero a nosotros, a los simples mortales. También nosotros, usted y yo, por ejemplo, podemos aspirar a la santidad.
A. Bueno, verá usted, yo, si le digo la verdad, me conformo con cumplir mal que bien los cinco mandamientos.
B. Son diez.
A. ¿Diez? Pues razón de más.
B. No me sea blandón, don Abundio. Que le estoy hablando de otra santidad, no de esas ñoñerías de beatas.
A. Ah, ¿no?

---

[142] *Palacio de El Pardo:* construido por Enrique III en el siglo XV. Después de la Guerra Civil, Franco ocupó este palacio una vez que se trasladó definitivamente a Madrid, como residencia particular y sede de la Jefatura de Estado. También reunía aquí al Consejo de Ministros. Hay otro significado en la expresión. Carrero Blanco, opusdeísta convencido, entrega el 25 de febrero de 1957 la lista de un nuevo gobierno. En ella hay dos nombre muy cercanos al Opus: Alberto Ullastres, ministro de Comercio, y Mariano Navarro Rubio, en Hacienda, recomendado por López Rodó miembro del Opus. Sería el primer gabinete tecnócrata. Es en este momento cuando surge un poderoso «lobby» de miembros y amigos de la Obra que se asocian y crean muchas empresas. Posteriormente, la designación de Carrero como vicepresidente y primer ministro representaría la consolidación del dominio de la tecnocracia del Opus en la administración pública.

[143] *Santidad:* el ideario del Opus propone la santificación personal a través del trabajo ordinario. Equiparaba el triunfo profesional y económico con la perfección espiritual.

[144] *Canonizar a un gato:* indudable guiño actual a la canonización de Monseñor.

B. No: ahí dentro se predica la santa intransigencia, la santa coacción, la santa desvergüenza[145]...
A. Hola, hola... Eso no me suena mal.
B. Son de los nuestros, ¿se da cuenta? Con más estilo y más sigilo[146], pero de los nuestros. Llenos de ardor guerrero[147]. Inmunes a la molicie y a la estulticia...
A. ¿Y qué opinan de la santa codicia?[148].
B. No, de ésa no me han hablado...
A. Bueno, no importa... Pero, cuénteme, don Bolonio: ¿cómo fue la cosa? Yo vi que el padre se calmó de golpe cuando usted le enseñó su tarjeta... ¿Y qué pasó luego?
B. Fue algo conmovedor. Se interesó por mis cosas personales con una delicadeza... Que cuántas fábricas tenía, que cuál era su activo, cuál su liquidez, cuál el umbral de rentabilidad, el neto patrimonial... y que si no llevaría encima, por un casual, el libro mayor de contabilidad, para echarle un vistacillo[149].
A. ¿Y lo llevaba?
B. No suelo.
A. De todos modos, qué paternal deferencia con un desconocido.

---

[145] *Santa desvergüenza:* la idea escrivaniana de la Santa Eficacia deriva de las tres virtudes cardinales propuestas en las máximas de *Camino:* la santa intransigencia, la santa coacción y la santa desvergüenza. Esta era alabada por Monseñor en *Camino.* Como se ve, el fundador del Opus cae en la paradoja de convertir los pecados en virtudes. Sostiene además que el plano de la santidad que nos pide el Señor está determinado por la santa intransigencia, la santa coacción y la santa desvergüenza y añade en la máxima 393 que la transigencia es «señal cierta de no tener verdad».

[146] *Sigilo:* referencia al carácter secreto de las actividades del Opus.

[147] *Llenos de ardor guerrero:* el Himno de la Infantería española comienza así: «Ardor guerrero vibra en nuestras voces.» La alusión es irónica.

[148] *Santa codicia:* se asegura que el Opus tiene unos ingresos mensuales de treinta millones de dólares. Se ha dicho que con Escrivá el dinero se hace católico y se le atribuye a la imaginación popular el lema «por el dinero hacia Dios». Hay que decir también que los militantes solteros tenían que firmar un documento en el que ceden sus bienes a la Obra y debían dar el sueldo íntegro. Este afán por el dinero contrasta con uno de los votos exigidos: la pobreza.

[149] *Vistacillo:* de nuevo se insiste en el interés por controlar el posible dinero, posesiones..., de los futuros candidatos.

B. Pues eso no es nada: sin más protocolo, me invitó a merendar.
A. ¿En el refectorio?
B. No: en el preservatorio, que es más íntimo.
A. Qué detalle.
B. Y allí me presentó a un selecto grupo de contertulios.
A. ¡Hombre! La cosa se va animando. Cuente, cuente...
B. No, don Abundio. Usted me perdonará, pero, llegados a este punto, no puedo ser más explícito.
A. ¿Cómo que no? Usted y yo somos como de la familia.
B. Por eso mismo.
A. Explíquese, por favor.
B. Me han pedido la máxima discreción, porque la tarea en que están empeñados precisa de un gran recogimiento.
A. Claro, claro: hay que recoger todo lo que se pueda, para luego...
B. No, hombre, no... Le estoy hablando de recogimiento interior, espiritual...
A. Ah, bueno... Pero dígame al menos qué clase de gente había en la tertulia.
B. De lo mejor: arquitectos, abogados, banqueros, empresarios, ingenieros, sacerdotes, profesores... y hasta un almirante[150].
A. ¿De uniforme?
B. Pero, ¿qué dice? ¿Cómo iba a flagelarse con el uniforme puesto?
A. Ah, pero, ¿aquello no era una merienda?
B. Pero no de negros. Lamento haberme ido de la lengua. No debo decirle nada más.
A. Ande, hombre... No me sea estrecho...
B. Sólo una cosa, una pregunta. ¿Sabe qué es la... la of... oftalmología?
A. Me suena, pero de lejos. ¿Por qué?

---

[150] *Almirante:* la máxima 400 muestra a quienes va dirigido *Camino:* «Catedráticos, periodistas, políticos, hombres de diplomacia: meditad.» El almirante es Luis Carrero Blanco, encarnación de la línea dura del franquismo de los años 40, identificado estrechamente con el Caudillo. Siempre le interesó el Opus y estuvo muy cerca de él. Véase nota 142.

B. Es que... me han ofrecido una cátedra[151] de... de eso.
A. ¿Así, por las buenas?
B. Dicen que, con la desinfección de la Universidad, han quedado muchas vacantes.
A. Enhorabuena, don Bolonio. Y que la disfrute muchos años.
B. De eso se trata.
A. ¿Qué quiere decir?
B. Que hay que mirar hacia el futuro, don Abundio.
A. Yo ya lo hago: el año que viene, si el Delegado Provincial no me falla, voy a arramblar con la Azucarera de Jiloca.
B. Alicorto y matutero[152] como siempre, pobre amigo. Yo le hablo del Futuro, con mayúscula, y usted me sale con el año que viene.
A. Bueno... Es que, tal como se están poniendo las cosas, con este aflojamiento de los ideales del Imperio nacional-sindicalista...
B. Por eso mismo, don Abundio. Hay que cambiar de tren... y tomar uno que circule otros diez, o veinte, o cincuenta años. Y por tierra, mar y aire.
A. ¿Como el pato?
B. Y que llegue hasta lo más arriba.
A. Como el gato.
B. Como el gato y como el pato, en santo concubinato.
A. Pero ese tren, don Bolonio, ha de tener una locomotora[153] de muchos caballos.

---

[151] *Cátedra:* al Opus siempre le interesó el control de la Universidad ya que quería la formación de los más inteligentes. Este control se ejerció a través del dominio sobre el Consejo Superior de Investigaciones Científicas que cristalizaría después en el «asalto a las cátedras» por medio de oposiciones y en la creación de la Universidad de Pamplona.

[152] *Alicorto y matutero:* el primer adjetivo dicho de una persona significa alguien de escasa imaginación o de modestas aspiraciones. «Matutero» es la persona que introduce, clandestinamente, géneros en una población sin pagar el impuesto de consumo.

[153] *Locomotora:* posible alusión a la afirmación de Escrivá: «Tenemos que conquistar las locomotoras porque son las que tiran de los vagones.» De esta forma expresaba una idea que otros líderes católicos de su tiempo habían sostenido: las elites del Opus serían las locomotoras que tirarían de los vagones.

B. Los burros[154] tienen más resistencia... y aguantan lo que sea.
A. Qué alegórico y zoológico ha salido usted...
B. Pero ahora tengo que volver a entrar. Nos espera una obra colosal... y he de prepararme para ella.
A. ¿Prepararse? ¿Cómo?
B. Ofreciéndole mis mortificaciones.
A. La verdad, don Bolonio, no me lo imagino mortificándose. Con lo mojarrilla y vivandero[155] que es usted...
B. Ya, ya... De momento, voy a ver si me aceptan las hemorroides, para ir haciendo boca.
A. ¡Espere, espere! ¿No podría yo entrar con usted un ratito? Sólo para saludar a ese cura tan zaragatero[156].
B. También le ha cautivado a usted, ¿verdad?, con ese desempacho suyo.
A. También, lo confieso. Aunque, a segunda vista, se le ven unos aires... como de marqués[157], ¿no le parece?
B. Sobre todo, lo que se le nota es la madera de santo[158].
A. Todo en uno, sí señor.
B. Está bien: venga conmigo. Se lo presentaré.
A. Muchas gracias, don Bolonio.
(B). ¡Eh! ¿Adónde va? Que no es por ahí el refectorio... ni el preservatorio.
(A). Ya, ya. Es que necesito ir primero al mingitorio...

TELONCILLO

---

[154] *Los burros:* se sabe que José María Escrivá tenía preferencia por los burros ya que fue un borriquillo el que calentó el pesebre del Niño Jesús, éste entró triunfal en un burro. Además, es un animal dócil y resistente ya que puede realizar trabajos muy duros, pero, ahí estriba la irónica alusión, no es inteligente.

[155] *Mojarilla y vivandero:* «mojarrilla» es una persona que está siempre de broma. «Vivandero» es aquel que vende víveres a los militares. Su uso en este caso tiene más de juego fónico que de coherencia significativa. También recuerda a «vivales».

[156] *Zaragatero:* torero que ejecuta las suertes atropelladamente. Recuerde el lector que don Abundio comenta que parece que el sacerdote está toreando «porque el manto lo mueve como un capote».

[157] *Marqués:* el fundador del Opus consiguió el marquesado de Peralta y fue autorizado a modificar su primer apellido y añadir «de Balaguer», más afín con su título.

[158] *Santo:* referencia a la canonización de Monseñor.

Apéndices

Algunos trabajos de alumnos de Bachillerato y ESO en torno a la memoria histórica

Sanchis Sinisterra preocupado por recuperar el pasado silenciado, una vez terminada la redacción de *Terror y miseria en el primer franquismo*, lanzó una invitación a todos los alumnos de Instituto que quisieran colaborar. Se trataba de animar a los estudiantes a escribir un texto mediante una propuesta, publicada en un Cuaderno Pedagógico. Transcribimos a continuación, íntegramente, la invitación hecha por el autor. Se han seleccionado, además, catorce trabajos, entre los muchos presentados, realizados por alumnos de Bachillerato y ESO, en torno a la memoria histórica.

Una propuesta del autor

El teatro, que siempre pretende hablar a sus contemporáneos, se vuelve a menudo hacia el pasado para nutrir el presente, para dotarlo de raíces, de sentido, de densidad. A las obras surgidas de esta mirada retrospectiva se las suele llamar «históricas», pero a mí, francamente, esta denominación me parece un poco solemne y acartonada. En vez de usar el pretencioso término de «teatro histórico», yo prefiero hablar de «teatro de la memoria».

La memoria es algo frágil, maleable, pero a la vez enormemente poderoso, peligroso incluso. Por eso, como dice Tzvetan Todorov, los sistemas políticos dictatoriales intentan suprimirla o, por lo menos, distorsionarla. Abolir el pasado —el contenido de la memoria— o maquillarlo ha sido siempre, y muy especialmente en el siglo XX, un objetivo prioritario de los totalitarismos.

¿Por qué? Trata tú mismo/a de dar una respuesta a esta pregunta.

Lo malo es que los regímenes democráticos, fascinados por el cambio y la innovación, ávidos de conquistar el futuro y empeñados en no perder el tren del presente, descuidan a menudo la preservación, la recuperación del pasado, relegando la memoria a los museos, a los archivos y a los viejos. Ocurre entonces que se olvida la dañina labor del olvido. Y mucha gente se encuentra avanzando hacia donde le dicen, sin recordar de dónde viene y sin saber hacia dónde quería ir.

¿Quién dijo aquello de que «un pueblo que olvida su pasado está condenado a repetirlo» (o algo así)? ¿Qué quería decir?

El «teatro de la memoria» es uno de esos rincones en los que se pretende conjurar el olvido, revisitar el pasado para entender un poco más el presente, y quizá para ayudarnos a escoger un futuro... o incluso para luchar por él. En la vida de cada día —la mía y la tuya— ocurre también que el recordar experiencias vividas tiempo atrás, rememorarlas, contárselas a otros, nos sirve para entenderlas mejor, para entendernos, para que nos entiendan. Y aunque las «maquillemos» un poco —o un mucho—, nos ayudan a construirnos como personas, a dar un sentido a nuestra vida, a afirmarnos ante los demás, a situarnos en el tiempo: vengo de allí, voy hacia allá.

¿Has notado alguna vez —o a menudo— cómo se afirmaba tu identidad al compartir un recuerdo con alguien? Descríbelo, si puedes (y si te apetece).

Esta otra, *Terror y miseria en el primer franquismo*, nació de un propósito parecido: quería rememorar un pasado que —pensaba yo— podía disolverse en el olvido... después de haber sido ocultado y deformado por un sistema dictatorial que se estaba desmoronando aceleradamente.

Hablo de los años de la transición a la democracia, tras la muerte de Franco en 1975. Con el derrumbe de las «instituciones» del régimen —la censura, el sindicato único y «vertical», la ilegalidad de los partidos políticos...—, los vientos de cambio y de libertad soplaban esperanzados por toda España. Pero yo sentía que había demasiada ansiedad por impulsar el futuro, y también una voluntad interesada en pasar la página más negra de nuestra historia. Porque si, arrastrados por el afán de construir por fin un mañana nuestro, sólo mirábamos hacia adelante, ¿qué iba a pasar con tantos años de opresión, de venganza, de corrupción, de miedo, de humillación, de rabia contenida? ¿Qué iba a ser de los muertos por la represión franquista —estudios recientes hablan de 150.000—, de los torturados, de los exiliados, de los envejecidos en prisión, de los represaliados y destituidos —ponlo también en femenino, para no olvidar a las mujeres— y de quienes compartieron su derrota?

Y decidí recurrir al «teatro de la memoria»; es decir, a llevar a la escena la memoria suprimida y distorsionada del franquismo. Bueno: sólo del «primer» franquismo. (Recuerdo que alguien me preguntó: «¿Crees que habrá más?»). Así que le «robé» al gran hombre de teatro alemán Bertolt Brecht (1898-1956) parte del título de su obra *Terror y miseria del Tercer Reich*, escrita desde el exilio durante los años triunfales del nazismo, así como la idea de la estructura: una serie de obras breves, independientes unas de otras, que mostraban diversos aspectos de la vida cotidiana en la Alemania de Hitler.

Entre 1979 y 1980 compuse cuatro de mis piezas y empecé varias más, pero tuve que dejar interrumpido el proyecto porque me reclamaban otras tareas escénicas más urgentes: escribir y dirigir obras para mi grupo, «Teatro Fronterizo». Veinte años más tarde, ante el alarmante giro a la derecha de la sociedad española y la —en mi opinión— reaparición de «síntomas» neofranquistas en la clase política, me propuse reanudar y concluir el antiguo proyecto, impulsado por los mismos propósitos: ofrecer a la memoria un cobijo digno y compartible.

Pero debo hacer una aclaración: la memoria que se encarna en estas piezas no es la mía. No son mis recuerdos los que me propongo compartir con el público, con vosotros. Yo nací en 1940, y las nueve escenas que constituyen *Terror y miseria en el primer franquismo* transcurren entre 1939 y 1949. Y aunque mi padre, profesor de Física y Química, fue represaliado y encarcelado, no tengo recuerdos concretos de aquellos años sombríos. Por lo tanto, he debido «fabricar» la memoria que alienta en estas escenas. ¿Cómo? Hablando con parientes y amigos de mis padres, que vivieron como jóvenes o adultos ese «tiempo de silencio», escuchando a mis compañeros y profesores de la Universidad y, sobre todo, leyendo, leyendo mucho: libros, revistas, documentos, cartas...

¿Podrías hacer tú mismo/a algo parecido?

¿Hablar con tus mayores, quizás incluso «husmear» por Internet..., y luego escribir algo?

Imagina que la obra *Terror y miseria en el primer franquismo* no está acabada (de hecho, yo pienso seguir añadiéndole escenas en años sucesivos: el tema es inagotable, y hay tanto que rescatar del olvido...). Con la información que recojas, puedes escribir un comentario personal, un relato, una escena teatral o el guión de un corto cinematográfico. Me gustaría que la próxima edición de mi obra se viera ampliada con algo escrito por ti. En cualquier caso, pedir a tus abuelos y a otra gente de su edad que te cuenten cómo vivieron el primer franquismo te resultará una experiencia emocionante. Y también lo será para ellos: los escuchamos tan poco...

José Sanchis Sinisterra,
director y escritor de teatro.

La vida en la posguerra

Esta historia es real, y me la ha contado la tía de mi madre, Juanita Muñoz Solé que nació en el año 1915 y tiene 88 años.

Me ha contado que en las clases pegaban porque los profesores eran más severos que ahora. Un día estaban explicando los ríos de España, y a ella la pegaron por no saber una respuesta que dijo mal. También enseñaban a hacer labores y costura en el colegio. La mayoría eran de pago y los profesores eran curas y monjas. En el recreo las chicas jugaban a saltar a la comba y los chicos al fútbol y a la peonza. También jugaban a los alfileres, que consistía en tirarlos al suelo y cruzarlos al golpearlos con el dedo. Para ir al colegio llevaban un babi blanco, solamente las chicas, porque los chicos iban con ropa de calle. No había comedor en el colegio, todos comían en su casa. Los libros eran muy pequeños y sin fotos ni dibujos, dice mi tía segunda que eran unos libros muy tristes.

En su casa vivían once. Los padres, siete hermanas, un hermano y su abuela. Dice que su padre trabajaba de alfarero y su madre era ama de casa. Ella era la segunda de los ocho.

Después de llegar del colegio jugaban un poco en casa, comían y se iban otra vez. Cuando volvían hacían los deberes y después se iban a jugar con sus amigos y amigas. En la casa no tenían ni televisión, ni lavadora, ni casi ningún electrodoméstico, sólo oían la radio.

Las casas eran muy pequeñas, tenían que dormir tres o cuatro en un solo dormitorio. También me cuenta que, después de la guerra, un día empezaron a tirar bombas y se tuvieron que meter a unas minas subterráneas para refugiarse. Su madre, que estaba enferma en la cama, le dijo a su marido que quería ir con ellos. Y justo después de marcharse de allí, cayó un obús en la misma cama donde antes dormía su madre. Después de ese suceso la casa quedó destrozada y hecha «trizas».

Nunca compraban en supermercados, puesto que no había, solamente había pequeñas tiendas de ultramarinos y carnicerías, pescaderías, casquerías, etc.

Los domingos le daban a cada hermano una peseta de paga. Cuando salía con sus amigas iban a pasear al campo, no solían hacerlo por la ciudad. Compraban golosinas como, por ejemplo: garbanzos torrados, pipas, cañamones tostados, cacahuetes, etc. (entonces no había chicles). A casa tenían que volver a las siete y media u ocho.

Paloma García Márquez
1.º de E.S.O.
I.E.S. Gregorio Marañón.

En memoria de Hilario Sánchez

El amarillo bailaba en la era, esa que otrora fuera lugar de trabajo de tantos y tantos campesinos, segadores, jornaleros que regaron allí con su sudor el grano. Detrás, custodiados por la cal del blanco muro, descansaban muchos de sus antiguos compañeros. Los demás esperaban aún, como él. También la antigua escuela había quedado obsoleta, en desuso; algunos de sus hijos, que no todos, tomaron lecciones allí de niños, hasta su pronta incorporación al trabajo. Al otro lado de la delgada carretera había una báscula para camiones, siempre vacía. Cerca de allí también el hostal La Zarza y la gasolinera recordaban otros tiempos. Muchos años antes, su mujer caminaba casi veinte kilómetros semanales para adquirir alimentos en un pueblo vecino, algo más industrializado, pero al volver, los *maquis* le robaban numerosas veces la comida que traía desde Almodóvar del Campo. Así veía ahora el abuelo las afueras del pueblo. Todo había cambiado mucho, era obvio, y él recordaba allí su juventud, pero ya entonces el amarillo bailaba en la era.

La estrecha carretera era fácil de cruzar, el silencio dejaba oír los coches y el sol los transformaba en acrisolados destellos luminosos que se acercaban lentamente. Un sendero exento de cualquier forma de mampostería avanzaba entre casas antiguas y una gran finca, a la izquierda, cuyo dueño sólo se dejaba ver de vez en cuando. Ese sendero se acababa perdiendo en el campo, pero antes una carretera brotaba de él, y no al revés. A ambos lados de esta carretera, no muy transitada, se levantaba un buen número de viviendas de un solo piso (a veces incluso dos), de las cuales una de ellas era la suya. Llegó justo para la hora de almorzar, como él decía.

Ellos ya no vivían allí, pero alguno de sus hijos, o de sus yernos, le facilitaban asiduas visitas a la que había sido su tierra.

Mientras comían un potaje, miraba a sus nietos y pensaba: «Pero qué bien vivís.» Pero no lo decía con envidia, sino con alegría de no ver a sus descendientes como él se había visto. Quiso contar, no obstante, a sus nietos como fue su juventud, además de algunas tristes anécdotas de la guerra, en la que participó.

Las botas marrones eran poco a poco, paso a paso, atraídas hacia La Estación. Una muchacha con igual ritmo caminaba junto a él. Su madre, que nunca le había abandonado, no obtuvo el permiso del señorito, y no pudo acompañarle salvo hasta la puerta de casa. Antes de entrar en la estación, echó un último vistazo a los campos; el sol, ajeno a todas las banalidades de los hombres, bañaba las suaves lomas. Tierra roja, como la sangre de sus venas, su aliento, sus brazos, su habla y su respiración, y los callos de sus manos, eran apéndices de un único cuerpo.

Se resignó al fin a dar el paso. Su calzado remendado, pantalones de pana, camisa de cuadros, su cuello desabrochado, su chaleco y su petate estaban ya del otro lado. Esperaron tristes al tren. Se miraron los dos un momento, él no se atrevió a besarla; ya no habría de verla más.

—Ten mucho cuidado —dijo ella.

—Si tengo cuidado, mañana estaré de vuelta; con una corona de flores sobre mi epitafio.

El tren avisó con un silbido, como la llamada de obreros de una fábrica. La tristeza era un manto fúnebre, negro pero transparente, entre los dos.

—Cuando vuelvas, yo te estaré esperando.

—Sabes que no es verdad.

Él la miraba maciento, cansado de su juventud. De los ojos de ella, sin embargo, manaban luces melancólicas de lágrimas de cristal.

Al fin, se despidió de ella y cogió el tren. Las puertas se cerraron y de repente se preguntó qué hacía él allí, en aquel vagón de esclavos, en esa ruta de malditos. Buscó un asiento, aseguró su petate y asomó la cara por la ventana. El silbido, que ya había recogido los ladrillos para levantar el muro, dejó escuchar de nuevo su voz de ninfa, y la máquina comenzó a desplazarse. «Adiós.» Se dio cuenta entonces de que aquello iba en serio, de que abandonaba su tierra por lo desconocido. En aquella tarde de 1936, el tren marchaba hacia el huracán; cargado de explosivos cuya única misión era la de hacer estallar su carga y evaporarse con ella.

El paisaje baldío, se llenaba ahora de vida envidiada, de fértiles alfombras de flores y de verdes colinas tapizadas. Miraban sus ojos los surcos de la tierra, frutos del brazo del arado y de las bestias.

Aguardó contra la tramontana y contra el miedo. No había pasado ni un año, pero la herramienta con la que ahora trabajaba había cambiado mucho; ésta ahora, fuente de tormentos, yugo de bueyes, látigo del pueblo, pesaba en sus manos más que la hoz. Su mirar se reflejó en el horizonte de cubierta y tepe del mismo color que sus ojos. Sus manos temblaban, pero sus nuevos patrones discutían o caminaban a grandes trancos por el paso de ronda como si cortar cabezas de espigas o de hombres fuese lo mismo.

Una playa blanca de arena fina, caracolas que centelleaban en la suavidad de las olas, como hileras de pérfidos abrojos. Al fondo, un destello como de alba anunciación. El teniente se mordía las uñas y aprovechaba para dar una última orden a un compañero. Antes de los relámpagos un último soplo de viento, bufan los cielos y su aliento. Se escucha el cargar de las carabinas, el capitán toma asiento.

El arcángel San Gabriel desplegó sus alas, en forma de férrea armada, de amasijo de hierros que flotaban sobre el agua, buscando del mar su enagua.

Los primeros transportes iniciaban su desembarco, pisoteando la bahía con sus negras botas, él y sus compañeros dejaban escapar los primeros disparos. Balines y puntas rebotaban en la arena o se clavaban en los tendones, en otras partes del cuerpo o en los corazones; Hilario se preguntaba si lo tendrían acaso.

Los feroces guerreros del mar se acercaban sólo hasta el pie de los riscos, sin intentar abatir la corona de sacos de arena de éstos; las alambradas fueron cortadas, y las minas destruidas a base de pértigas. La marea negra tiñó la concha de las caracolas. De tinta roja.

Más tropas siguieron a las primeras, pero no eran hombres. Lentos sí, y pacientes, pero crueles apisonadoras de freno elíptico y desmedido punto de mira. Toros mansos de astas metálicas y bien calibradas de truenos ígneos, fraguas de acero en manos del averno, actuando en nombre de Cristo. Las trincheras se deshacían como terrones de azúcar bajo la lluvia ante los carros de combate. Caían como castillos de arena al impacto de una lluvia de meteoritos, de rocas desalmadas, de obuses de metal pesado, de siniestros monolitos. Las maquias, antes verdes, mostraban su espaldar rojizo y tintineante de campanas de réquiem colectivo. No hay conciencia. No quedaban ya hombres libres sobre la colina, ni bajo ella, pues esos que entonces celebraban su victoria, ignoraban que hoy cantarían su derrota. Cara al sol, y los ojos incrustados como estacas asesinas en su poder refulgente, factoría de ciegos necios, pobres diablos que se vanagloriaban de su hazaña, de su heroico homicidio.

Los vivos fueron hechos prisioneros. La isla cayó sobre la sombra del África desértica.

En una gélida ciudad de las tierras del norte, la gente paseaba intranquila; un hombre que compraba su diario, la mujer que charlaba a la puerta de casa con una vecina, todo actividades armoniosas pero en un contexto de bélico nerviosismo. Leí una vez que «el mal impera donde la esperanza no tiene campeón». En Gernika sí quedaban aún almas humildes que intentaran proteger a sus ciudadanos de la tiranía. Pero la gente ignoraba entonces que la ira del fascismo llegaría desde el norte, desde allende el mar, de donde nunca lo hubiesen esperado.

Abandonó el cuartel para despejar la mente por unos minutos. Vestido con el atuendo militar, recorrió las calles de la ciudad sintiéndose en verdad ajeno a todo aquello. Él quería volver a su tierra, pero tenía que combatir, no era ningún ruego. Antes de vadear un edificio, sintió un ruido como de truenos enojados, como de una apisonadora estridente. La gente se apartó de la calle para dejar paso a una tanqueta del treinta, bastante moderna, que se dirigía a un hangar que utilizaban como base de maquinaria de guerra.

Antes de regresar al cuartel, un señor con un trípode le asaltó y le ofreció una fotografía. No sé en qué estaba pensando en ese momento, la verdad. Su gesto era como una de esas sonrisas convencionales arcaicas; ni serio ni alegre.

Pasaron varias semanas de marchas y guardias, y de duro entrenamiento militar. Una mañana, el sargento les levantó de sus literas antes de lo convencional. Según este, los nacionales habían emprendido un feroz avance por Asturias y Cantabria, y no tardarían ni una semana en alcanzar Euskadi. Los milicianos se prepararon cuanto pudieron, aunque nada podía nunca prepararles para algo así. Avanzaron hacia el oeste, para enfrentarse a los hombres de Mola, con escasa aviación y carros, aunque con una aceptable cantidad de morteros. Mientras el este de Euskadi era carcomido por las tropas navarras, los italianos de Mussolini machacaron a los republicanos por el oeste. Mi abuelo, herido en combate, fue dado por muerto por las autoridades de la República y abandonado en el campo de batalla junto con los que sí habían fallecido. El 19 de junio, Bilbao era tomado por los nacionales.

En cuanto a Hilario, un acto caritativo de un grupo de monjas le salvaron de la muerte. Además, una vez recuperado de su dolencia, se enteró de una noticia escalofriantemente aterradora: los nazis de Hitler habían llevado a cabo crueles bombardeos contra la ciudad de Gernika, reduciéndola a cenizas, sólo un mes después de haber él abandonado la ciudad vasca. Había escapado de la muerte una vez más.

Largas jornadas de sed y hambre, buscando algún apoyo amigo, algún soporte afín. Pero no encontraron nada salvo campos de minas, boinas decapitadas y cientos y cientos de arbustos. Los campos se convertían en peligrosos fortines armados; nunca sabían a qué iban a enfrentarse en aquel llano, ni si llegarían enteros al final de esa colina. Pero los pueblos, ya convertidos al nacionalismo franquista, tenían que ser esquivados o, de lo contrario, no habría más campo salvo el santo, que ya les esperaba con dientes afilados. Tanto es así, que en la noche, embozados en sus sacos, algunos pulmones dejaban de respirar y algunos corazones dejaban de bombear. Los barridos nocturnos de los aviones se encargaban de que, a la mañana siguiente, algunos no despertaran ya jamás. Pobres almas condenadas.

La voz de Julián Besteiro anunció la rendición de la República, pero ellos no lo sabrían de inmediato. La guerra había terminado.

El camino contrario no fue tan feliz como él había vaticinado en un principio. Volvía a casa, pero en su boca se retorcía un sabor amargo, como el de haber fallado. Las tierras yermas se tornaron rojas, y su corazón se incendió de nuevo.

Al bajar del tren, se quedó enormemente sorprendido. Estaba allí, había cumplido su palabra.

—Te dije que te esperaría —dijo Isabel en cuanto fue liberada de un fuerte abrazo.

—Es verdad —dijo—, y por fin tuvo valor para besarla.

Así, volvió a casa tras una dura lucha, con España y contra ella. Pero el triste camino de la derrota no terminaba en la firma de un documento o en el pésame de miles de madres. Tiempo después, no demasiado, fue llamado de nuevo a filas a cumplir el servicio militar obligatorio. En ese periodo, su servicio consistió en cargar pesadas piedras sobre la espalda y levantar un mausoleo para el líder de los vencedores, coronado por una demoníaca cruz que más parecía una burla contra Dios. Fueron dos años de literal esclavitud, subiendo altas escaleras, levantando guijarros inmundos, y haciendo crujir su costillar hasta partirlo; todo ello alimentado con una sopa clara matinal que en verdad no daba ni para echar un pulso. El desgaste era altísimo y la mano de obra duraba muy poco. Me dijo una vez que mientras trabajaban, la Guardia Civil le apuntaba con sus escopetas y que, si dejaban de trabajar en algún momento, tiraban a matar. Después de dos años, mirar do la enorme cruz latina que se alzaba sobre el falaz panteón, descubrió que Dios no existía y, si existía, era un esclavizador.

Por si fuera poco, después de estas terribles experiencias, su recompensa fue la de segar los campos durante muchos años, a la voz de «sí, amo», como en la época feudal.

Mi abuelo murió en febrero de 2000, a los ochenta y dos años. Me contaba anécdotas de este tipo, y más, cada vez que pasaba más de media hora con él. Me enseñó a comprender este lamentable capítulo de la historia de España desde el mismo centro y aprendí a odiar el franquismo y el fascismo como al peor de mis enemigos. Como él, yo moriré con la mente clara, celebrando el 14 de abril, ateo y republicano hasta la médula, siempre.

> Por allí viene un patrón,
> con su caballo y su silla.
> Detrás viene un obrero,
> de barro hasta las rodillas,
> siendo el que gana el dinero.
>
> (Hilario Sánchez Burgos / José Gómez Vico.)

Javier Gómez Sánchez
I.E.S. Antonio de Lebrija (Móstoles).

La Guerra Civil

Mi abuelo Juan Andrés Fresnillo Carranza tenía 7 años cuando empezó la guerra y 10 cuando terminó. Él nació en Madrid y aquí pasó la guerra. Actualmente tiene 73 años y todavía se emociona con algunos de sus recuerdos.

Mi bisabuela, su hija y mi abuelo vivían en Chamartín de la Rosa, que era un pueblo de Madrid. El Ayuntamiento era lo que hoy es la Junta Municipal del barrio de Tetuán. Detrás de ella había unas explanadas enormes.

Los tres salían de la casa las noches que los aviones bombardeaban por alrededor para refugiarse en algún sótano. Luego volvían a su casa cuando ya había pasado todo, más tranquilos. Un día mi bisabuelo, que era entonces guardia de asalto, pidió permiso para ir a su casa, ya que estaba en el frente de Madrid. Una vez en ella les dijo que cuando volvieran a bombardear no salieran de casa y que se protegieran debajo de las camas.

Estando mi abuelo con sus amigos en la calle, vieron venir a las «pavas», que eran unos aviones grandes, negros y silenciosos de los nacionales, y por otro lado a los aviones rusos que llamaban «chatos» a los más grandes y «mosca» a los más pequeños y empezaron un combate. Un avión ruso cayó en lo que es hoy el Parque de los Pinos. Todos los chicos fueron corriendo hacia el avión y cogieron un trozo de recuerdo, mientras algunos vecinos rescataban al piloto. Otra de las veces en la calle volvieron las «pavas» y empezaron a soltar bombas y mi abuelo gritó: «¡Avión soltando bombas!» Y otro vecino gritó: «¡Cuerpo a tierra que nos bombardean!»

Al final se fueron acostumbrando a los ruidos, las sirenas, los bombardeos y los tiroteos que se oían en el barrio de la Casa de Campo.

Muchas personas se organizaron para vivir en los sótanos de sus viviendas y los que no tenían se instalaron en el metro.

Sobre la comida me ha contado que como era el mayor de los hermanos, mis abuelos le mandaban a por un chusco, pan, para comer. Pero a veces se peleaban por la comida y todos defendían ésta con uñas y dientes. Mi bisabuela, que se llamaba María, iba con una vecina a cambiar herramientas, hechas por el marido, por comida a las huertas que había en Fuencarral, que entonces era otro pueblo también.

Mi abuelo al empezar la guerra iba a un colegio en el que los maestros que eran comunistas les hicieron pioneros y llevaban un pañuelo rojo al cuello. Luego cerraron el colegio porque los maestros se fueron al frente y estudió en una escuela con un maestro republicano. Algunas veces tenían que salir corriendo al refugio para ponerse a salvo.

Cuando acabó la guerra entraron los «nacionales» en Madrid y mientras él veía a los «vencedores», pensaba en lo que le podía pasar a su padre. Al final tuvo suerte y pasó muy poco tiempo en la cárcel. Después, cuando salió, se puso a trabajar y a mi abuelo le enviaron al pueblo para que se recuperase junto a unos familiares.

Sara Higueras Fresnillo
1.º de E.S.O.
I.E.S. Gregorio Marañón.

El primer franquismo

Hace mucho frío, nieva. Es 1945, mi abuela es una joven extrovertida que vive con sus padres en un pequeño pueblo de Zamora, en zona nacional. Cae la noche, cierran bien todas las puertas y ventanas. Tienen miedo. A lo lejos se oyen ladrar a los perros. Ya están aquí otra vez, los maquis, revolucionarios, rojos, que subieron al monte cuando ganaron la guerra los fascistas. Dicen ser luchadores por la libertad y por la paz. Al ser perseguidos, se ven obligados a bajar al pueblo para conseguir alimentos y artículos de primera necesidad. Entran en las casas, y, amenazando a los habitantes, cogen todo lo que quieren, incluso llegan a matar. En el pueblo no hay cuartel de la Guardia Civil, y los aldeanos viven con un miedo constante. Esta noche bajan al pueblo un grupo de veinte, vienen a por mi bisabuelo, a matarlo, por su ideología fascista. Llegan a la puerta, y se la encuentran cerrada. Comienzan a disparar, mi abuela, aterrorizada se refugia con su madre en un armario. Su padre se coloca en la escalera, encima de un colchón, y pese a no tener licencia de armas, saca su escopeta, y comienza a disparar. Su hermano le ayuda desde la galería. Juntos consiguen hacer huir a los revolucionarios, que deciden marcharse mientras juran que volverán, que no olvidan. Mi abuela sale corriendo para abrazar a su padre. A la noche siguiente no bajan, pero varios días después dan una paliza a un par de muchachos. No son de la zona, deben ser gallegos, por el acento. Un par de semanas más tarde, un compañero es asesinado por los nacionales, le entierran en el cementerio del pueblo. Horas después bajan a desenterrarlo. Tenía una dentadura de oro, se la arrancan.

Llega la primavera, un primo de mi abuela camina tranquilamente por el pueblo, regresa a su casa después de un duro día de trabajo. Ya ha anochecido, y no hay nadie en las calles, están desiertas. De repente aparecen un grupo de cuatro o cinco revolucionarios, y le hacen parar. Se colocan alrededor de él, y comienzan a preguntarle todos sus datos, su nombre, su profesión. Se inventa uno falso, y les dice que no es de aquí, que es de un pueblo cercano, situado a varios kilómetros. De repente, uno da la orden de registrarle, y le encuentran en el bolsillo de la chaqueta el carné de la Falange. En él figura su nombre, su domicilio, y una foto muy desgastada. Él les dice que no es suyo, que es de un amigo. Deciden ir a la dirección que pone en la tarjeta, para comprobarlo. Llegan, y llaman a la puerta. Les abre una mujer, que al reconocer a su marido, comienza a temblar. Los maquis, armados, le preguntan si el hombre que les acompaña vive aquí, y si es su marido. Ella lo niega todo, afirma que es vecino de un pueblo cercano, y que su marido no está ahora en casa. Los revolucionarios no se lo creen, y deciden asesinarlo, por mentiroso y por facha. Le tiran al suelo, y le matan a patadas, en la puerta de su casa. Su mujer, que no puede hacer nada para impedirlo, queda viuda con dos niños pequeños.

Isabel Juarranz Baños
2.º de Bachillerato
I.E.S. Gregorio Marañón.

Fragmento de una vida
1940-1950

Me abracé el cuerpo con los brazos, pero seguía teniendo frío. Cuando llegué a casa, estaba completamente helada. Entré. Cogí la llave del redil y volví a salir para guardar las ovejas. El portón se quejó cuando intenté abrirlo: se quejaba como todos, de frío y de pena. Al menos podíamos comer de lo que sacábamos del huerto que, aunque no era mucho, nos mantenía. A pesar del frío, me quedé allí un buen rato. No quería volver a casa, no quería que volviesen a sacar el tema. No quería irme a Madrid. Pero sabía que me iría, no podía postergarlo más tiempo: ya tenía doce años y tenía que trabajar. Además, la guerra había terminado, ya no correría peligro. Me di cuenta de que ya no sentía los dedos, así que me decidí a entrar.

* * *

A la semana siguiente dejaba Galicia. En Madrid me recibió mi tía Adela, hermana melliza de mi madre. Viví con ella y su marido un tiempo, mientras me buscaban un empleo. Un día, me llevaron de visita a casa de la tía Dolores...

—Así que ésta es María —dijo Dolores mientras me miraba inquisitivamente.

—¿Verdad que es guapa? —respondió Adela con una sonrisa.

En ese momento entró en la sala el marido de Dolores, un hombre enorme y con barba, con pinta bonachona. Sonreía.

—¡Bienvenida a Madrid, María! —dijo, ante la mirada reprobatoria de su mujer.

Mi nueva tía me hacía sentir incómoda. Yo sólo quería salir de allí.

Cuando terminamos con las consabidas fórmulas de cortesía, nos sentamos en el salón. Era un lugar agradable: no era ostentoso, denotaba comodidad. Mis tíos empezaron a hablar mientras yo les miraba sin decir nada, escuchándolo todo. Al cabo de un rato, salió el tema de mi empleo.

—¿Todavía no le han encontrado un trabajo a la niña? —preguntó la tía Mercedes mientras me miraba una vez más de arriba abajo.

—Aún no —respondió Adela, con el semblante preocupado.

El marido de Dolores, que no había perdido la sonrisa, sonrió aún más si cabe, y anunció:

—¡Bueno, pues cuando tenga unos años más que trabaje conmigo! Hay puestos vacantes en una de las estaciones del Metro. Trabajará como taquillera. Es un trabajo sencillo. Aunque el sueldo no es muy alto —reconoció— pero ¿qué sueldo es alto hoy en día?

Mi cara entera brillaba de la emoción. A la tía Adela incluso se le saltaron unas lágrimas de felicidad. Mis tíos sonreían. Dolores me volvió a mirar. Apartó su vista, y forzó una sonrisa.

Salimos de su casa y regresamos a la nuestra. Íbamos contentos.

Mientras nosotros cenábamos, Dolores y su marido discutían:

—¿Pero tú qué te has creído? —bramó ella—. ¿Cómo te atreves a ofrecerle trabajo a esa mocosa? ¡Y encima en el Metro! ¡A servir, como hemos hecho todas, eso es lo que tiene que hacer! ¡No lo consentiré! ¡Ella es mi sobrina, y tú no la vas a emplear!

Mientras, su esposo le miraba achatado por la bravura de su mujer. Él sólo había intentado hacerme el camino más fácil, pero Dolores no estaba dispuesta a consentirlo.

* * *

Y así fue como finalmente entré a trabajar, con sólo trece años, como doncella para una familia adinerada, en régimen interno.

Yo era guapa. Todo el mundo lo decía, así que me pusieron a trabajar como doncella: a los señores de la casa les gustaba presumir de servicio, y una persona guapa era lo adecuado para ello.

Las visitas eran constantes y yo tenía que atender la puerta, siempre sonriente. Después, servir café y pastas, y cualquier otra cosa que me pidieran. Además de las visitas, tenía que atender a los caprichos de los señores y de sus hijos. Esto siempre era incómodo, ya que pedían cosas de lo más descabelladas. Recuerdo que la hija, al llegar del trabajo, solía pedirme que le diese un masaje en los pies y yo se lo tenía que dar sin rechistar. Pero, a veces, me permitía pedirle algo de recompensa al terminar el masaje, que siempre me era negado. Lo que solía pedirle era uno de esos bombones que le regalaban en el trabajo: venían envueltos en papel rojo brillante, dentro de una caja de cartón con un gran lazo. Pero nunca me daba ninguno. Hasta que un día, ella regresó a casa con chocolates y dolor de pies. Entró en la casa apresuradamente, y dejó los bombones en una mesita del salón...

—María, necesito que me des un masajito en los pies, ¡vengo tan cansada! —me pidió.

—Enseguida, señorita —le contesté.

Pero yo no perdía de vista los bombones. En un momento, me escabullí a la cocina y cogí un tenedor. Volví a la salita y, con mucho cuidado, cogí los bombones y los puse en una pequeña bandeja, como solía hacer siempre. Acto seguido, raspé los bombones con el tenedor, y el aspecto que conseguí darles fue el deseado: parecían haber sido roídos por los ratones.

Dejé la bandeja en la sala y me encaminé a la habitación de la señorita. Le di su masaje.

—Gracias —dijo sin ni siquiera mirarme. ¿Podrías traerme los bombones, por favor?

—Enseguida se los traigo —contesté—. Los dejé en la sala. Ahora mismo vuelvo.

Bajé las escaleras corriendo. Estaba muy nerviosa, pero cogí la bandeja y regresé a la habitación. Coloqué los bombones en una mesa, y me puse a colocar distraídamente la ropa limpia en el armario. La observé de reojo, y vi cómo ponía una mueca de asco.

—María, hoy te has portado muy bien —dijo hablando muy rápidamente—. Quédate con todos los bombones.
—¡Oh, señorita! —exclamé con falsa sorpresa—. ¡Qué buena es usted!

Estaba radiante de felicidad. ¡No podía creerlo! Todo había resultado muy fácil. Me sentía bien. Esa noche, cuando todo el mundo dormía, recorrí las habitaciones de mis compañeras repartiendo el tesoro.

* * *

Éste es uno de los momentos que yo recuerdo con mayor aprecio. Pero el resto del tiempo, no tenía alegrías como ésa. Trabajaba todos los días, librando sólo un domingo de cada dos, siempre que no hubiese visita ese día. La mayoría de las veces estaba tan cansada que ni siquiera salía a la calle y me metía en la cama a descansar: podía dormir el día entero. Otras veces, si tenía algo de dinero ahorrado, me iba con el ama, una mujer encantadora que se encargaba de cuidar a los hijos más pequeños de la señora, al cine. Allí dejábamos volar la imaginación por unas horas, olvidándonos del trabajo y del cansancio. Nunca fui a bailar.

* * *

Una mañana, cuando me desperté, oí unas voces nerviosas que cuchicheaban en la habitación de al lado. Pegué la oreja a la pared, y escuché:
—¿Pero cuándo va a llegar? —dijo una voz.
—Creo que mañana. Dicen que es una prima de Rosa, la cocinera.
—Espero que no venga a sustituir a nadie.

Me quedé atónita. Las manos me sudaban. Me vestí lo más rápido que pude, y bajé las escaleras. Empecé a trajinar en la casa, muy alterada. Pero la visita se adelantó: a media mañana, llamaron a la puerta. Fui a abrir, y me encontré a una mujer con una pequeña bolsa de viaje. Era bonita, y estaba muy nerviosa. Me miró y se sonrojó. Tímidamente, me dijo su nombre. Yo fui a buscar a la señora. Al cabo del rato, había entregado mi uniforme a esa extraña y estaba trabajando en la cocina.

Afortunadamente, esta situación no duró mucho: el hijo mayor de la casa se enamoró de ella; ella se quedó embarazada. La despidieron. Yo, volví a mi puesto.

* * *

Tras diez largos años atendiendo visitas y dando masajes en los pies de una niña mimada, encontré un trabajo en la cafetería de Telefónica. Así, salí de esa casa en la que fingía sonrisas mientras servía cafés.

Ana Lombardía Molero
2.º de Bachillerato
I.E.S. Gregorio Marañón.

La posguerra en costas algecireñas

Mi abuelo nació a principios del siglo XX en lo que entonces era un pequeño pueblecito de la provincia de Cádiz. Como todas las personas de su generación, recuerda, todavía, muy bien algunos acontecimientos de la posguerra que marcaron su infancia.

Algeciras era un importante puerto marítimo en contacto con la emblemática Gibraltar, uno de los centros de comunicación más importantes gracias a su puerto y a su aeropuerto, construido en territorio franco que se usurpó a España.

En aquel tiempo se produjo una guerra en Italia en la que Gran Bretaña participó con numerosos soldados y armas que salían en barcos desde Gibraltar para colaborar en la contienda. El tráfico en la zona era inmenso y mi abuelo cuenta que, en cierta ocasión, a comienzos de los años 40, tuvo lugar un gran temporal que arrastró unos barcos cargados de víveres para los soldados de Italia, desde el Peñón hasta las costas algecireñas. Dada la escasez de alimentos que había en España y las malas condiciones de los españoles, el naufragio de estos barcos llenó de alegría a muchas familias, como la de mi abuelo, que pudieron abastecerse de algunos de los productos.

Vivir en una ciudad de mar era ventajoso, pues permitía una mayor comunicación con el exterior y la posibilidad de adquirir recursos alimenticios de las costas cercanas. Sin embargo, Algeciras, por encontrarse en las proximidades del Peñón, también sufrió muy de cerca los ataques a los ingleses. Algunas de las bombas que los italianos lanzaron contra Gibraltar cayeron por error allí o en sus cercanías, empeorando, aún más, la precariedad y la pobreza de los habitantes atemorizados.

La colonia inglesa era también una zona de desembarco de muchos buques con soldados que regresaban de la guerra. Una vez llegó un barco cargado de judíos que permaneció durante meses atracado en el puerto por no permitírsele el desembarco. Familias enteras tuvieron que soportar el hambre, la falta de higiene y las incomodidades del hacinamiento, condiciones similares o, al menos, cercanas a las de los españoles.

Son muchos los episodios que en esta zona sucedieron y muchas las familias que por el déficit de recursos quedaron destruidas completamente. Otras, como la de mi abuelo, aún se estremecen al pensar en aquellos años de crueldad y miseria que nunca se borrarán de su memoria.

Julia López
2.º de Bachillerato
I.E.S. Gregorio Marañón.

Muros

Estábamos escuchando la radio cuando alguien llamó a la puerta. Mis padres pusieron cara de sorpresa, les parecía un poco raro que alguien se acordara de nosotros a esas horas y con ese frío.

Mi padre se levantó y fue a abrir. Dos hombres fuertes le cogieron por los brazos y sin dar explicaciones se lo llevaron.

A los pocos segundos y sin tiempo para reaccionar, entraron de nuevo, ahora para llevarse a mi madre.

No nos dio tiempo de despedirnos, ella miró hacia atrás y sonrió; yo subí corriendo las escaleras hacia mi habitación y me asomé por la ventana. Vi a los padres y a las madres de mis amigos subiéndose a un camión destartalado hacia algún lugar.

La puerta seguía abierta, no me acordé de cerrarla. Una voz femenina decía mi nombre desde abajo, por un momento creí que era mi madre; imposible, la había visto subir en aquel autobús.

Bajé; una señora con una camisa azul me dijo que recogiera mis cosas, porque me iba a llevar a un sitio donde los niños eran muy felices y estaban todo el día jugando.

La hice caso, no quería que me hiciera daño y noté que estaba dispuesta a hacerlo.

Monté en un autobús; lo primero que vi fue a una niña muy colorada que lloraba porque se habían llevado a sus padres. Entonces empecé a comprender que a todos nos pasaba lo mismo.

Estuvimos durante toda la noche viajando, paramos un par de veces porque algunos niños no paraban de vomitar.

Por la mañana, una mañana gris con una llovizna casi imperceptible, llegamos a nuestra nueva casa.

Bajé del autobús y sólo alcancé a ver unas rejas blancas, oxidadas, detrás de ellas, un patio con unos cuantos árboles medio podridos. Retrocedí para ver el resto de la fachada. Un muro grueso que un día fue blanco presidía el edificio, encima del dintel de la puerta, el yugo y las flechas y encima de él, «Auxilio Social».

En el balcón que se alzaba en medio de la fachada ondeaban unas enormes banderas que no reconocí.

La primera impresión fue horrible, no había visto nunca un lugar tan oscuro, frío y desacogedor en toda mi vida.

Al bajar del autobús el resto de los niños, un grupo de chicas, con la misma camisa que la mujer que me sacó de casa, nos separaron y a los niños nos llevaron a una sala donde nos bañaron y nos cortaron el pelo. Creo que tenían miedo de que les contagiásemos algo. Después nos dieron unos uniformes de una tela bastante áspera y nos mandaron a la cama. Desde ese día empezó mi nueva vida.

Lo primero que hacíamos por la mañana era rezar. Yo nunca lo había hecho; cuando iba al colegio en el pueblo, nuestro maestro nos decía que no era obligatorio rezar, que él no podía inculcarnos algo en lo que no creía. Cuando los padres de algunos niños se enteraron de eso, nuestro maestro, Don Fernando, dejó de venir a clase; en su lugar vino Don Mateo, pero eso fue unos días antes de que mi familia se destrozara, así que no me dio tiempo a aprender ninguna oración. Con él me lleve los primeros coscorrones porque siempre que me tocaba dirigir el rezo me equivocaba. Lo mío no era hablar en público.

Volviendo a mi primer día, estando en clase de historia, pregunté al profesor si sabía dónde estaban mis padres. Me dijo que sí y yo le creí; me dijo que nunca volvería a saber nada de ellos porque eran unos pecadores y estaban pagando por todo el mal que habían hecho.

Yo le dije que no hablara así de ellos y que no habían hecho nada malo. Esa mañana recibí la paliza más fuerte que recuerdo.

A los pocos días comencé a entender los pecados de mis padres y pedí perdón a mi maestro por haberle hablado así.

En las clases de Orgullo Nacional nos explicaban lo que había pasado de 1936 a 1939, yo ya había oído hablar de eso en casa aunque en otra versión muy distinta. Al principio intentaba explicar a Don Benjamín lo que yo sabía, pero después de llevarme unos cuantos reglazos decidí callarme y escuchar.

La vida en el Auxilio no estaba mal del todo para un niño de diez años que no tenía conciencia de nada. Ahora me doy cuenta de que nos querían inculcar la suya. Conmigo lo consiguieron, me costó muchos recuperar mis ideales.

En realidad los pasillos, los comedores, las clases... Todo era gris y húmedo. No jugábamos ni podíamos ser niños. Sólo rezábamos, estudiábamos y nos dejábamos llevar.

Lo importante era que, cuando el Caudillo viniera una vez al año a visitarnos, todos nos supiéramos perfectamente mis himnos y nuestras oraciones.

Los cuatro años que pasé allí me sirvieron para entender que tenía que salir adelante para volver a encontrar a mi familia y que me explicaran que había pasado aquella noche en que nos separaron.

Aún hoy sigo sintiendo aquella humedad en los huesos, aquel olor a comida hecha de sobras y aquel dolor de brazos por los castigos físicos.

Tania Montegrifo Sanz
2.º de Bachillerato
I.E.S. Villarejo de Salvanés.

Guerra y posguerra en España

Está claro que los jóvenes de mi generación no hemos podido conocer la dura época de la posguerra. Queda ya bastante lejana, aunque las secuelas de la contienda que tuvo lugar en España entre 1936 y 1939 no han terminado de borrarse totalmente, pues el paso de los años ha ido arrastrando también el dolor de tantas familias rotas.

En mi caso he tenido la suerte de poder conocer esa parte de la historia, gracias a que he llegado a tiempo de disfrutar de parientes de mis tres generaciones anteriores.

Aunque ya hace unos años de la muerte de uno de mis bisabuelos, todavía recuerdo cómo me contaba pasajes de su vida, de cuando él era niño y, también, de cuando siendo joven todavía tuvo que ir a la guerra. El escuchar «en directo» esos relatos, las típicas «batallitas» de nuestros mayores, me daba la posibilidad de poder entender un poco mejor la situación en aquellos años, pues en el relato había sentimientos, se podía sentir la emoción que da la propia experiencia; en definitiva, te podías hacer una idea de lo que había supuesto aquella vivencia. Sé que esto es sólo la versión de una persona y que pudo haber posturas diversas ante el conflicto y, por lo tanto, éstas podían ser contrarias. Los recuerdos más claros que tengo son de las preguntas que yo le hacía; con la curiosidad de mis pocos años, yo le preguntaba si había matado a alguien en la guerra y él me contestaba que no lo sabía, que les obligaban a disparar y a avanzar (creo que tanto en el bando republicano como en el bando nacional ocurría lo mismo), pero que no sabía si alguna bala suya había alcanzado a alguien.

Mi bisabuelo siempre me decía que la guerra le había pillado en zona roja y que tuvo que luchar en el bando republicano. Era una persona humilde que vivía en un pequeño pueblo de lo que producían las pocas tierras que poseía y del ganado. Como debió ocurrir con muchísimas personas, no estaba interesado en política, y los acontecimientos previos al levantamiento militar produjeron una situación lamentable en el pueblo donde vivía; vecinos que se habían ayudado en las labores del campo, que habían compartido la misma comida, e incluso familiares, se dividieron y las disputas y enfrentamientos fueron continuos.

Mi bisabuelo estuvo en el frente y parte del tiempo tuvo que hacer de camillero; siempre que me contaba esto, me hacía reír, porque en algunas ocasiones el compañero con el que tenía que transportar a los heridos en la camilla era más alto que él (mi bisabuelo era de pequeña estatura y yo siempre pensaba que el no haber caído herido en la guerra se debía precisamente a su poca talla), y la camilla iba inclinada.

Me contaba cómo muchos compañeros caían a su lado; cómo, en muchas ocasiones, no tenían nada para comer y, sobre todo, el odio que había en algunas de las personas que allí luchaban, tanto en un bando como en otro. Pero lo que siempre me parecía más trágico era cuando me contaba que, al igual que él, muchos acudían a las habitaciones donde se encontraban los enfermos; en muchas ocasiones se trataba de enfermedades contagiosas y los soldados utilizaban para lavarse la misma agua que los enfermos, con la esperanza de caer ellos también enfermos y poder volver a sus casas a recuperarse, para abandonar aquella locura en la que se habían visto involucrados sin quererlo, a tratar de recuperar la monotonía y también la sacrificada, pero segura, existencia anterior, cuando la armonía entre las gentes aún no se había roto por unos militares que un día decidieron cambiar la vida de un país.

La mayoría de los recuerdos que tengo son vagos, y son recuerdos sueltos; algunas veces los he comentado con mi padre y él me ha terminado de contar esas historias, que a él también le habían contado, y de las que yo sólo tenía imágenes incompletas.

De la posguerra tengo más información, pues hasta el verano pasado tenía dos abuelos que habían nacido, precisamente, en plena guerra y me contaban muchas historias, ahora sólo queda uno.

Guardo sobre todo muchos recuerdos de mi abuelo Juan, pues he pasado muchos veranos con él en el pueblo, recorriendo los caminos por los que él anduvo, bebiendo de las fuentes de las que él bebió cuando tenía mi edad y, al mismo tiempo, aprendiendo cosas que sólo las personas que han vivido en el campo te pueden enseñar. Recuerdo cuando nos sentábamos a merendar en la bodega y me contaba que con tan sólo diez años ya estaba trabajando. A la escuela pudo ir lo justo para aprender a leer, a escribir y a hacer cuentas, como él decía. La vida era muy dura en la posguerra y faltaba la comida; con tan corta edad tenía que salir, de madrugada, con las ovejas, llevando por comida sólo un huevo duro para todo el día, que nada más salir de casa ya se lo comía y el resto del día aguantaba como podía, cogiendo frutos del campo, si podía y, si no, pues desoyendo las voces de su estómago vacío. En una ocasión, cuando llevaba pocos días encargándose del ganado, le pilló una tormenta de noche y en medio del monte, y, asustadas las ovejas, huyeron y se le perdieron varias, que tuvieron que buscar al día siguiente. Cuando hacía buen tiempo se tenía que quedar a dormir en el campo, junto con el rebaño, solo, rodeado de pinos y oscuridad.

También me contaba cómo era muy común el contrabando, la gente se tenía que ganar la vida como podía, y se comerciaba al margen de la ley; también se utilizaba mucho el trueque. Por ejemplo, los vecinos solían acudir de noche a un molino a moler el trigo, porque si lo hacían de día, al parecer, tenían que entregar una parte de lo que daban. También contaba con rabia cómo, no teniendo apenas para comer, el cura del pueblo les obligaba a entregar parte de lo que recolectaban a la Iglesia; cuando iba el cura a alguna casa le tenían que sacar lo mejor que tenían, aunque ellos se quedaran sin comer; también contaba que si alguien no iba a misa, era señalado en el pueblo y, al final, se enteraban las autoridades y tenía problemas. Total, que la Iglesia en vez de ayudar a la gente, la exprimía, carecía de piedad ante las necesidades de los vecinos y, apoyado por el régimen franquista, el clero era el reino del sinsentido con lo que predicaban. Sé que ya no podré oír más historias de mi abuelo, pero me considero afortunado de haber pasado tanto tiempo con él y creo que él también sintió lo mismo.

De los últimos años del franquismo tengo, además de la versión de mis abuelos, la de mis padres, que por entonces eran adolescentes. En muchas ocasiones me han hablado de esa época, y precisamente en los dos últimos años, con la emisión en la televisión de la serie «Cuéntame», parece que se han reavivado muchos recuerdos de esos años, pues tanto la forma de vida como el ambiente y hasta la decoración están muy conseguidos. Mi padre, por ejemplo, recuerda perfectamente los últimos años de la dictadura y los años de la transición. Bajo la dictadura, recuerda cómo unos vecinos que vivían en el piso de arriba y que eran una familia como cualquier otra, en varias ocasiones eran despertados en plena noche y detenido el padre, porque al parecer militaba en el Partido Comunista, prohibido en aquella época como el resto de partidos políticos. Estas personas no habían hecho mal a nadie y eran apreciados por el resto del vecindario, pero en esa época cualquier idea que no coincidiera con la establecida era considerada una amenaza. Mi padre me cuenta también cómo la Iglesia, que había estado siempre al lado del régimen, en los últimos años de Franco, se fue distanciando del régimen franquista, preparando el cambio que intuían que se iba a producir. En esos años, al parecer, fueron muy famosos los curas que utilizaban el púlpito para revolucionar y adoctrinar a la clase obrera; era la época de los curas comunistas o curas trabajadores, como también se les conocía. La Iglesia, una vez más, como ha hecho a lo largo de su historia, se estaba adaptando a los cambios que se iban a producir.

Recuerda también, cómo en los primeros años de la transición y, sobre todo, cuando se legalizó el partido comunista, la calle era una continua fiesta. Se llenaban frecuentemente de caravanas de coches, llenas de banderas multicolores y hacían sonar las bocinas, era una época de mítines, de puesta al día en materia de política, en la que la mayoría de la gente estaba suspensa por no haber tenido ocasión, ni siquiera, de recibir información sobre otras ideologías, ya que simplemente la posesión de un libro sobre el tema era delito.

Mi padre recuerda los años de Instituto, en los que muchas veces se interrumpían las clases y tenían que salir corriendo con los grises detrás de ellos. Debió de ser también una época muy revuelta, pero muy interesante, porque a pesar de todas las dificultades que se estaban produciendo con el cambio, la novedad de los acontecimientos y lo incierto del futuro, hacían que la sociedad se movilizara continuamente para afianzar ese cambio y, por lo menos mis padres, lo recuerdan como una etapa en la que había alegría en la calle.

Éste es mi relato, sólo un resumen de muchos recuerdos que, como decía al principio, tengo de mis antepasados, de personas que han vivido la historia, y que a pesar de que hoy en día la televisión, Internet y, en general, todos los medios de comunicación nos bombardean con toda clase de información, creo que siempre es mejor conocer la historia de primera mano, aunque esa información sea siempre subjetiva (pues no deja de ser la opinión de una persona que ha vivido un determinado acontecimiento, siendo posible que ese mismo acontecimiento sea interpretado de forma distinta por otra persona).

Familiares aludidos en la redacción:
Gregorio Barambio Checa (24/11/1904-1/10/1995): bisabuelo.
Juan José Armendáriz Armendáriz (14/4/1931-13/7/2002): abuelo.
Pedro Morillas Barambio (17/5/1961-¿?): padre.
Ana María Armendáriz Cano (23/9/1962-¿?): madre.

David Morillas Armendáriz
1.º de Bachillerato
I.E.S. Gregorio Marañón.

Relato de la posguerra

Esta historia está basada en las anécdotas y relatos que en numerosas ocasiones me ha contado mi padre que vivió la posguerra.

Él es de un pequeño pueblo de Jaén, y en algunas ocasiones me ha relatado como, cuando era pequeño, en su pueblo, la Guardia Civil obraba a sus anchas, con una completa inmunidad ante los hechos, que más que eso eran fechorías.

Concretamente me narró un par de estas historias, bastante crueles, que me limito a contar:

Mi padre, siendo adolescente cuidaba rebaños de cabras y, algunas veces, de ovejas en fincas cercanas a su pueblo natal con el fin de ir ganándose la vida poquito a poco, pues mi padre no fue nunca a colegios ni institutos; apenas llegaba el dinero que su madre (mi abuela) conseguía para vivir y su padre (mi abuelo) murió cuando aún mi padre era un niño. Un día, regresando de cuidar estos rebaños, volvía a su casa con una pequeña bolsa llena de algunos alimentos, como frutos secos, pan, queso, etc., que el propietario del rebaño le había dado en forma de pago por su trabajo, pero en el camino se encontró con dos miembros de la Guardia Civil a caballo y le pararon. Le preguntaron qué era lo que llevaba en la bolsa; mi padre se lo dijo, y también de dónde lo había sacado, pero los dos guardias civiles al parecer tenían hambre y acusaron a mi padre de haber robado todo eso en alguna casa cercana. Mi padre sólo era un crío, le quitaron la bolsa y por si fuera poco le dieron un guantazo, aunque a lo mejor algo más, pero lo desconozco, pues mi padre no siguió contándome más de esta historia y yo tampoco le quise seguir preguntando nada más sobre ella.

Otra de las historias que me contó, tiene por protagonista a su madre, es decir, mi abuela, en la que la Guardia Civil, cómo no, también aparece, y no precisamente muy favorecida.

Una noche, cuando aún seguía siendo un adolescente, una cabra que tenía mi padre en el corral de su casa se escapó, era ya la única que tenía. Mi abuela intentó salir a buscarla, pero no pasó más allá de la puerta, pues tras ésta había un guardia civil en medio de la calle. Mi padre estaba detrás de mi abuela y vio como cuando se disponía a salir, el guardia civil le preguntó que adónde se dirigía; a lo que mi abuela le contestó que iba a buscar la cabra que se había escapado.

El guardia civil le dijo rotundamente que se volviera a meter en su casa y no saliese más hasta el día siguiente, pero mi abuela insistía. El guardia civil, un tanto malhumorado, se acercó a mi abuela y le dijo señalándole hacia un camión que si no hacía caso de lo que le decía, llevaría el mismo camino que el del camión. Mi abuela, por supuesto, sabía lo que el guardia civil quería decir aunque mi padre era pequeño aún y no llegaba a entender el significado de aquello. El individuo que aquella noche estaba en el camión que señalaba el guardia civil corrió peor suerte que mi abuela, pues era uno de los condenados al paredón, sería fusilado como otros tantísimos en la parte trasera del cementerio.

Mi padre me ha contado que esos fusilamientos eran llevados a cabo por la Guardia Civil sin ningún tipo de escrúpulos ni compasión, por el mero hecho de haber cogido algo para comer de una finca cercana o por ser acusado de haber cometido algún delito que no habían cometido. Éste es uno de los peores recuerdos que guarda mi padre de esa época y me ha asegurado en muchas ocasiones, que en aquel entonces se tenía más miedo a la propia Guardia Civil que a los bandoleros, saqueadores, ladrones y criminales de la época, pues ejercían la violencia física y también, y no menos importante, la psicológica con amenazas, etc.

Juan Notario Jurado
2.º de Bachillerato
I.E.S. Gregorio Marañón.

Memorias de Isidoro García

Fue valiente. Su vida ha estado siempre llena de barreras para superar y por eso aprendió a luchar. Isidoro García, mi abuelo materno, tendrá valor para luchar hasta los últimos días de su vida, como siempre ha hecho.

El primer golpe que le dio la vida fue tener que combatir, con tan solo diecisiete años, en la Guerra Civil Española, pero sé que él, hoy, se siente muy orgulloso de haber defendido sus ideales y por ello siempre tendrá una frase grabada en el corazón: ¡VIVA LA REPÚBLICA Y EL EJÉRCITO ROJO! También fue en los primeros meses del mismo año 1936 cuando Isidoro sintió plena felicidad, conoció a la que después sería mi abuela, Socorro Montegrifo, y consiguió tener, después de muchas fatigas, el «sueldo de un hombre», como él acostumbra a decir.

El 18 de julio fue el día que acabó lo bueno: marchó a la guerra como voluntario del Ejército Rojo. La fábrica donde trabajaba junto a mi bisabuelo quedó parada. Pero, en sus recuerdos, más oscuros serán los cuarenta años posteriores: ¡vivir controlado por el vencedor!

Mi abuelo nos cuenta incansablemente a todos sus nietos, gustoso, anécdotas de este período que aún perviven en su sentir. Testimonio de ello son las memorias que ha dejado escritas para que su recuerdo perdure inalterable en las mentes de todos los suyos al igual que han perdurado en la suya:

¡Cómo me impresionó su relato del combate de Sigüenza, donde su batallón aguantó los bombardeos del enemigo refugiado en la catedral! ¡Cuánto orgullo al relatar cómo impidieron al Ejército de Franco tomar Madrid!

Su narración insiste en la secuencia cronológica: en 1938, la brigada de mi abuelo se traslada al Frente de Levante en el cual, con tristeza y tras muchos combates, pierden Castellón. Pero tras unas cuantas batallas más, poco exitosas para su brigada, el Ejército de Franco los coge prisioneros el día 29 de marzo de 1939; el día 31 por fin acabó la Guerra Civil. Aquel infierno, que parecía hacerse interminable para muchos que perdían las esperanzas de seguir con vida, terminó.

Isidoro y otros compañeros consiguieron escaparse del campo de concentración donde los falangistas fusilaban sin contemplaciones a los prisioneros. Pero como podéis imaginar, todo no acabó aquí, la suerte le abandonó y cuando llegó a su pueblo, Perales de Tajuña, recibió una horrible noticia: ¡toda su familia estaba en la cárcel, también mi abuela Socorro, por supuesto! Fue detenido y llevado a prisión.

Después de pasar muchas calamidades, de ser obligado a trabajar para los falangistas, Isidoro estuvo encerrado en una celda de «penados a muerte», en unas pésimas condiciones, ¡más de tres meses esperando a que su condena se ejecutara!, sin ver el sol ni sentir el aire sobre su piel, sin saber lo que sucedería al fin, con esperanzas de ver por última vez a su novia... ¡A ella la habían condenado a veinte años de reclusión mayor!

Pero el rumbo de la vida de mi abuelo cambió, o tal vez el de su destino final. ¡Sorprendentemente le perdonaron la vida! A partir de ese momento, Isidoro comenzó a trabajar en la cocina de la prisión y sus guisos tenían encantado al director de esta cárcel de Getafe, Don Nicolás, el cual le ayudó a ir reduciendo su condena gracias a su buena conducta. Le tomo mucho cariño, algo que no le venía mal a mi abuelo porque en este tiempo —1942— recibió la notificación de que su padre había muerto de un catarro. La tristeza le inundó y le aterrorizaba recordar la última imagen que guardaba de él, que no era otra que la del fatídico día que partió de voluntario a la guerra.

¡Cuántas desgracias en tan pocos años! Tuvo que ser fuerte para seguir luchando por su libertad. Esa fuerza, afortunadamente, la pudo compartir con mi abuela Socorro, que salió en libertad y se presentó a visitarle por sorpresa: ¡siete años sin verse! ¡Qué alegría sintieron! ¡Cuántos abrazos, cuántas lágrimas derramadas!

Por fin llegó el día tan esperado, a mi abuelo le entregaron en mano su libertad el día 31 de marzo de 1944 y recuerda incluso la hora: las 10 de la noche. Es algo que no se le olvidará nunca, lo rememorará todos los días de su vida a la misma hora, porque fue como devolverle la vida a pesar de que sabía que en el exterior tendría que enfrentarse a otros problemas: ¿dónde vivir? ¿Dónde trabajar? ¿Qué comer?

El tiempo fue descubriendo las respuestas a todas estas preguntas: pasaron por muchos hogares, por muchos trabajos y pueblos, intentando encontrar una estabilidad.

Socorro e Isidoro tuvieron siete hijos a los que recibieron con «mucha alegría». No era fácil alimentarse a sí mismo y menos sacar adelante a estas criaturas. Pero aun así, con mucho esfuerzo y siempre muy unidos, lo hicieron.

Isidoro García está muy agradecido a toda la gente que le ha ayudado a lo largo de su vida, a aquellos que le han prestado su cariño y su apoyo. Por ello y por el amor hacia sus hijos ha conseguido llegar con honor y, lo más importante, con vida hasta nuestros días. Hoy, cuando mi abuelo se evade de la realidad, todavía repite: ¡siete hermanos, siete años de larga espera, siete hijos... SIETE VIDAS TIENE UN GATO!

Isabel Priego
I.E.S. Villarejo de Salvanés.

El abuelo

—Si recuerdo aquellas jodidas navidades, es porque estaba todo el día lloviendo. Sí, ya sé que, realmente, en Madrid eso no es muy normal..., pero así fue. No, no me preguntes el año porque no lo recuerdo... sólo me acuerdo de eso, que llovía un montón. Que no joder, Miguel, que no. No nevó. Sólo lluvia, tío. Venga. Vale tío, sigue intentándolo. Lo siento. Venga, hasta luego.

Colgué el teléfono. El cabrón de Miguel me había despertado... y para preguntarme una estupidez. Bostecé. Aún tenía la vista desenfocada del sueño, y los músculos hechos papilla —como de costumbre desde hacía unas semanas—. Que si recordaba nosequé de lo que pasó aquel año en navidades cuando él estaba fuera, en Francia... hace unos diez años. Y voy yo y le suelto la gilipollez esa de la lluvia. Hay que ver. Bueno, de todas formas ya había que ir pensando en levantarse... a las doce del mediodía, la llamada había sido como un providencial despertador.

Caí —literalmente— de la cama y me arrastré hacia la ducha. La encendí y me coloqué debajo del agua caliente. Es increíble; las veces que peor duermes son las que mejor te sienta una ducha caliente. Tras el posterior afeitado me enrollé la toalla alrededor de la cintura, preparé el imperdonable café solo con poco azúcar y el bocata y lo engullí todo. Creo que soy la única persona en este mundo que cuando se levanta hecho una mierda —incluso con una ligera resaca— lo que le apetece es comer. Todos mis conocidos se horrorizan cuando se lo cuento; cuando lo ven se ponen directamente enfermos.

Así estaba yo, mascando a toda máquina, semidesnudo sobre el suelo de la cocina y con un cigarrillo ya preparado para ser encendido, es decir, en la gloria, cuando sonó el timbre de la puerta. No el telefonillo, ni el teléfono —¡Joder!— sino el timbre de la puerta. Dos veces. Insistentemente. Vacié el vaso de café de un trago y me encaminé hacia la entrada.

Recordé.

«¡Coño! ¿Cómo he podido olvidarlo?» —pensé—. «Hoy venía el abuelo!»

Era cierto. Mi abuelo no suele visitarme mucho ahora que vivo solo, pero de vez en cuando le llamo para hablar un rato, hacerle compañía y tomar unas cervezas. La verdad es que había olvidado completamente lo de hoy.

Así pues, abrí la puerta para encontrarme con ese rostro amigable, casi bonachón, con mostacho blanco y pelo ralo, con esos ojillos llenos de vitalidad, inteligentes y pequeños tras unas gruesas gafas, con ese ABC omnipresente en la mano, cuidadosamente doblado.

—No fumes —me saludó, con sorna y un tono ligeramente irónico, el abuelo. Lancé una carcajada, invitándole a pasar. Se sentó en la cocina mientras yo me vestía.

—¡Sírvete un café! —le grité desde mi habitación. No obtuve respuesta, pero pude oír el débil trajín de cristal producido por los vasos.

Ya vestido, me senté en la mesa de la cocina, delante de él. Estaba mirando el periódico, hojeándolo. El diario hablaba, cómo no, de guerra. Ninguno de los dos dijo nada; pasaron así un par de minutos. No es un silencio incómodo, el que tengo con mi abuelo; simplemente nos estamos los dos callados hasta que alguno dice algo interesante. Esta vez fui yo.

—Abuelo.

—¿Sí?

—Háblame de la guerra. —Entornó los ojos.

—¿Qué guerra?

Me miró con los ojillos semicerrados, con expresión curiosa e intrigada, pero también nublada, como internándose en las profundidades del recuerdo. Al fin habló.

«No recuerdo muy bien... veamos. Yo empecé a trabajar en el banco con diecisiete años recién cumplidos..., eso fue en el treinta y ocho. Sí... Lo recuerdo porque, ¿sabes? en el banco nos daban una paga extra cada vez que avanzaban los nacionales... Cuando tomaron Barcelona, y cuando tomaron Madrid también. Los nacionales... anda que no recé yo veces para que llegaran los nacionales de una vez.»

Bebió un sorbo de su café. Ahora su mirada, un poco perdida, reflejaba algo de dolor, y de irritación.

—¿Nunca te he contado nada de esto, hijo?

Respondí que no. Empezó a hablar de nuevo.

«Un día, por la noche, llamaron a la puerta... Sabíamos que eran los rojos, y no abrimos. Mi tío tenía una horca, y yo un cuchillo... temblando estaba. Pero no entraron. Dio igual; al día siguiente los llamaron a declarar... se los llevaron en un camión hacia Barbastro, y a los diez kilómetros del pueblo, o así, bajaron a todos y les mataron. Les mataron... Hijos de puta. No habían hecho nada; mi padre tenía un pequeño comercio, ¿es eso un delito? Anda que no recé yo veces para que vinieran los nacionales.»

Miró su café y continuó.

«Cuando empezó todo, recuerdo como los rojos asaltaron el cuartel de la Guardia Civil. Cuatro guardias civiles había allí, en mi pueblo... nuestra casa daba al cuartelillo. Cuando empezó todo, dos de los guardias estaban fuera, por las calles; a uno le cogieron prisionero y a otro le mataron a tiros, como a un perro. Esos cabrones... Los otros dos estaban en el cuartel. Intentaron entrar, los rojos; yo eso lo vi desde mi casa. Intentaron entrar, y dispararon a uno de ellos cuatro tiros. Y con cuatro tiros en el cuerpo —el guardia, un tipo grandote— se puso a maldecir, sacó la pistola y aún hizo huir a esos sinvergüenzas. El que quedaba se atrincheró dentro del edificio, y puso colchones en las ventanas, porque ¿sabes? las balas de antes, un colchón las paraba. Pues bien, esos rojos —eran por lo menos veinte en mi pueblo, y armados— no tuvieron pelotas para entrar y sacarle. No tuvieron pelotas. Tres días estuvo allí el guardia, y entonces llegaron dos camiones de rojos que iban al frente, y se detuvieron en el pueblo, y se colaron en el cuartelillo por el tejado. ¡Sal con las manos en alto!, le decían al guardia civil, y pasó mucho rato, pero al final salió sin fusil ni nada... Y ¿sabes lo que hicieron? Le acribillaron todos, allí, en la entrada del cuartelillo. Cobardes...»

Mi abuelo se quedó negando con la cabeza, lentamente.

—Pero bueno, te debo estar aburriendo con mis batallitas...

No le contesté. Él siguió hablando.

«¿Conoces la batalla de Belchite? ¿No? La verdad, no sé que se os enseña ahora en el colegio. Bueno, pues en la batalla de Belchite los rojos iban a atacar Zaragoza..., pero no pudieron llegar a tiempo; en Belchite les paramos los pies. Un conocido mío, el panadero, dos años mayor que yo, estuvo allí... Estuvieron sitiados mucho tiempo, y al final Franco les autorizó a rendirse. Pues bien, no se rindieron. Por la noche, salieron de Belchite e intentaron cruzar las líneas. Hirieron a uno de los compañeros de mi amigo, el panadero, y lo que hizo fue recogerlo y cargar con él. ¿Ves? Eso es tener cojones. Les estaban friendo, ¡Pam! ¡Pam!, y se paró a recoger a su compañero... Eso son cojones.»

Le miré sonriendo.

—Bueno, actos de heroísmo, habría en los dos bandos. ¿No? —dije.

—Pues claro, claro... —dudó—, pero más en donde los nacionales, claro —dijo él, medio en broma, medio en serio.

Le miré divertido, y lancé una carcajada. Ya era la hora de comer; habría que pensar en ir a algún sitio. El abuelo se levantó. Le miré. Por primera vez me di cuenta de lo mucho que él había vivido, y lo poco que yo lo había hecho... Y sentí respeto, mucho respeto.

Alberto Puyuelo Vázquez
2.º de Bachillerato
I.E.S. Gregorio Marañón.

La justicia en la tierra

Después de la Guerra Civil, Franco instauró su particular red de vigilancia por toda España mediante la Guardia Civil. Este organismo, representado por hombres de aspecto severo, vestidos con tricornios y carabinas, era el encargado de mantener el orden y, según las directrices del Caudillo, salvaguardar a los buenos españoles de la amenaza del comunismo. Cuando varios de estos hombres recorrían el pueblo, la gente se estremecía, puesto que si bien eran los representantes (al menos en teoría) de la justicia, también lo eran del miedo.

Los guardias, que solían ir en pareja, cruzaban henchidos de orgullo las calles, sabiendo que ostentaban un poder que nadie se atrevería a menospreciar. Allí se enteraban al pormenor de lo sucedido en la región. En más de una ocasión los tricornios prendieron a algún vecino acusándolo de rojo y, tras un exhaustivo interrogatorio (en el que se incluían patadas y puñetazos), llegaban a la conclusión de que aquel pobre hombre que yacía en el suelo no sabía nada de comunismo, anarquismo, marxismo o cualquier otra tendencia contraria al Régimen. Simplemente había cometido el error de enemistarse con el alcalde.

La otra fuente de información a la que recurrían era el cura del pueblo, que teóricamente tenía el oscuro deber de velar por las almas de sus feligreses, aún a costa de delatar a algún vecino sospechoso de simpatizar con los enemigos de Franco y, por tanto, de la Madre Patria. Decir que todos los curas informaban a la Guardia Civil sobre el comportamiento de los lugareños sería faltar a la verdad, ya que en diversas ocasiones el cura ocultaba a personas que estaban siendo buscadas, o mantenía en secreto las tendencias comunistas de vecinos. Desgraciadamente también hubo varios sacerdotes que, ansiosos por complacer a los tricornios y mostrar su adhesión al Régimen, no dudaron en conducir a varios vecinos a su inexorable destino: la muerte o una estancia indefinida en unas prisiones que harían desear la primera de las opciones.

En una ocasión, en un pequeño pueblo del norte, uno de los campesinos recibió de regalo de cumpleaños una bella corbata roja, que su mujer había comprado a un vendedor ambulante con gran esfuerzo, pues en aquella época de carestía hasta lo más básico se convertía en un lujo. Este hombre, llamado Ernesto el Largo, el día de la fiesta de su pueblo decidió ponerse, junto con sus mejores galas, la corbata carmesí. Cuando Ernesto volvía a su casa, ya entrada la noche, dos guardias civiles le dieron el alto. Cuando, a la luz tenue de una farola, vieron el color de su corbata, no dudaron en arrojar al hombre al suelo y, tras golpearle, le quitaron la prenda. Ernesto intentó explicar balbuceante que era un regalo de su mujer, sin ninguna carga política, pero una patada en las costillas le disuadió...

Uno de los tricornios se alejó con la corbata en la mano y una navaja en la otra, y la hizo pedazos. Entonces, el compañero alzó bruscamente a Ernesto y, tras apoyarlo en la pared, le puso una de sus negras pistolas en la sien. El otro guardia civil se acercó con una sonrisa demencial y le tendió los trozos de corbata, instándole a tragárselos. En un principio el buen hombre creyó que se trataba de una broma, pero al mirar los rostros de los guardias comprendió que estaban jugando con su vida y que no tendrían excesivas complicaciones para matarlo. Por ello Ernesto obedeció a los guardias, tras lo cual recibió una nueva tanda de golpes.

A la mañana siguiente los familiares de Ernesto, que preocupados porque no habían vuelto habían salido a buscarlo, lo hallaron malherido en una cuneta, lleno de heridas y contusiones. Él, que no entendía nada de política ni de colores, había sufrido la locura de los hombres, y jamás olvidaría esa espantosa noche, en la que tuvo la desgracia de cruzarse con dos seres que buscaban dar rienda suelta a sus más macabros instintos. Con nadie habló Ernesto, pues sabía bien que no sería escuchado y que lo único que conseguiría sería despertar las iras de la Guardia Civil, que en aquellos lugares tenía el poder, y también el derecho de suministrar dolor.

Bajo esta atmósfera de perpetuo temor y desconfianza la población intentaba recobrar su vida cotidiana, arrebatada por la guerra. La Guardia Civil, que decía tener la misión de contribuir a que todo volviese a la normalidad, no respetaba las libertades particulares, amparándose en la hipotética seguridad que brindaban. Se convirtieron en los dueños del pueblo, imponiendo su régimen de terror y violencia allá donde iban. Y aunque pocos tenían el valor de decirlo en voz alta, todos tenían un mismo pensamiento anclado en la mente: ¿qué justicia es ésta que se basa en el miedo?

Isabel Rodríguez
2.º de Bachillerato
I.E.S. Gregorio Marañón.

Una historia de la Guerra Civil

Cuando estalló la Guerra Civil mi abuelo tan sólo era un niño. Su familia era muy humilde y no podía mantener a todos los hijos, por ello mi abuelo y un hermano menor que él fueron dejados por mi bisabuela Matilde en un hospicio para que estudiaran y les criaran. El más pequeño murió en el orfanato. El año que comenzó el conflicto bélico todos los menores de edad del colegio de mi abuelo, al igual que los alumnos de otros centros de enseñanza, fueron enviados fuera de Madrid. Los niños eran evacuados a distintos países extranjeros para que no sufriesen las consecuencias de la batalla. Los destinos eran diversos desde Argentina o Alemania hasta Brasil o Francia. Cuando el camión que transportaba a mi abuelo y sus compañeros llegó a la frontera no les dejaron pasar y se volvieron para España. El destino final de mi abuelo fue Valencia. Allí una familia le acogió durante tres años. Mi abuelo ayudaba a su familia adoptiva en el cultivo del campo, de donde más de una vez tuvieron que salir huyendo para escapar de los bombardeos. En unos de esos ataques se incendió la casa donde vivían y todo fue un poco más complicado si cabe. Un día mi abuelo coincidió con su hermana mayor, que también estaba acogida en un pueblo cercano a Valencia, y durante cierto tiempo mantuvieron el contacto. Su madre, unos meses antes del fin de la guerra, les reclamó y volvieron los dos a Madrid, mi abuelo ya tenía nueve años. Pero ahí no se acabó la relación de mi abuelo y la familia valenciana que le acogió, mantuvieron correspondencia durante muchos años, concretamente hasta hace tres años, pues falleció el tío

Pepe, que así era como conocíamos todos al padre de familia que durante tres años le crió. Mi abuelo y Matilde, su hermana, fueron a vivir con su madre y su padrastro a un chalé que este último tenía en Chamartín (que por aquella época era un pueblo) donde estaba situado el centro de la batalla. Para evitar los bombardeos Pepe, mi abuelo, y sus hermanos tuvieron que vivir en un pozo del Canal durante dieciocho meses. El mayor de los hermanos, Paco, bajaba cada día a Chamartín a por comida. Y Pepe se puso a trabajar con nueve años para ayudar a su familia pues apenas tenían para comer.

Pasó el tiempo y los nacionales llegaron al poder. Por aquel entonces las calles se convirtieron en un campo de batalla, se levantaron murallas con los adoquines que la gente arrancaba del suelo y cerraban con ellas las calles. Había refugios para que los ciudadanos se protegiesen del conflicto por todas las calles.

En la posguerra lo más destacable era la pobreza y el hambre que dejó tras de sí la Guerra Civil española. La gente se moría de hambre y se contagiaba de una enfermedad llamada «piojo verde» la cual afectaba a los mal nutridos. Mi abuelo se alimentaba prácticamente a base de lentejas, cuando las había. Con la incorporación de Franco al Gobierno se crearon comedores de auxilio social donde iba mi abuelo y su familia a comer, pues el alimento cada vez era más escaso.

Así fue como vivió mi abuelo materno, Pepe, la Guerra Civil y la posguerra cuando era un niño que tuvo que madurar antes de tiempo a causa de los horrores de un conflicto de estas características.

DATOS PERSONALES: José Encinas Fernández, nacido en Madrid el 15 de junio de 1930.

María Talavera Encinas
2.º de Bachillerato
I.E.S. Gregorio Marañón.

Capítulo de posguerra

Personajes

Rosa, mujer de 25 años madre de tres hijos envejecida por el trabajo y la guerra.
Isidoro, marido de Rosa, de 30 años, jornalero delgado quemado por el sol.
Gregorio, padre de Rosa, 67 años, republicano declarado.
Marcelo, cura del pueblo, 33 años.
Eusebio, hermano de Rosa, 20 años, republicano militante como su padre.
Soldado del Frente Nacional.
Mujer 1.
Mujer 2.
Hombre.

(En la cocina, de paredes amarillentas, Rosa prepara en el carbón las patatas cuando Isidoro entra en escena.)

Isidoro. ¿Por qué lloras?
Rosa. *(Llorando.)* Sólo quedan dos patatas.
Isidoro. Tenemos sobras de la matanza. No es por eso, Rosa.
Rosa. *(Silencio.)*

  (Isidoro *se acerca a* Rosa, *la agarra del brazo y la sienta en una silla.)*

Isidoro. ¡¿Qué pasa?!
Rosa. ¡Me lo han matao!

ISIDORO. ¡¿Qué dices?! ¡¿A quién?!
ROSA. ¡Han matado a Eusebio! ¡Se lo han llevao!
ISIDORO. ¡Cálmate mujer! ¿Cuándo?
ROSA. ¡Me lo han matao! ¡Con 20 añitos...!

(Al oír los gritos entra GREGORIO.)

ISIDORO. ¡Goyo! ¡¿Qué ha pasao?
GREGORIO. Los del Frente llegaron anoche a Valleruela y se llevaron a veinte muchachos, entre ellos Eusebio... Y también a los tres de la tía Dorotea.
ISIDORO. Pues... el siguiente pueblo es este ¿no?
ROSA. *(Levanta la cabeza y gritando.)* ¡Padre escóndete! ¡Vete al monte!

(Afuera se oyen gritos y ruido. Los tres salen a la calle y ven un soldado gritando nombres.)

SOLDADO DEL FRENTE. ¡Manuel Jiménez!, ¡Juan Pedro Gordillo!, ¡Gregorio Sanz!, ¡Evaristo González!...
MUJER 1. *(Llorando y gritando.)* ¡¡Aquí no hay ningún rojo!!

(Los niños lloran y un hombre sale altivo de su casa.)

HOMBRE. ¡Juan Pedro Gordillo soy yo! ¿Quién me busca?
SOLDADO DEL FRENTE. ¡Cogedlo!

(La MUJER 2 se agarra desesperada y llorando al soldado.)

MUJER 2. ¡¡¡Noooo!!! ¡No se lleve a mi marido! ¡Tenga piedad por Dios!
SOLDADO DEL FRENTE. ¡Quite, perra piojosa! ¡Roja de mierda! ¡Éste es un puto pueblo de rojos!
MUJER 2. ¡¡Noooo!! ¡Por favor!

(El soldado saca una pistola y le pega un tiro en la cabeza.)

SOLDADO DEL FRENTE. Un rojo menos.

(El pueblo se queda en silencio. Rosa *e* Isidoro *han presenciado la escena desde la puerta de su casa.)*

Rosa. *(Muy nerviosa.)* ¡Isidoro! ¡Sal por la puerta de atrás y busca a Marcelo! ¡Búscale, por Dios, y que venga! ¡Y tú, padre, escóndete! *(El padre permanece inmóvil.)*

(Mientras tanto, el soldado sigue nombrando a los rojos que buscaba. Tras unos minutos irrumpen corriendo en la plaza Isidoro *y el cura y ven cómo se están llevando a* Gregorio.*)*

Marcelo. ¡De aquí no se va nadie!
Soldado del Frente. ¿Quién lo dice? ¡Este pueblo está lleno de putos rojos cobardes! ¡Los de Valleruela os delataron! Aunque no les sirvió de mucho...

(Risas entre los soldados.)

Soldado del Frente. Sólo venimos a hacer justicia. ¡Por España y por el Frente Nacional! ¡Viva...!
Marcelo. *(Interrumpiendo.)* Lo dice la Iglesia. ¡Yo respondo de mis feligreses!
Soldado del Frente. ¡Aquí es rojo hasta el cura, la madre que le parió! ¡Esto no quedará así, andaos con ojo!

(Subiendo al camión levantan el brazo derecho y gritan.)

Soldados del Frente. ¡Viva España!

Ana Belén Gordillo
Camino Casas
Ruth Torres
2.º de Bachillerato
I.E.S. Gregorio Marañón.

Algunos representantes de la cultura española recuerdan el franquismo

Con motivo de la publicación de un Cuaderno Pedagógico en torno a *Terror y miseria en el primer franquismo,* la autora de esta edición solicitó la colaboración de representantes de la cultura española (actores, escritores, profesores...). Les pedía un texto en el que en pocas líneas relataran su primer recuerdo del franquismo con el fin de dejar constancia de la perspectiva de los más jóvenes (que sufrieron el franquismo siendo niños) y de los mayores (que vivieron las consecuencias de éste en su propia piel.) Se han seleccionado sólo algunos por razones de espacio. Agradecemos que hayan aceptado que les reproduzcamos de nuevo sus palabras.

Los primeros recuerdos que puedo relacionar con el franquismo se sitúan alrededor del año 1970. Recuerdos de una melancolía crónica que se alimentaba del gris del sirimiri y el verde de las campas que rodeaban el barrio.

Recuerdos de los quinientos obreros que salían a las doce en punto de las fábricas de Alfa y Lambretta de riguroso azul de Bergara, camisa, pantalón y jersey al hombro, camino de los bares y de un rápido y exhaustivo txiquiteo de vino de Rioja en pellejo. Cincuenta minutos más tarde, los mismos hombres jugaban una partida de mus a tres juegos, tiempo justo para fumar casi del todo un veguero Farias y regresar en la marea humana y azul camino de la fábrica.

Claro que todos estos recuerdos no eran consecuencia directa del régimen, sino del común del carácter y el clima de Euskadi donde me crié, y mi traslado ese año a estudiar electricidad en la Escuela de Armería de Eibar.

Recuerdos de la prohibición de hablar euskera en la escuela y en lugares públicos, en todos, menos en la iglesia y en misa de ocho de la mañana. Eso sí era una consecuencia de la dictadura y mi primer recuerdo neto del franquismo.

IMANOL ARIAS, actor.

* * *

A mediados de los cincuenta un niño de cuatro años iba paseando de la mano de su madre, bajo un mediodía de sol intenso, por la calle de Colón de una ciudad azul y mediterránea llamada Valencia. De repente, al otro extremo de la misma acera, un grupo numeroso de gente empezó a gritar. El niño, movido por un impulso inexplicable, logró desasirse de la mano de su madre y echó a correr en dirección al Consulado de Gran Bretaña en Valencia. Y el niño, que había escuchado, entre la sorpresa y el estupor, el ruido y la furia de aquel grito colectivo, preguntó:

—Mamá, ¿por qué gritan estos señores? ¿Qué quiere decir «¡Gibraltar, español!»?

—Haz el favor de callarte, dame la mano y vamos a los Viveros a echarles comidita a las palomas y a los pajaritos.

Muchos años después, el profesor de Formación del Espíritu Nacional, un falangista de camisa azul con el yugo y las flechas bordadas, nos habló con desprecio de «la pérfida Albión», de esos hijos de la Gran Bretaña que se habían apoderado de Gibraltar. Recordé aquel episodio de mi infancia y, mientras aquel profesor falangista apelaba a nuestro patriotismo, pensé que los ideales rebeldes de un adolescente sin causa, que se ahogaba ya en los pupitres de un colegio de curas de aquella dictadura nacional-católica, no podían limitarse a un patriotismo basado en la reconquista de Peñones o de Peregiles.

Manuel Aznar Soler,
catedrático de Literatura Española
en la Universidad Autónoma de Barcelona.

* * *

No viví los «terrores y miserias» de los primeros años del franquismo. Nací a principios de los sesenta. Viví, pues, la «próspera miseria del tardofranquismo». Mis primeros recuerdos «extraños», que me inquietaban, sucedieron en el colegio. Mis padres eran emigrantes andaluces cómodamente instalados en una ciudad industrial de Catalunya. Llegaron allí antes del famoso «boom económico» de los sesenta. Vivían en el centro de la ciudad y me inscribieron en el colegio más cercano. Ignoraban que se trataba de un colegio de pequeños burgueses catalanes, con tradición secretamente antifranquista. Allí viví peripecias curiosas. Había ciertos libros que no debían salir de las aulas (los de lengua y literatura catalanas). Algunos curas que se negaban a hablar en castellano. Negativas a instalar la foto del «caudillo» en los pasillos... La dirección en pleno del colegio se pronunció abiertamente en contra de la ejecución de Puig i Antich. Se armó un buen escándalo. Ése creo que fue mi primer recuerdo «político». Ése y las frecuentes manifestaciones por las calles de mi ciudad («Amnistia, Llibertat, Estatut d'Autonomia...») que acababan con numerosos moratones en la piel de los hermanos de mis amigos y de los amigos de mis hermanos. Con la muerte de Carrero Blanco, supe por fin en qué país vivía y empecé a pronunciar por primera vez las palabras «franquismo», «política», «dictadura» y «democracia»... Sólo un año antes de que se muriera Franco... Había vivido doce años pensando que en todo el mundo sucedía lo mismo que en España, aunque hubiera visto desde muy pequeño «cosas raras»...

SERGI BELBEL, director de teatro.

* * *

¿Dónde están las masas que vitoreaban o lloraban al Caudillo en la mítica plaza de Oriente? Del general Franco se sabe casi todo a pesar de los esfuerzos en difuminar su sórdida memoria, pero el mayor silencio encubre hoy al pueblo que lo soportó y en amplia mayoría se sintió protegido ante su autoridad. La responsabilidad de tal sumisión puede achacarse al síndrome de Estocolmo o quizá simplemente al mismo impulso extremista que lanzó un día a los españoles hacia la guerra fratricida. Sólo una genética obsesivamente radical como la ibérica era capaz de pasar del delirio de sangre a la docilidad gregaria durante la inacabable dictadura. Un régimen que culminó el escarnio a sus opositores ofreciendo el epílogo del tirano senil tomándose todo su tiempo para extinguirse. Posiblemente el complejo de semejante pecado original gravitando sobre nuestra generación sea la causa fundamental de tan persistente silencio.

ALBERT BOADELLA (Els Joglars), director de teatro.

* * *

Ante el tema del franquismo resulta válida la afirmación de que la historia nunca se debe olvidar, pero que, a la vez, hay que superarla con generosidad y con piedad. Me refiero a que de la etapa franquista de la que soy consciente (de casi toda ella, pues nací en 1946), me ha quedado una sensación de crecimiento interior por encima de cualquier dificultad, de esfuerzo y de lucha, de un tiempo de pruebas que me ayudaron a ser el que hoy soy: un escritor de vocación y de profesión. No debo, por ello, caer en las lamentaciones particulares u oportunistas (al recordar, por ejemplo, que un día, allá por los finales de los años 60, me prohibieron dar una conferencia sobre Luis Cernuda, el poeta del que celebramos su centenario en estos días; o que, poco después, la entrevista que le hice a Pablo Neruda para la «Revista de Occidente» tardó algún tiempo en aparecer por tener dificultades, etc.). Creo que la superación de la historia no conlleva el simple lamento, sino el recuerdo de lo que de crecimiento interior —de prueba— hubo en aquellos años, más allá de grisuras, de cualquier dificultad de fondo.

ANTONIO COLINAS, poeta.

* * *

¿Cómo glosar lo oscuro? ¿Cómo recuperar en la memoria una década que coincide con tus mismos diez primeros años?

Tu padre salía de la cárcel. Tus hermanos volvían de Francia. Nunca les habías visto. En las cartillas de racionamiento erais de tercera. Las estraperlistas a las puertas de los mercados ocultaban en sus cestas un soñado oasis. A menudo, en tu casa, no había nada, pero nada para comer. En el cine, en el fútbol y en la escuela te obligaban a alzar el brazo fascista. Escuchabais «Yerma» por Radio Pirenaica, bajo una manta. Color: un gris oscuro, otoñal y tristón. Pero los niños, a veces, no son conscientes de la cruel realidad que les rodea y, montado en una bicicleta con un solo pedal, tú ibas, como un loco, haciendo eses y chocando con las piedras, con la mayor serenidad del mundo, mientras canturreabas: «Rascayú, cuando mueras ¿qué harás tú? / Tú serás un cadáver nada más...»

JORDI DAUDER, actor.

* * *

La primera vez que Franco apareció en mi vida fue en un cine. Debía de tener unos cinco años. Se proyectó el NO-DO y salió Franco. Rompí a llorar desconsoladamente (sin duda, una premonición). Debí de llorar tanto que mis tías me sacaron del local. Desde entonces siempre entrábamos en la sala con el NO-DO ya empezado.

Después en casa, tanto mi padre como mis tías nos aconsejaron a mis hermanos y a mí que jamás contáramos las conversaciones políticas que oíamos en casa. Éramos una familia republicana.

Al poco, conocí en la tienda de mis tías a una señora amable. Mi madre me dijo que su marido estaba en el penal de Burgos cumpliendo una condena de veinte años porque no le gustaba Franco.

Así fue, como desde muy niño, me familiaricé con Franco.

AGUSTÍN DÍAZ YANES, director de cine y guionista.

* * *

Noche de pintadas. Franco asesino. Calle Doctor Esquerdo. Franja abierta en mitad de la calle, construcción de un túnel que separa ambas aceras, pared blanca inmaculada. La última pintada. Amanece. Venga échale cojones vamos tío. Bajada del coche, spray en mano. Franco asesi. Sirena de policía. Nos han pillao me cago en Dios corre monta.

Persecución. Doctor Esquerdo Ventas La Elipa Cementerio. Plás plás plás. El sonido de estos disparos no tiene nada que ver con el sonido de violín quebrado de los disparos de las películas del oeste. Curva muy cerrada. Los despistamos girando totalmente el coche. Se cruzan con nosotros pegando tiros no se sabe a dónde ni a quién. Ostiaaas de buena nos hemos librado. Compañeros en bocas de metro, la pregunta de todos: ¿tú también te has meao? Tres días más tarde sonaban balas de verdad en los fusilamientos del proceso de Burgos. Después en los asesinatos de los laboralistas de Atocha. Ese sonido salpicaba de muertes la modélica transición, cerrándola con los últimos fusilamientos de Franco. El agrupémonos todos en la lucha final nos acunaba.

JUAN DIEGO, actor.

* * *

Descubrí el franquismo cuando tenía seis años, en el verano de 1950 a raíz de una pelea de niños. En la playa de Santiago, en Zumaya, solían formarse pequeñas pozas donde con una habilidad de que yo carecía era posible pescar alguna quisquilla. Estaba ocupado en esa imposible tarea cuando de repente un grupo de chicos me echó a empellones de mi puesto de pesca. «¡Somos los nietos del general Moscardó!», gritaron. No entendí nada y me fui llorando para recabar la ayuda de mi padre, quien me explicó que el general Moscardó y su familia eran intocables, porque habían ganado una guerra que él, mi padre, había perdido como republicano. Comprendí entonces muchas cosas: la sensación que había en mi casa de que algo llamado «posguerra» en muchos aspectos era peor y más peligrosa que la propia guerra, los nervios de mi madre cuando en un teatro mi padre se negó a levantarse al sonar el himno para él franquista, sus prisas para alejarse de una calle por la que desfilaba el Frente de Juventudes o de un cuartel en que se arriaba bandera. Por no hablar de la ocasión en que le vi escondiéndose en un armario porque se presentó en casa la policía, afortunadamente por error. Luego supe que había sido privado de su empleo en la Bolsa de Madrid en 1939 —no lo recuperaría hasta 1976— y que permaneció tres años en Azcoitia, hasta 1942, refugiándose en el monte mientras había luz del sol para volver sólo de noche a casa de sus padres. Nunca fue acusado de nada, pero hasta los años 60 vivió en el miedo. Un miedo que fue también el mío.

ANTONIO ELORZA,
catedrático de Ciencia Política.

* * *

Días antes del hecho biológico me arrancaron de Macael (Almería) donde vivía mi soleada juventud, y me trasladaron por el artículo 26, a tapar un «zulo» realizado dentro de la cripta de Cuelgamuros, en la fría sierra madrileña. A diferencia de otros «zulos», éste era legal por los cuatro costados y bendecido, al igual que sus paisanos ilegales, por la santa madre iglesia. Así pues, mi sombra de cinco toneladas cobija desde este momento histórico, y gracias a la habilidad del Marqués, las migajas del que fuera generalísimo de todos los seres vivos de tierra, mar y aire, que tuvieron la desgracia —y también la suerte— de vivir bajo su tutela durante casi cuarenta años en este nuestro suelo patrio invertebrado. No quiero hacerme pesada como lo que soy, pero como mi lema es Carpe Diem, creo que se trataba de un ser muy generoso; verbi gracia: no tenía ningún apego a la vida, sobre todo por la de los comunistas, salmones, masones, cervatillos, rojos, perdices, separatistas, ballenas y algún que otro compañero de armas díscolo. Repartió generosamente y desinteresadamente a la hora del café, crueldad a granel hasta el fin de sus días. Gracias a él, hemos sido diferentes durante mucho tiempo al resto de los países europeos sin necesidad de recurrir al hecho diferencial ni al Rh. No sé de que se quejan. Mientras, yo sigo estoicamente aquí enclaustrada en mi aburrido trabajo de losa funeraria, donde una gota de sol se cotiza más que un litro de Chanel número 5 en envase familiar reciclable, y con la esperanza de que mi amado mármol de Carrara, nada frío por cierto, me retire de una vez de este oficio, para así poder montar juntos una cantera, porque si no, me veo troceada y exhibida en un vulgar escaparate de «souvenirs», como mi desgraciado primo muro de Berlín.

Ramón Fonseré, actor de Els Joglars.

* * *

A eso de mis doce años, le llegó a mi madre una información por boca de la mujer de otro rojo que compartía penal con mi padre: una bondadosa institución llamada Patronato de Presos y Penados, cuya sede se hallaba en un siniestro piso sito en la calle del Pez, prestaba generosamente a los hijos de los ya aludidos presos y penados los necesarios libros de estudio siempre y cuando hicieran gala de exquisito comportamiento y gran aplicación. Mi padre, puesto al tanto de la bicoca, se opuso formalmente a que solicitáramos favor alguno de esa institución ni de ninguna otra y, en tal sentido, escribió desde Burgos cartas tan categóricas como la censura lo permitía. Pero mi madre declaró que precisamente mi padre estaba preso, entre otras cosas, por ser un idealista, y que, dada su privilegiada situación de pensionista del Estado, no tenía idea de lo que era estirar un sueldo de cajera de librería hasta fin de mes. Y rellenó la oportuna petición, cuyos términos siempre he ignorado pero que me malicio, por algún comentario que cacé en la sobremesa, que estaba redactada de forma tal que humillara al máximo al solicitante y a todos sus deudos. Pero a eso ya estábamos muy acostumbrados.

Para ejercer su caritativo cometido contaba este patronato con una nutrida biblioteca en cuyos estantes se alineaban los textos más al uso en los centros de enseñanza españoles, que la estudiosa prole de los rojos encarcelados iba devolviendo tras su juicioso uso. A finales de cada trimestre tenía yo que acudir regularmente a presentar mis notas y recibir, de boca de un untuoso caballero de gafas oscuras y bigotillo, sabios consejos que me instaban a no seguir los torcidos caminos de mi descarriado padre. Tras demorarlo todo lo posible, salía de la boca de metro de Noviciado con el boletín de notas en el bolsillo y me encaminaba, con paso tardo, hacia la calle del Pez. Pero tuve una pequeña revancha: al acabar Preu me olvidé tontamente —qué despiste, por Dios— de llevar unos cuantos diccionarios que, prestados el primer año, no había devuelto antes porque los necesitaba durante todo el bachillerato. Nadie se acordó de reclamármelos, conmigo siguen, y mientras escribo estoy viendo sus envejecidos y queridos lomos. Ese deliberado hurto, del que no me arrepiento ni lo más mínimo, me ahorró el disgusto de separarme de unos libros que eran ya carne de mi carne y sangre de mi sangre y me sirvió de secreta, pero no menos grata venganza.

MARÍA TERESA GALLEGO URRUTIA,
catedrática de francés y traductora.

* * *

Yo debía tener diez u once años. Franco salió por la tele a hablar desde un balcón ante una plaza abarrotada de gente, y a mí me dio mucha pena porque no se tenía en pie y nadie le daba una silla. Empezó a hablar pero yo no entendía nada, parecía mi abuela cuando me grita enfadada sin la dentadura postiza. Pero la gente de la plaza sí parecía entenderle y estaba entusiasmada. Me puse nervioso: «¿Me estaré volviendo sordo?» Luego Franco dejó paso a un señor que siempre iba detrás de él con cara de circunstancias y que se llamaba Juan Carlos. Al verle, la multitud empezó a gritar algo que sonaba como «í-e-e, -í-e-e», pero que yo no lograba entender. «¿Qué dicen? ¿Títere?», pregunté a mis padres sin ninguna mala intención. Mis padres se miraron estupefactos y me sometieron a un interrogatorio exhaustivo sobre mis amistades. Cuando se tranquilizaron dijeron: «No, hijo, decían Príncipe. Y no comentes esto que ha pasado en la escuela.» Años más tarde, recordando esa anécdota, empecé a entender lo que había sido el franquismo.

IGNASI GARCÍA, dramaturgo y guionista.

* * *

Un niño que no comprende nada, que está en un túnel de frío, en una habitación sin aire, con ojos llenos de miedo reflejado en una mirada quieta, de estupor, de no entender nada. Una mirada que pregunta y a la que nadie quiere dar respuesta. Es la imagen que conservo, ya en la lejanía, de un niño de los años cincuenta, en plena época del fascismo franquista. Ese niño podría ser yo mismo, que vivía en un pueblo de Extremadura, donde nadie quería hablar de la contienda. Los que se fueron a Francia, los asesinados, los hombres de la sierra, los familiares muertos, de qué lado estuvieron tus padres. Nadie hablaba de aquello abiertamente. Todo era silencio y murmullo secreto. Como queriendo olvidar, como diciendo que allí no había habido ninguna guerra, como si todo hubiese sido un mal sueño.

Un día me armé de valor y pregunté a mi padre si Franco era bueno o malo. Mi padre me dijo que malo. Fue lo único que me quiso contar, pero creo que desde ese día empecé a ser un niño igualmente perplejo, pero ya de izquierdas.

PABLO GUERRERO, cantautor.

* * *

Por mi edad y lugar de mi nacimiento (1944, Tánger), no puedo tener una idea propia de la situación en los primeros años de la posguerra española. Pese a ello sí conservo un vivo recuerdo de las pequeñas cosas, las no del todo buenas y de las otras, las malas, las de un mundo pequeño, tristón y mezquino, sin forma ni color, en suma, las de mi alrededor. Cosas que, con el tiempo, me han ido dando claves para entender las otras cosas, las grandes. En este sentido, si he de poner un ejemplo, comprendo cómo se puede llegar a detestar en profundidad la miseria: la moral y también la otra.

JOSÉ HERNÁNDEZ, grabador y escultor.

* * *

Aquella mujer de mi barrio, vestida de negro, paseaba todas las tardes a grandes zancadas. Era la «loca». Entre los niños se decía que llevaba un gran cuchillo en la manga con el que te podía matar. Ya un poco mayorcito supe que se había vuelto loca al perder a su marido en la guerra «incivil».

Enfrente de mi casa vivían tres mujeres. La madre, siempre de negro, y dos hijas, compañeras de trabajo de mi madre en la fábrica. Eran castellanas y habían llegado cuando la guerra. El hombre de la familia había sido fusilado.

Camino de la estación de ferrocarril, surgía un hermoso conjunto urbano: «los chalets de Vega». Apellido del médico más querido en mi ciudad —médico de los pobres— hasta que fue fusilado en 1936.

El padre de mi amigo de la infancia, que vivía dos calles más allá, maestro republicano represaliado, todavía hoy está internado en un psiquiátrico. La última vez que vi a mi amigo me dijo que estaba mucho mejor.

En esa pequeña ciudad del norte, donde «no había pasado nada», tan sólo en un par de manzanas, ese niño de ojos y oídos muy abiertos percibía el estruendo del silencio, del dolor y del miedo.

Ahora muchas veces piensa que en el fondo nada ha cambiado.

Ese veneno se mantiene durante generaciones y muestra otros síntomas, ¿o no conoces tú a nadie represaliado por ser, por pensar o por hablar «distinto»?

Manolo Lombao, periodista y escritor.

* * *

Yo acababa de cumplir quince años cuando en 1975 murió Franco y, aunque tengo muy mala memoria, es probable que conserve recuerdos de esos quince años. Pero, si no los conservara, ahí tengo, por ejemplo, los dos canales de Televisión Española, y muy a menudo el de Antena 3, dispuesto a cualquier hora a revivírmelos. A veces llorosa, a veces «entrañable» (qué horrible concepto), a veces abiertamente conmemorativa, y siempre siniestra, esta experiencia del túnel del tiempo hace innecesaria toda tentativa de recuerdo personal. Hoy, en 2002, a punto de cumplir cuarenta y dos años, y tras varias legislaturas democráticas, ¿para qué recordar algo que no se ha ido? Con Pa-ada, con Ana Obregón, sus señores y sus niñitos, con el panorama de curiosidades en que consiste el Telediario de la 2, a uno no le dejan recordar lo que era el franquismo porque sencillamente se ve obligado a seguir viendo lo que es.

Luis Magrinyà, escritor y editor.

* * *

La convocatoria se ha hecho boca a boca. La Cibeles está tomada por la policía. Los manifestantes damos vueltas alrededor de la plaza en grupos de dos o tres, disimulando, mirándonos a los ojos por ver si distinguimos un rostro amigo, el gesto de una consigna, de una cita aledaña. Una vuelta, dos vueltas, tres vueltas. Me acompaña mi novia y compañera de curso. A veces, al otro lado de la plaza, escuchamos gritos de libertad y amnistía, y aceleramos el paso, pero, cuando llegamos, el grupo se ha disuelto. Así una y otra vez. Estamos frustrados. No hemos conseguido gritar una sola vez, desfogarnos. Ha pasado hora y media, pero la mayoría de los estudiantes sigue gira y gira. Mi novia me espera, mientras me acerco a comprar tabaco a una estanquera de Correos. Dos hombres se me acercan por la espalda. «Brigada Político-Social. Acompáñanos.» Pregunto por qué, me dicen que no discuta, que ya es la quinta vuelta que he pasado por allí y que no les venga con gilipolleces.

Les sigo, sumiso, sin intentar escapar. Miro a mi novia, diciéndole con los ojos: «No te acerques.» Me meten en un coche, espero dentro unos minutos interminables y, al fin, arranca, da la vuelta a la plaza y se mete en el Banco de España. ¡En el Banco de España! No doy crédito. Por esa puerta entro a menudo cuando voy a buscar a mi padre que allí trabaja. Me dejan en un sótano donde han habilitado algunos despachos como efímeros calabozos. Hay numerosos estudiantes detenidos, sin aparente vigilancia. He estado aquí mismo, cuando era pequeño, muy pequeño, seis años (Mi padre viste un guardapolvo gris como el compañero que abre con un manojo de enormes llaves de película cancela a cancela. Me llevan a una sala en cuyo centro hay una mesa gigantesca y sobre ella montones de monedas de oro como en las viñetas del tío Gilito: la Sala del Tesoro. Los empleados, con batas grises, se ríen al ver la cara de tonto del niño contemplando los montones de monedas. Uno de ellos me acerca a una estantería donde se apilan grandes lingotes dorados y dice: «Si coges uno, te lo regalo.» ¿Será verdad? El niño de seis años se apresta a coger un lingote, pero cuando intenta levantarlo, se queda clavado en el suelo sin que aquello se mueva un milímetro. Los de las batas grises, mi propio padre, se ríen. El niño lo intenta de nuevo sin resultado. Enrabietado, se vuelve, pilla una moneda de la montañas del tío Gilito y sale corriendo por las galerías. Lo hombres de la bata gris lo persiguen, muertos de risa y l atrapan. En esta sala donde ahora estoy detenido, mi padre y un «gris» interrogan y toman el pelo al ladronzuelo que era yo. Espero ahora pacientemente que llegue mi turno de interrogatorio; me da tiempo a arrancar de mi agenda todos los teléfonos comprometidos. Cuando al fin el funcionario me pregunta, me limito a decir: «No, si yo sólo venía a ver a mi padre, que trabaja en la tercera planta, y se han confundido.» Ni siquiera comprobaron mi coartada. Cuatro horas más tarde me habían soltado de los calabozos del Banco de España. Banqueros y policías en perfecta mancomunión.

JAVIER MAQUA, escritor.

* * *

De niño oí decir a los mayores, de forma más o menos borrosa, en tono más o menos acusador, que Pedro había sido oficial de los rojos. Pedro era un tío de mi madre. Al acabar la guerra, se había marchado a Francia. Estando él en el exilio, su padre murió en España. Pedro volvió clandestinamente para asistir al entierro. Para entrar en su casa y despedirse de su padre, tuvo que esperar a que se hiciese de noche.

Yo nací en 1965, de modo que no viví el primer franquismo. Pero la imagen de ese hombre que, por causa de sus ideas, había tenido que entrar a escondidas en su propio país, y en su propia casa, para despedirse de su padre, esa imagen me dio cierta idea del significado moral de aquellos años.

En 1981, el 27 de febrero, participé en la manifestación contra el intento de golpe de Estado que había tenido lugar el día 23. Había quedado en encontrarme con varios compañeros del instituto, pero ninguno apareció, así que hice solo el recorrido. Acabado el acto, me metí en el metro para volver a casa. Fue una casualidad —¿un milagro?— encontrarme en el vagón con un viejo al que reconocí: era Pedro, que también había asistido a la manifestación. Se emocionó al verme. Para él era muy importante que alguien de su familia —y alguien tan joven, con futuro— hubiese estado allí.

JUAN MAYORGA, dramaturgo.

* * *

Un sonido: los gritos descompasados en todas las esquinas de los voceadores de Los Iguales y La Goleada. Para hooooy.

Un color: el gris. Gris de los uniformes, tan odiados, y de los rostros. Caras de silencio y miedo o disimulo. Caras de olvido, de aquí no ha pasado nada. Gris de las tiendas y de las calles, de las ropas oscuras un poco cenicientas de las beatas y las monjas, de los funcionarios de bigotillo y corbata rígida por las manchas, gris de la pobreza de los barrios populares. Gris de las ventanillas del Vuelva usted mañana. Gris del NO-DO, antes de la película en color, con señoras vestidas por Balenciaga y el dictador inaugurando pantanos o paseándose bajo palio. Un gris opaco y triste en los mayores con su alegría de renacimiento y sus recuerdos aplastados. Años sesenta.

Y el rosa de la inocencia infantil, el rosa de los domingos o de las largas tardes de cine de los jueves con caballeros indómitos y damas bellas, el rosa de las amigas y los guateques, de los chicos con bombachos y las risas y los juegos, el rosa del todo por hacer, el rosa, luego casi rojo, de los compañeros de la universidad y de todas las utopías al alcance de la mano. El rojo desafiando al gris, altanero y lleno de vida. El rojo de las promesas, de la esperanza, de las canciones. ¡Éramos tan jóvenes y tan entusiastas! El rojo de las banderas, de los libros, de las mejillas exaltadas, del amor descubierto, del goce de los cuerpos.

LOURDES ORTIZ, novelista

* * *

Nací en posguerra: 1944. Nadie me educó en el odio, cosa que agradezco. Reconciliación: fue la palabra clave que escuché siempre en casa, desde que tuve noción de la vida. Rezar por los muertos, vengan de donde vengan, y el odio al hoyo. El odio no deja progresar. No a la violencia. Sí a la tolerancia, solidaridad, diálogo y respeto. Nadie me ocultó la realidad de nuestra historia, pasada. La sinrazón de una guerra siempre causa destrucción y muerte.

Pedí a los Reyes Magos lo que nunca llegaba. Los sabañones venían cada invierno. Las sábanas dolían de frío y costuras. La ropa duraba años y luego se le daba la vuelta para seguir. La cartilla y la pizarra del colegio se quedaron nuevas de no usarlas. Mis juguetes, la imaginación y la calle.

Pero nadie me robó los sueños, y a base de trabajo y más que mucho sacrificio, luché por hacerlos realidad. Siempre encontré los brazos de mis padres, abrazando con fuerza, y si yo lloré ellos lloraron más.

Mi persona por naturaleza dispuesta a no ser manejada, ni política ni religiosamente, se mantuvo y mantiene fiel a esa premisa. Con veinte años uní mi voz a una generación ávida de libertad, de ideas, y entendí que ni la piel, la religión, política, cultura y el trozo de tierra donde te identificas, nos legitima para pisar el derecho de nada y nadie, y menos la Vida. Y desde la música y con mi vieja y querida guitarra Dolores, canté y sigo cantando a esa libertad universal en la que sí creo, y me uno a los que la hacen realidad en el tiempo.

María Ostiz, cantautora.

* * *

Mis recuerdos del franquismo se desdibujan en una amalgama agridulce: agrio por todas las trabas y mordazas que un joven tuvo que superar para vislumbrar la libertad, y dulce por aquello del paraíso perdido que todo ser maduro echa de menos cuando mira hacia atrás. No quiero ser nostálgico de nada, pero siento un vacío cuando comparo lo que soy con cuanto me hubiese gustado haber sido. Tras el muro de la dictadura me imaginaba un ámbito social y político donde la solidaridad, la justicia y la dignidad humana gozaran del mismo valor que la libertad, donde ser fuera más importante que tener, la horterada nacional que invadía aquella larga tarde de domingo en provincias fuese suplida por un cierto refinamiento cotidiano, y el chicopatriotismo diera lugar por fin a un sentimiento más universal del territorio. Quiero pensar que tanto aburrimiento, clandestinidad, detenciones, palizas, represión, censura, reuniones políticas, enfrentamientos y carreras sirvieron para algo más que para allanarles el camino a un grupito de empollones neofalangistas que hoy tratan de borrarnos la memoria y reconducirnos por el buen «camino». Si tuviese que volver a vivir aquellos años, leería más a Cernuda y menos a Marta Harnecker (qué antiguo ¿no?). Al menos aprendería a saber cómo es este país y la condición humana.

José María Ripoll,
poeta, director de la *Revista Atlántica*.

* * *

Un tríptico enmarcado en tres sensaciones relacionadas que nunca dejaré de recordar.

1) El silencio: las palabras isinuadas, la frase entrecortada, la ironía a flor de piel.
2) La autoridad: por todas partes (el paseo, la noche, la plaza de toros, el cine) iban dioses con uniforme. Quien conocía a uno de ellos alardeaba de ganar en todas las peleas aunque se fuese un niño.
3) La mirada digna, a veces furiosa, de quienes resistían silenciosamente a la ignominia.

Fanny Rubio,
profesora de Literatura Española,
Universidad Complutense de Madrid.

* * *

El día en que murió Franco los niños corrían y gritaban por los pasillos de mi colegio. La mayoría eran catalanes o hijos de inmigrantes andaluces, y todos parecían muy contentos. Los pequeños no entendíamos lo que estaba pasando, pero también chillábamos y saltábamos sin parar. Y también escupimos en una foto de Franco que pasaba de unos a otros llena de saliva, recién descolgada de la pared, aunque nos pareciese raro ponernos a lanzar ahora salivazos en el ojo de ese señor que llevaba toda la vida enmarcado y tieso, presidiendo la clase encima de la pizarra. Pero la foto corría de mano en mano y al final estaba tan mojada que no se podía ni coger. Por la noche, en casa, creo que brindaron con champán. O sería vino blanco. Resultaba todo bastante confuso, tanta fiesta por un muerto.

CLARA SANCHIS, actriz.

Mujeres de Getafe*

Después de ver *Terror y miseria en el primer franquismo*, algunas habíamos recibido una impresionante lección de historia, pero para otras había sido revivir determinados momentos de la propia. Justamente esa parte de sus vidas que apenas se había mencionado en las numerosas conversaciones que en clase dedicamos a hablar de nuestro pasado. La obra de teatro abrió la puerta a lo que por un miedo encallecido de años, por represiones viejas de viejas angustias, antes se había callado. Los recuerdos de unas tiraban del hilo de los de otras y así, de forma un poco anárquica, entre emociones, algunas risas y más de una lágrima, se fue tejiendo este mosaico que os mostramos, con la esperanza de que reproduzca en otros el efecto que la obra causó en nosotras.

---

* Después de una representación de *Terror y miseria en el primer franquismo*, José Sanchis Sinisterra recibió estos recuerdos, testimonios de su memoria histórica, enviados por un grupo de mujeres del aula de 4.º curso de Educación de Personas Adultas de Getafe (Madrid).

Mis recuerdos de la posguerra son prestados, pero tan vívidamente transmitidos que siempre los he considerado como parte de mi propio bagaje. Sólo aportaré uno, el que para mí siempre ha dado el comienzo para todos los demás del período. Es un recuerdo de mi madre, de 1939, del día que se rindió Madrid. Su padre y sus tíos, unos hombretones morenos y recios, llorando como niños, en torno a la mesa del comedor. Eran republicanos, vagamente socialistas, y ya adivinaban que habían perdido algo más que la guerra.

Teresa, Madrid, 1955.

* * *

Tengo tantas cosas que contar que no cabrían en el cuaderno. De muchas no quiero ni acordarme, del hambre, de los fusilamientos, de cuando tocaba la sirena porque venían los aviones; y después y siempre, el miedo, el miedo de hablar, la gente se metía en sus casas por miedo a que la detuvieran; los falangistas, con sus boinas rojas, rondando las calles con vergajos y pistolas...

...Durante la guerra nos evacuaron del pueblo porque el frente estaba allí cerca y bombardeaban. Varias familias nos metimos como en un almacén en el muelle de la estación. Mi padre y mi tío y el señor José hicieron unas camas con estacas y colchones de paja de maíz. Mi padre lo llamaba «el lazareto». Formaron una colectividad y se repartía todo lo que había. Como habían llevado ganado, había algo de carne. Pero lo que más, legumbre y aceite.

...Cuando entraron los nacionales, se llevaron presos a mi padre y al señor José. Los demás volvimos al pueblo en tren, en un vagón, como cerdos. Los falangistas nos esperaban en la estación. Nos quitaron todo el dinero y la ropa buena. Nos llevaron a una especie de campo de concentración. Luego nos fuimos a casa de mi abuela. No nos devolvieron nuestra casa, porque decían que no habíamos pagado la contribución, pero no teníamos dinero para pagar los atrasos y nos quedamos sin ella.

...Lo peor, mi padre, dos años condenado a pena de muerte; se la conmutaron, pero estuvo otros ocho años y medio en la cárcel. A su hermano, el pobre, sí que le fusilaron.

...Ya en el 46, no era todo tan malo. Íbamos al cine a ver las películas de Miguel Ligero. También estaban los bailes con Antonio Machín. Lo que no se volvió a celebrar fueron los carnavales porque los prohibió Franco.

JUSTA, Don Benito (Badajoz), 1926.

* * *

Después de la guerra, volvimos al pueblo los que habíamos estado evacuados. A las mujeres, a las rojas, que decían ellos, las pelaban y las sacaban en procesión medio desnudas. Las llevaban a la iglesia y allí les daban aceite de ricino y las hacían andar por la calle. Yo recuerdo haberlo visto, escondida en la cámara, por un agujerito de la pared. A mi madre y a mi tía no las pelaron. Unos dijeron: «Vamos a por las del tío Paco», pero otros dijeron que no y las dejaron. Luego las pelonas se ponían un pañuelito para ir por la calle y entonces las ricas, las nacionales, les tiraban del pañuelo, para que se les viera la cabeza pelada.

...A mi madre, que era recién casada, le desapareció su baúl durante la guerra mientras estábamos evacuados. Al cabo del tiempo fue a ver a una prima suya que había parido, y se dio cuenta que ella era la que se lo había quitado, porque el juego de cama que tenía puesto era de los suyos. La prima era de los nacionales y no había salido del pueblo, por eso pudo quedarse con el baúl.

Pero hubo otro caso al contrario. Una tía de mi madre le dio a guardar su baúl a una prima suya, y cuando acabó la guerra se lo devolvió intacto.

...Después de la guerra, mi padre enfermó. No había médicos ni dinero. Mi madre tuvo que salir a pedirlo para llevarle a Toledo. El dinero era para pagar un coche de punto, porque tampoco había taxis. Pero cuando consiguió el dinero y pudo venir el coche, mi padre ya estaba muerto.

ESMERALDA, Añover de Tajo (Toledo), 1934.

* * *

Hasta la guerra vivíamos en una casa en el campo, pero en el 36 nos tuvimos que bajar al pueblo. Mi padre era de la quinta del 27 y fuimos a despedirlo a Albacete. Pasamos la guerra con mi abuela y unas tías que se refugiaron con nosotros. Mi hermano murió en el 38 y mi padre vino entonces, pero se volvió a ir hasta el final.

...Se pasó mucha hambre, pero después de la guerra fue peor. Volvimos al campo y no dejaban de pasar por allí hombres y mujeres y niños pidiendo, intentando comprar cosas para el estraperlo. No había aceite, ni patatas, ni carne. Hacíamos fideos sin nada y eso comíamos.

MERCEDES, Barrás (Albacete), 1932.

* * *

Éramos seis hermanos, mi padre era ferroviario, pero le echaron de RENFE. No teníamos casa y vivíamos con mi tía. Mi madre pasaba muchas fatigas para darnos de comer. Yo recogía carbonilla de las vías y la vendía para traer algo de dinero, pero era una miseria. Íbamos cogiendo las cáscaras de las naranjas del suelo, para comérnoslas.

Mis dos hermanos mayores iban a los cuarteles para que les dieran un poco del rancho que sobraba. Algunas veces íbamos a comer al Auxilio Social. No podíamos ir al colegio porque había que trabajar. Aprendí un poco por mi cuenta, pero hasta que no he venido ahora de mayor al colegio, no he aprendido de verdad.

CONSUELO, Madrid, 1934.

* * *

Yo la guerra la pasé en Valencia con mi madre, que se fue a toda prisa, pensando que era para pocos días y se dejó en Yuncos toda la ropa y la joyas, la vajilla, en fin, todo. Guardaron lo mejor en un baúl y lo enterraron. Cuando volvimos, había desaparecido el baúl. Sospecharon de uno de los que ayudó a enterrarlo, pero no se pudo hacer nada. Luego fue viendo ropas suyas en otras mujeres del pueblo. De las cosas de la casa quedó poco también. Había un juego de café de porcelana muy fino, que ese sí se salvó, menos la cafetera que se la llevaron los moros. No nos atrevimos a reclamar nada, porque mi padre estaba en la cárcel.

...La gente carecía de muchas cosas. Se pasaba hambre. Recuerdo haber oído contar a mi madre que, cuando sembraban garbanzos en el campo, algunos no podían resistir e iban a desenterrarlos para comérselos. Ropas tampoco había apenas. Los hombres llevaban zapatillas de goma y, en el campo, abarcas. A mí me compraron unos zapatos para las fiestas, grandes, para que me valieran más tiempo, pero al año siguiente ya me estaban chicos y me hacían daño. Los niños faltaban a las escuelas porque enseguida los ponían a trabajar de lo que fuera.

También había el estraperlo. Las mujeres compraban en los pueblos legumbres, panes y aceite, de noche, para que no lo viese nadie, con idea de venderlos en Madrid. Pero muchas veces, en el mismo tren, el revisor se lo quitaba. Algunas llevaban una especie de fajas en las que se colocaban los saquitos de comida, que parecía que estaban en estado. Los más organizados estaban de acuerdo con alguien y, antes de llegar a Madrid, tiraban las cosas por la ventanilla para que el otro lo cogiera y no se lo pillaran los de Abastos.

DORITA, Yuncos (Toledo), 1934.

* * *

Nosotros vinimos en el año 45 a Madrid, mis padres, mi hermano de ocho meses y yo. Veníamos de La Carolina (Jaén). Mi padre había trabajado en la mina, pero en cuanto tenían el primer grado de silicosis ya no les dejaban trabajar más. Y sólo tenía 35 años. Nos metimos en casa de una tía de mi padre que vivía en el Puente Vallecas, en una casa de esas de patio de corredor. Estuvimos un mes o dos. Como la casa sólo tenía una alcoba, dormíamos en el pasillo. Pero mi madre oyó a una vecina comentar que la tía se quejaba y no quiso seguir más allí. Así que nos fuimos, sin nada más que el día y la noche y nos metimos en un chamizo en el Puente de los Tres Ojos. Lo recuerdo como un cuarto muy grande, pero todo negro de humo y lleno de piojos y de miseria. Ahí no se podía estar, no duramos ni dos días.

Nos dijeron que por Entrevías había unos terrenos donde la gente se hacía casas. Allí mi padre levantó primero un cuarto y luego más adelante otro y así fue haciendo la chabola. Le costó mucho porque no era albañil. Pero luego le tocó trabajar de albañil, porque no le salía otra cosa. Mi madre iba a asistir. Unos días comíamos y otros no. Todas las tardes esperábamos ansiosos a ver si traían algo.

...Un día de Nochebuena, hacia el 46, no teníamos nada de comer en casa. Cuando llegó mi madre de trabajar tampoco traía nada. Dijo: «Como no haga algo, aquí no cena nadie.» Entonces se fue a una tienda y consiguió de fiado aceite, harina y azúcar. Con eso hizo rosquillas, y comimos rosquillas hasta hartarnos. Ésa fue nuestra cena de Nochebuena y tan rica que nos supo.

PILAR, La Carolina (Jaén), 1935.

* * *

Cuando volvió mi padre de la guerra, venía séquito, que daba pena verlo, y recuerdo que nos dijo: «Ya estamos todos juntos que ¡cuántos padres no van a ver a sus hijos!»
...Fueron tiempos muy malos. Nosotros no pasamos tanta necesidad como otros, porque teníamos huerta y algo sem-

brábamos. Teníamos que enterrar las patatas para esconderlas y el trigo meterlo entre la paja, para que no nos lo requisaran. Había que declararlo, pero siempre decíamos menos. Comíamos gachas de algarrobas y pan de maíz y de cebada. Mi madre guardaba las mondas de las patatas para hacer tortilla con ellas y nos hacía un pan que se cocía en el brasero.

...Otra cosa que recuerdo es que en mi pueblo había un Cristo muy famoso, el Cristo de la Salud, que era muy querido. En la guerra estaban los rojos, y no había misas ni nada. La iglesia se usaba de almacén y así. Lo niños íbamos a rascar las columnas que eran de yeso para sacar trocitos de tiza para pintar. Pero quisieron salvar al Cristo y lo escondieron en casa del tío Alcaldillo, debajo de una escalera. No sé como lo meterían que después de la guerra no podían sacarlo y tuvieron que traer de la cárcel a uno de los que lo habían escondido para que lo sacara. Y lo indultaron por eso.

EUTIQUIA, Puebla de Almoradiel (Toledo), 1931.

* * *

No había telas ni lana para tejer. Mi madre nos hacía vestidos con las cortinas y las colchas y, de unos visillos blancos, recuerdo que nos hizo enaguas. Las bragas se hacían con retor moreno y se ataban unas cintitas. Eran ásperas y te raspaban la piel. A mis hermanillos les hacía una especie de bragas cuadradas con un agujero delante para que sacaran la colita y pudieran orinar fuera.

...Para lavar no había más que un jabón de sosa muy malo que nos hacía grietas. Y a veces ni eso. Se hacía una especie de jabón con las cenizas y los restos de aceite que era puros posos, colándolos bien. No llegaba ni a cuajar y se tenía medio líquido en un trapo. Otra gente usaba lo que llamaban hierba jabonera, unas raíces que se cocían.

...Íbamos mañana y tarde al gallinero a tocar a la gallina (sólo teníamos una) para ver si ponía el huevo. No para comerlo, sino para cambiarlo por harina o aceite que hacían más falta.

...Al café, que no era café ni nada, sino malta o algarrobas molidas, la gente le echaba picón, la ceniza negra del carbón, para darle colorcito. Recuerdo que en la casa que yo servía, la abuelilla se levantaba la primera para hacer el café, se lo tomaba y luego añadía el picón al que dejaba para los demás.

ISABEL, Malpartida (Cáceres), 1940.

* * *

Yo era muy pequeña y no recuerdo mucho, pero sí me viene a la cabeza el pan de harina de maíz que comíamos, que era amarillo y muy duro. Y las cartillas de racionamiento para todo, hasta para el tabaco. Y los moros, que después de la guerra se quedaron un tiempo en mi pueblo.

ARACELI, Los Cerralbo (Toledo), 1935.

* * *

Lo que recuerdo de la guerra son tantas cosas y todas malas. Porque lo mismo un bando que otro hicieron mucho mal, y no puedo contarlo porque me entra una angustia que me ahoga.

...Yo hambre no he pasado ninguna porque estábamos en la finca de unos señores y mi padre era el mayoral del ganado. En la finca había de todo. Durante la guerra, tuvimos que salir y subir a la sierra con las ovejas. Allí iban los soldados, los rojos, y se llevaban animales para el comité, pero de pocos en pocos. Recuerdo que en el 38, mi padre estuvo cinco meses haciendo quesos sin parar para el comité.

...Después de la guerra, recuerdo sobre todo el año 40 que fue de mucha hambre y de mucho frío, y había escasez. Lo poco que había estaba racionado. La comida de estraperlo era muy cara. La gente comía cualquier cosa. Cogían del campo cardillos lechares y los cocían sin pelar. Luego se hinchaban y se morían. Hubo días que enterraron hasta once personas. El pueblo estaba acobardado de pena. Sacaron refranes al cementerio que decían: «En enero aquí te espero, en abril todos allí.»

...Se pasaron unos años muy malos, pero poco a poco la cosa empezó a mejorar. La gente se iba recuperando pero con muchísimo esfuerzo. Muchos tuvieron que emigrar, algunos incluso fuera de España. Fue una pena.

MARÍA, Campanario (Badajoz), 1926.

Colección Letras Hispánicas

ÚLTIMOS TÍTULOS PUBLICADOS

447 *Las lenguas de diamante. Raíz salvaje,* JUANA DE IBARBOUROU.
    Edición de Jorge Rodríguez Padrón.
448 *Proverbios morales,* SEM TOB DE CARRIÓN.
    Edición de Paloma Díaz-Mas y Carlos Mota.
449 *La Gaviota,* FERNÁN CABALLERO.
    Edición de Demetrio Estébanez (2.ª ed.).
450 *Poesías completas,* FERNANDO VILLALÓN.
    Edición de Jacques Issorel.
452 *El préstamo de la difunta,* VICENTE BLASCO IBÁÑEZ.
    Edición de José Mas y Mª. Teresa Mateu.
453 *Obra completa,* JUAN BOSCÁN.
    Edición de Carlos Clavería.
454 *Poesía,* JOSÉ AGUSTÍN GOYTISOLO.
    Edición de Carme Riera (4.ª ed.).
455 *Empresas políticas,* DIEGO SAAVEDRA FAJARDO.
    Edición de Sagrario López.
456 *Generaciones y semblanzas,* FERNÁN PÉREZ DE GUZMÁN.
    Edición de José Antonio Barrio Sánchez.
457 *Los heraldos negros,* CÉSAR VALLEJO.
    Edición de René de Costa (2.ª ed.).
458 *Diálogo de Mercurio y Carón,* ALFONSO VALDÉS.
    Edición de Rosa Navarro.
459 *La bodega,* VICENTE BLASCO IBÁÑEZ.
    Edición de Francisco Caudet.
460 *Amalia,* JOSÉ MÁRMOL.
    Edición de Teodosio Fernández.
462 *La madre naturaleza,* EMILIA PARDO BAZÁN.
    Edición de Ignacio Javier López.
463 *Retornos de lo vivo lejano. Ora marítima,* RAFAEL ALBERTI.
    Edición de Gregorio Torres Nebrera.
464 *Paz en la guerra,* MIGUEL DE UNAMUNO.
    Edición de Francisco Caudet.
465 *El maleficio de la mariposa,* FEDERICO GARCÍA LORCA.
    Edición de Piero Menarini.
466 *Cuentos,* JULIO RAMÓN RIBEYRO.
    Edición de Mª. Teresa Pérez Rodríguez.

467 *Libro infinido*, Don Juan Manuel.
   Edición de Carlos Mota.
470 *Mare nostrum*, Vicente Blasco Ibáñez.
   Edición de Mª. José Navarro Mateo.
471 *Correo del otro mundo. Sacudimiento de mentecatos*, Diego de Torres Villarroel.
   Edición de Manuel María Pérez López.
472 *Días y sueños (Obra poética reunida, 1939-1992)*, Eugenio de Nora.
   Edición de Santos Alonso.
473 *Un Río, un Amor. Los Placeres Phohibidos*, Luis Cernuda.
   Edición de Derek Harris (2.ª ed.).
474 *Ariel*, José Enrique Rodó.
   Edición de Belén Castro Morales.
475 *Poesía lírica*, Marqués de Santillana.
   Edición de Miguel Ángel Pérez Priego.
476 *Miau*, Benito Pérez Galdós.
   Edición de Francisco Javier Díez de Revenga (3.ª ed.).
477 *Los ídolos*, Manuel Mujica Lainez.
   Edición de Leonor Fleming.
478 *Cuentos de verdad*, Medardo Fraile.
   Edición de María del Pilar Palomo.
479 *El lugar sin límites*, José Donoso.
   Edición de Selena Millares.
481 *Farabeuf o la crónica de un instante*, Salvador Elizondo.
   Edición de Eduardo Becerra.
482 *Novelas amorosas y ejemplares*, María de Zayas Sotomayor.
   Edición de Julián Olivares.
483 *Crónicas de Indias*.
   Edición de Mercedes Serna (2.ª ed.).
484 *La voluntad de vivir*, Vicente Blasco Ibáñez.
   Edición de Facundo Tomás.
486 *La vida exagerada de Martín Romaña*, Alfredo Bryce Echenique.
   Edición de Julio Ortega y María Fernanda Lander (2.ª ed.).
487 *Novelas a Marcia Leonarda*, Lope de Vega.
   Edición de Antonio Carreño.
488 *Sin rumbo*, Eugenio Cambaceres.
   Edición de Claude Cymerman.
489 *La devoción de la cruz*, Pedro Calderón de la Barca.
   Edición de Manuel Delgado.

490 *Juego de noches. Nueve obras en un acto*, PALOMA PEDRERO.
    Edición de Virtudes Serrano.
493 *Todo verdor perecerá*, EDUARDO MALLEA.
    Edición de Flora Guzmán.
494 *El hombre que hablaba de Octavia de Cádiz*, ALFREDO BRYCE
    ECHENIQUE.
    Edición de Julio Ortega y Elena del Río Parra.
495 *La realidad invisible*, JUAN RAMÓN JIMÉNEZ.
    Edición de Diego Martínez Torrón.
496 *La maja desnuda*, VICENTE BLASCO IBÁÑEZ.
    Edición de Facundo Tomás.
497 *La guaracha del Macho Camacho*, LUIS RAFAEL SÁNCHEZ.
    Edición de Arcadio Díaz Quiñones (2.ª ed.).
498 *Jardín cerrado*, EMILIO PRADOS.
    Edición de Juan Manuel Díaz de Guereñu.
499 *Flor de mayo*, VICENTE BLASCO IBÁÑEZ.
    Edición de José Más y María Teresa Mateu.
500 *Antología Cátedra de Poesía de las Letras Hispánicas*.
    Selección e introducción de José Francisco Ruiz Casanova
    (3.ª ed.).
501 *Los convidados de piedra*, JORGE EDWARDS.
    Edición de Eva Valcárcel.
502 *La desheredada*, BENITO PÉREZ GALDÓS.
    Edición de Germán Gullón (2.ª ed.).
504 *Poesía reunida*, MARIANO BRULL.
    Edición de Klaus Müller-Bergh.
505 *La vida perra de Juanita Narboni*, ÁNGEL VÁZQUEZ.
    Edición de Virginia Trueba.
506 *Bajorrelieve. Itinerario para náufragos*, DIEGO JESÚS JIMÉNEZ.
    Edición de Juan José Lanz.
507 *Félix Vargas. Superrealismo*, JOSÉ MARTÍNEZ RUÍZ «AZORÍN».
    Edición de Domingo Ródenas.
508 *Obra poética*, BALTASAR DEL ALCÁZAR.
    Edición de Valentín Núñez Rivera.
509 *Lo prohibido*, BENITO PÉREZ GALDÓS.
    Edición de James Whiston.
510 *Poesía española reciente (1980-2000)*.
    Edición de Juan Cano Ballesta.
511 *Hijo de ladrón*, MANUEL ROJAS.
    Edición de Raúl Silva-Cáceres.
512 *Una educación sentimental. Praga*, MANUEL VÁZQUEZ MONTALBÁN.
    Edición de Manuel Rico.

513 *El amigo Manso*, BENITO PÉREZ GALDÓS.
    Edición de Francisco Caudet.
514 *Las cuatro comedias. (Eufemia. Armelina. Los engañados. Medora)*,
    LOPE DE RUEDA.
    Edición de Alfredo Hermenegildo.
515 *Don Catrín de la Fachenda. Noches tristes y día alegre*, JOSÉ JOAQUÍN
    FERNÁNDEZ DE LIZARDI.
    Edición de Rocío Oviedo y Almudena Mejías.
516 *Anotaciones a la poesía de Garcilaso*, FERNANDO DE HERRERA.
    Edición de Inoria Pepe y José María Reyes.
517 *La noche de los asesinos*, JOSÉ TRIANA.
    Edición de Daniel Meyran.
518 *Pájaro Pinto. Luna de copas*, ANTONIO ESPINA.
    Edición de Gloria Rey.
519 *Tigre Juan. El curandero de su honra*, RAMÓN PÉREZ DE AYALA.
    Edición de Ángeles Prado.
520 *Insolación*, EMILIA PARDO BAZÁN.
    Edición de Ermitas Penas Varela.
521 *Tala. Lagar*, GABRIELA MISTRAL.
    Edición de Nuria Girona.
522 *El Rodrigo*, PEDRO MONTENGÓN.
    Edición de Guillermo Carnero.
523 *Santa*, FEDERICO GAMBOA.
    Edición de Javier Ordiz.
524 *Historia de la Monja Alférez, Catalina de Erauso, escrita por ella misma*.
    Edición de Ángel Esteban.
525 *La fuente de la edad*, LUIS MATEO DÍEZ.
    Edición de Santos Alonso (2.ª ed.).
526 *En voz baja. La amada inmóvil*, AMADO NERVO.
    Edición de José María Martínez.
528 *Contrapunteo cubano del tabaco y el azúcar*, FERNANDO ORTIZ.
    Edición de Enrico Mario Santí.
529 *Desde mi celda*, GUSTAVO ADOLFO BÉCQUER.
    Edición de Jesús Rubio Jiménez.
530 *El viaje a ninguna parte*, FERNANDO FERNÁN-GÓMEZ.
    Edición de Juan A. Ríos Carratalá (2.ª ed.).
531 *Cantos rodados (Antología poética, 1960-2001)*, JENARO TALENS.
    Edición de J. Carlos Fernández Serrato.
532 *Guardados en la sombra*, JOSÉ HIERRO.
    Edición de Luce López-Baralt (2.ª ed.).

533 *Señora Ama. La Malquerida*, JACINTO BENAVENTE.
    Edición de Virtudes Serrano.
534 *Redoble por Rancas*, MANUEL SCORZA.
    Edición de Dunia Gras.
535 *La de San Quintín. Electra*, BENITO PÉREZ GALDÓS.
    Edición de Luis F. Díaz Larios.
536 *Siempre y nunca*, FRANCISCO PINO.
    Edición de Esperanza Ortega.
537 *Cádiz*, BENITO PÉREZ GALDÓS.
    Edición de Pilar Esterán.
538 *La gran Semíramis. Elisa Dido*, CRISTÓBAL DE VIRUÉS.
    Edición de Alfredo Hermenegildo.
539 *Doña Berta. Cuervo - Superchería*, LEOPOLDO ALAS «CLARÍN».
    Edición de Adolfo Sotelo Vázquez.
540 *El Cantar de los Cantares de Salomón (Interpretaciones literal y espiritual)*, FRAY LUIS DE LEÓN.
    Edición de José María Becerra Hiraldo.
541 *Cancionero*, GÓMEZ MANRIQUE.
    Edición de Francisco Vidal González.
542 *Exequias de la lengua castellana*, JUAN PABLO FORNER.
    Edición de Marta Cristina Carbonell.
543 *El lenguaje de las fuentes*, GUSTAVO MARTÍN GARZO.
    Edición de José Mas.
544 *Eva sin manzana. La señorita. Mi querida señorita. El nido*,
    JAIME DE ARMIÑÁN.
    Edición de Catalina Buezo.
545 *Abdul Bashur, soñador de navíos*, ÁLVARO MUTIS.
    Edición de Claudio Canaparo.
546 *La familia de León Roch*, BENITO PÉREZ GALDÓS.
    Edición de Íñigo Sánchez Llama.
547 *Cuentos fantásticos modernistas de Hispanoamérica*.
    Edición de Dolores Phillipps-López.
548 *Terror y miseria en el primer franquismo*, JOSÉ SANCHIS SINISTERRA.
    Edición de Milagros Sánchez Arnosi.
549 *Fábulas del tiempo amargo y otros relatos*, MARÍA TERESA LEÓN.
    Edición de Gregorio Torres Nebrera.